B.-H. GAUSSERON

UN FRANÇAIS AU SÉNÉGAL

ABEL JEANDET

PRÉFACE PAR MAURICE BARRÈS
DE L'ACADÉMIE FRANÇAISE

AVANT-PROPOS PAR CHARLES LE GOFFIC

« Je n'ai jamais délibéré pour savoir si mes actes
seraient récompensés, mais pour savoir s'ils seraient
utiles à mon pays. »

(A. JEANDET. — *Lettre à ses parents du 2 mai 1890.*)

PARIS
LIBRAIRIE ANCIENNE HONORÉ CHAMPION, ÉDITEUR
ÉDOUARD CHAMPION
5, QUAI MALAQUAIS (6e)

1913
Téléphone Gobelins 28-20.

ABEL JEANDET

Extrait des Annales de l'Académie de Mâcon

(3e Série. — Tome XVI)

MACON, PROTAT FRÈRES, IMPRIMEURS

ABEL JEANDET

B.-H. GAUSSERON

UN FRANÇAIS AU SÉNÉGAL

ABEL JEANDET

PRÉFACE PAR MAURICE BARRÈS
DE L'ACADÉMIE FRANÇAISE

AVANT-PROPOS PAR CHARLES LE GOFFIC

« Je n'ai jamais délibéré pour savoir si mes actes seraient récompensés, mais pour savoir s'ils seraient utiles à mon pays. »

(A. JEANDET. — *Lettre à ses parents du 2 mai 1890*.)

PARIS
LIBRAIRIE ANCIENNE HONORÉ CHAMPION, ÉDITEUR
ÉDOUARD CHAMPION
5, QUAI MALAQUAIS (6e)

1913
Téléphone Gobelins 28-20.

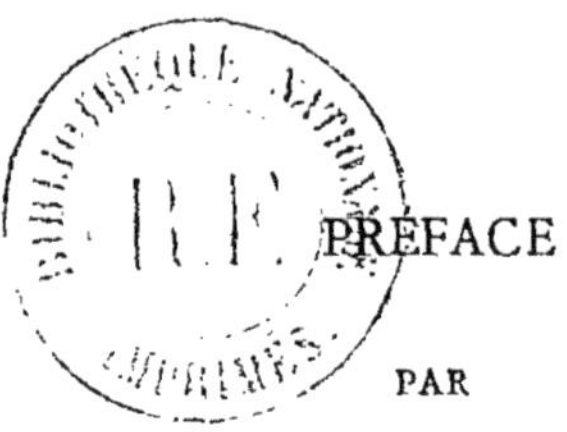

PRÉFACE

PAR

Maurice BARRÈS, de l'Académie française

Avec quel intérêt, l'an dernier, j'ai étudié les lettres du colonel Moll! J'y voyais au jour le jour la vie d'un chef qui, avec une poignée d'hommes, réussit à pacifier des territoires immenses et, à force de sang-froid et d'énergie, préparer des peuplades sauvages à recevoir notre civilisation. Pendant que je lisais ces pages inoubliables, je me demandais souvent ce que peut être la vie des fonctionnaires que la France installe au milieu de pays tout frémissants et que la force militaire vient seulement de traverser. J'aurais voulu connaître le simple emploi que fait des douze heures de sa journée un jeune Français énergique et intelligent détaché par le gouvernement dans un poste perdu... Et voilà qu'aujourd'hui mon désir est réalisé. J'ai entre les mains le plus attachant des livres : c'est la vie d'Abel Jeandet, administrateur au Sénégal, tué à Aéré, le 2 septembre 1890, à neuf heures du matin, que vient de publier pieusement M. Gausseron. Dans mon esprit, j'associe cette belle biographie au recueil des lettres du colonel Moll. Ces deux volumes nous font comprendre, aimer, admirer ces soldats et ces fonctionnaires qui, silencieusement, et souvent obscurément, sacrifient leur vie à la patrie dans des contrées meurtrières.

Jeandet ne s'était pas, comme le colonel Moll, préparé dès sa jeunesse à l'idée qu'il n'avait qu'une destinée possible : les aventures coloniales. Il n'était pas d'instinct, par une irrésistible vocation, un chef de colonne, un routier, un broussard. Ce Bourguignon, qui devait déployer en Afrique des qualités admirables de décision et d'énergie, s'imagina longtemps que son destin serait d'user paisiblement le don de plaire. Les divers préfets qu'il assistait devenaient ses amis. Mais dans son esprit il y eut une transformation, une crise, qui bouleversa toute sa vie, et que je ne puis caractériser que par ce mot : une conversion. La vie de France, un jour, lui parut fastidieuse, monotone et plate. Il subit l'appel mystérieux de l'Afrique qu'il n'avait jamais vue, et, au lieu d'accepter paisiblement une place de sous-préfet dans une petite ville de province, il obtint d'être nommé commandant de cercle au Sénégal.

Dirai-je que cette décision m'enchante et que je ne puis lire sans émotion les lignes où il annonce à ses parents remplis d'angoisse la vie nouvelle qui s'ouvre devant lui : « J'entre dans les vastes palais de la nature où les Brazza et les Soleillet se sont illustrés ; laissez votre fils en explorer les recoins. Quelques expéditions de guerre, la belle affaire pour un parent des généraux Duhesme et Changarnier, pour le petit-fils du chirurgien Jeandet blessé à Wagram... J'ai confiance en mon étoile et en moi, me sentant un mâle au milieu de nos générations maladives. » Cette lettre me remet dans l'esprit le superbe récit autobiographique, si grave et si noble, d'Ernest Psichari, *La Veillée des Armes*, que vient de publier l'*Opinion*. Vivent ces jeunes hommes que ne satisfait pas une vie plate et monotone ! J'applaudis à leur désir d'aventures, à la force de leur sang. Par-dessus des générations paisibles, ils vont rejoindre le cœur d'ancêtres aventureux.

*
* *

Mais revenons à Jeandet. Le voici maintenant dans son poste
du Cayor, seul au milieu des nègres, et n'étant rattaché à la civilisation que par un vieil exemplaire de Virgile, héritage de son
grand-père, le chirurgien-major, et qui porte sur la feuille de
garde ces mots magiques : « Spandau, Custrin, Magdebourg,
Berlin », et au bas : « Jeandet égrotant. » Une case de noir est
son habitation : sa couverture, pendant le jour, lui sert de tapis
et de lit pendant la nuit; sa gibecière, sa lorgnette, son revolver,
et son sabre sont pendus à des montants de bois; à terre, une
grande calebasse contient l'eau saumâtre d'Afrique ; dans un coin,
quelques provisions, des poulets et des œufs. Autour de la case,
les cavaliers d'escorte se reposent, leurs armes à portée de la main.
Les chevaux entravés mangent leur provende de feuilles et de
tiges de haricots. Au loin, on entend glapir un chacal. C'est le
matin, l'heure agréable et fraîche. Le thermomètre ne marque
encore que treize à quinze degrés au-dessus de zéro; dans une
ou deux heures, il va monter à quarante degrés à l'ombre. Jeandet se lève avec ses cavaliers. Il part en chasse jusqu'à sept heures
environ et revient rarement bredouille, car le gibier foisonne ; il
déjeune d'un verre de café et d'une tranche de pain; il écoute
ses administrés jusqu'à onze heures, déjeune solidement, puis la
sieste de deux à cinq heures; ensuite nouveau palabre et correspondance officielle; de cinq à six, excursion dans les environs,
puis souper, promenade, retour dans la case, travail et correspondance personnelle jusque vers onze heures du soir, et enfin
repos avec un sommeil d'enfant jusqu'au lendemain. Voilà une
journée bien remplie.

Et ce n'est pas une affaire commode de se débrouiller au milieu des intrigues des noirs. Il faut écouter une protestation d'indigènes contre le chef de leur village; arrêter une tentative d'émigration qui ruinerait une contrée; apaiser une querelle entre des chefs qui veulent tous épouser la même femme. Petites questions, mais où l'on risque sa vie, car tout jugement soulève des animosités qui ne désarment jamais.

Puis, ce sont les tournées d'inspection à travers le pays, sous le soleil, la pluie ou ce terrible vent du désert qui, en certaine saison, souffle deux jours sur trois, de huit heures du matin à trois ou quatre heures du soir, brûlant, chargé d'un sable impalpable qui se glisse et pénètre partout, dans les dents, la gorge, les yeux. Tournées dangereuses au milieu de ces peuplades qui se détestent toutes entre elles et de ces familles de chefs qui se haïssent à mort. Comment se reconnaître au milieu de ces divisions ? Parmi toutes ces familles rivales, quel est le chef, quel est le roi qu'il faut choisir ? Comment réussir à gouverner sans s'attirer des antipathies mortelles ? Parfois il faut s'emparer d'un chef qui fait de la propagande antifrançaise. Jeandet excelle dans ses opérations. Monté sur sa jument Aïssa, il rejoint, après une course furieuse, un certain Boubakai Baïdi, qui, auparavant, lui décharge les deux coups de son mousqueton en pleine poitrine. Quelques semaines plus tard, avec cinq hommes, il pénètre de nuit chez un traitant qui avait ameuté les indigènes contre un détachement de spahis ; il le saisit par le bras, le force à se lever et à marcher devant lui, déclarant qu'au moindre bruit, au moindre mouvement de fuite, il lui brûlerait la cervelle, puis il s'enfuit avec son prisonnier. Pendant des mois et des mois, il est toujours en route, battant de vastes étendues de pays insoumis avec seulement quelques cavaliers d'escorte, bravant le soleil, les tornades de pluie et de vent, les embûches et les attaques des noirs dont le premier choc est terrible. Montés sur leurs chevaux, ils arrivent comme le cavalier de la ballade, ou bien, cachés dans la brousse, ils surgissent devant vous et tirent à bout portant avec des fusils qui renferment de dix à quinze balles. C'est un vrai coup de mitraille... De fois à autre, dans cette vie prodigieusement active, un événement d'une particulière importance : la mort d'un camarade tombé dans une embuscade (comme ce pauvre capitaine Minet, ami de Jeandet, qui fut surpris avec ses hommes dans le Saloum et tué, pour ainsi dire, à l'affût) ; ou bien l'on est soi-même attaqué, blessé ou terrassé par la fièvre. Alors tout disparaît, s'efface ; on meurt ou l'on se réveille guéri ; et la vie recommence aussi hasardeuse, aussi fertile en aventures, en dangers, en action bienfaisante.

*
* *

Entre tant d'événements plaisants, tragiques ou simplement dramatiques de cette carrière d'administrateur et de chef, voici un épisode charmant et qui fait vivre Abel Jeandet sous nos yeux. J'en emprunte presque textuellement le récit à l'une des lettres qu'il écrivit à sa famille. Il était parti de Podor à cheval, emmenant en croupe avec lui le fils du chef d'un village éloigné. Ayant dévoré un certain nombre de kilomètres au galop, il mit sa bête au pas pour la laisser souffler, ce dont le gamin profita pour descendre et jouer le long du chemin. Tout à coup, l'enfant poussa un cri : « Commandant, le lion ! » Au moment où Jeandet se baissait pour l'aider à remonter, le cheval, qui s'était mis à trembler de tout son corps, poussa un hennissement rauque, pointa des oreilles et partit comme l'éclair. Jeandet avait eu le temps de saisir le pauvre petit, mais non celui de le mettre en croupe, et il n'était plus maître de son cheval complètement

emballé. D'une main, il tenait l'enfant suspendu et, de l'autre,
la bride. Dans cette terrible position, il ne pouvait faire usage
de ses armes ; le salut était dans la rapidité de la fuite et il sentait, sans pouvoir se retourner pour s'en assurer, à l'épouvante
de son cheval, qui sautait tous les obstacles, brousse, fossés, ravins
et trous, que le lion gagnait du terrain. Sa main commençait à
se raidir : à tout moment, il pouvait craindre de lâcher le petit
garçon, d'autant plus que le *boubou*, par lequel il le tenait suspendu, se déchirait peu à peu sous le poids du corps et dans les
secousses imprimées par les bonds désordonnés du cheval.
« Tâche de me saisir par la cuisse! » criait-il à l'enfant. Celui-
ci venait enfin d'y parvenir, lorsqu'on entendit de grands cris
suivis de coups de feu, et Jeandet entrevit dans sa course vertigineuse des hommes armés, puis de grands feux, puis les cases
d'un village. Il était temps. Le lion n'était plus qu'à une faible
distance; le cheval tombait épuisé, l'enfant s'était évanoui, et
Jeandet... Eh bien ! Jeandet était pâle comme la mort, couvert
de sueur et frissonnant. Il lui fallut un puissant effort d'énergie
pour faire bonne contenance au milieu de ces hommes dont il
était le chef et qui ne devaient surprendre en lui aucune trace de
faiblesse...

Des traits pareils et un profond sentiment d'humanité et de
justice l'avaient fait adorer de ces populations primitives. Sa mère,
sa vieille maman qui vit encore au village natal, et que nous
saluons ici respectueusement, sa mère, un jour, eut la fierté de
saisir sur le vif les amitiés que son fils inspirait là-bas... C'était
en 1889. Elle alla à l'Exposition visiter le village sénégalais...
Mais, je lui laisse la parole, son récit est charmant : « Je ne puis
dire quelle émotion me saisit à la vue de cette image du Sénégal
où mon cher fils vivait. Tout m'intéressait. Il me semblait à
chaque instant que j'allais le voir sortir de l'une de ces paillottes,

où moi-même j'aurais voulu entrer. J'interrogeai ces bons noirs. Quelques-uns l'avaient connu. Pour un peu je les aurais embrassés. — « Jeandet, bon, bon, bon ! disaient-ils. Moi connaître, bien connaître. » — Je les remerciais, leur pressais les mains. Sur ces entrefaites, je vis des petits princes, et, m'adressant à un Sénégalais, je lui dis : — « Peux-tu me montrer le petit Birahim ? » Cet enfant était le fils du chef du N'Guick Merina Diop, dont mon fils était commandant. Abel s'était attaché à Birahim ainsi qu'au fils du roi du N'Diambour ; il les avait fait entrer à l'école des Otages, à Saint-Louis, les recevait chez lui les jours de sortie et les avait même emmenés à Podor passer les vacances pendant qu'il était commandant de ce poste. Birahim, qui était proche, avait entendu ma question. Il s'avança et me dit : — « Est-ce que tu le connais, Birahim ? » — « Non, répondis-je ; mais le commandant Jeandet m'en a parlé ; il le connaît beaucoup. » — L'enfant me regarde avec attention, et, tout à coup, s'écrie : « Est-ce que tu serais sa mère ? » — « Oui ? » — A ce mot, le jeune prince s'approche, me prend les mains et m'embrasse avec effusion. Il appelle l'enfant du Bour N'Diambour, qui arrive en toute hâte et me comble de témoignages d'affection. Un grand nombre de chefs sénégalais le suivent, m'entourent, m'assurent de leur profond respect et de leur amitié pour le commandant Jeandet. Ici, c'est un chef noir qui, plaçant sa main sur sa bouche et sur son cœur, répète plusieurs fois : — « Moi, ami, ami, ami... intime de Jeandet. » — Là, c'est un brave lieutenant aux tirailleurs sénégalais nommé Yoro Comba, qui m'offre sa carte, en souvenir de cette rencontre qui le rend heureux. Je ne pouvais plus répondre ; les larmes m'étouffaient. C'est certes une des plus grandes joies qu'il m'ait été donné d'éprouver que de juger par moi-même de la grande popularité dont jouissait mon cher enfant dans cette Afrique qu'on dit si inhospitalière... »

Pauvre maman d'un héros !

*
* *

On ne désarme pas toutes les haines. Jeandet était exécré par des chefs prévaricateurs qu'il avait remplacés par d'autres plus honnêtes et plus dévoués. Ces misérables payèrent un Toucouleur pour le tuer. L'assassin lui tira un coup de fusil presque à bout portant. Les trois balles dont le fusil était chargé pénétrèrent sous l'aisselle et ressortirent de l'autre côté de la poitrine : la mort fut instantanée. Jeandet du moins fut vengé. Son meurtrier et les instigateurs du crime furent décapités sur place.

Il faut lire, dans le volume de M. Gausseron, les lettres écrites par les indigènes du cercle de Podor au père et à la mère du commandant Jeandet. Leurs phrases enfantines, leur charabia est d'une extraordinaire émotion. On y voit quelle affection, quel respect Jeandet inspirait aux indigènes, et l'on surprend ainsi le secret de l'ascendant exercé par nos officiers sur nos troupes du Sénégal : nous savons commander sans morgue, avec fermeté et douceur.

Quand on a fermé ces livres, qui vous retracent des épisodes de nos conquêtes d'outre-mer, que ce soit la vie de Dupleix ou de Montcalm, la biographie du commandant Jeandet ou les lettres du colonel Moll, c'est toujours le même sentiment qui vous envahit, sentiment où l'admiration et le désespoir se mêlent et qui peut se résumer ainsi : « Toujours, dans tous les siècles, notre race produit d'admirables figures de chefs. Comment se peut-il qu'en fin de compte, nous fassions dans le monde figure de vaincus ? »

MAURICE BARRÈS,
de l'Académie française.

AVANT-PROPOS

PAR

Charles LE GOFFIC

Après Moll, Fiegenschuh, ces types de l'héroïsme militaire aux colonies, voici une autre victime de la brousse africaine, mais un civil cette fois, Abel Jeandet, qui se lève et dont l'érudit B.-H. Gausseron publie les papiers posthumes.

M. Gausseron choisit bien son heure. Cet Abel Jeandet, petit-neveu du général Duhesme, mort à Waterloo en commandant la Jeune-Garde, petit-fils d'un chirurgien de la Grande-Armée, fils d'un militant de 48, le Dr Jean-Pierre-Abel Jeandet, plus tard conservateur des archives de la ville de Lyon et auteur des *Pages inédites de l'histoire de la Bourgogne au XVIe siècle*, est l'administrateur colonial auquel on dédiait récemment une stèle en marbre sur la Place de Podor et qui fut assassiné, le 2 septembre 1890, à Aéré (Sénégal), par un Toucouleur du nom de Baydi Katié, visiblement aux gages d'un consortium de traitants dont l'honnêteté de Jeandet gênait les manœuvres.

Sur le fût du monument, au-dessous du nom de l'administrateur et de la date de sa mort, on lit : « Le Sénégal l'a pleuré et honore sa mémoire. » L'inscription ne ment point : Jeandet a été très regretté : mais les regrets les plus vifs s'atténuent avec le temps ; l'oubli tisse sa brume autour des plus chères mémoires. Dans un siècle, et même moins, qui saurait encore ce qu'a été, ce qu'a fait Abel Jeandet ? On pouvait légitimement se le demander. C'est une inquiétude qu'on n'aura plus, grâce à la piété maternelle d'une admirable femme, Mme Jeandet, et à l'empressement dévoué de l'écrivain de grand talent qui s'est employé, sur sa demande et d'après les documents laissés par le défunt, à nous retracer la brève et magnifique carrière de l'ancien administrateur du cercle de Podor.

Les leçons de la tombe sont toujours bonnes à recueillir, surtout quand la tombe s'ombrage d'un laurier. Vieilles lettres jaunies, rapports poussiéreux, journaux, carnets de notes, états de situation, tous ces papiers qu'on exhume furent rédigés sans doute par des vivants. Mais leur pensée secrète, leur filigrane spirituel, si l'on peut dire, nous échappait. Chez les prédestinés, les mots ont, en plus de leur sens ordinaire et courant, un sens caché qui ne se découvre qu'après coup; entre les lignes apparentes il y en a d'autres, invisibles, que la mort fait lever, à la façon de ces réactifs qui agissent sur les écritures chimiques : la page incolore s'illumine; une phrase du tour le plus banal se charge de significations imprévues.

On en peut faire l'expérience céans. Ceux qui prendront la peine d'interroger les *reliquiæ* d'Abel Jeandet ne pourront manquer d'être frappés par le son prophétique que rendent certaines lettres. Une entre autres, celle du 31 août 1890, est tout agitée d'un obscur frémissement. Jeandet est au Grand-Aéré avec quatre cent cinquante hommes du Toro et des Aleybés; il n'attend plus que les derniers ordres du gouverneur pour aller rejoindre le colonel Dodds dans le Bosséah. Et il écrit : « Je suis seul avec des guerriers et des chefs dont quelques-uns ne me paraissent pas bien sûrs. » Il prévoit que l'affaire pourrait tourner mal et il prend ses dispositions en conséquence; il fait un état de sa situation et le joint à la lettre qu'il adresse à son cousin. Et le document se termine ainsi : « Si je tombe quelque part, ce sera en Jeandet. Et toi, Jeandet, tu seras le fils de mes chers et pauvres parents. » Deux jours après, ce brave, qui méritait une meilleure mort, était tué sous la tente, « comme un lièvre au gîte », suivant le mot de M. Gausseron, par un Toucouleur de sa colonne.

Il avait trente-huit ans. Devant le monument qui lui fut élevé à Podor, M. Merlin, alors directeur des affaires politiques du Sénégal, rappelait qu'Abel Jeandet avait débuté en France dans l'administration préfectorale et qu'il n'eût tenu qu'à lui d'y faire un rapide chemin.

Mais au prix de quelles concessions! Qu'il soit allé au Sénégal, « poussé par cet esprit d'aventure, ce goût d'une vie active et large, qui, de plus en plus, entraîne la jeunesse de France vers les contrées nouvelles », M. Merlin l'assure et il n'y a aucune raison pour ne pas l'en croire. Cependant, plus tard, sa gourme jetée, ses preuves faites, administrateur et commandant de cercle apprécié pour son courage, sa probité, ses merveilleuses facultés d'organisation, quand on le sollicite de rentrer dans l'administration métropolitaine et de terminer sa carrière en France, à l'abri de tout danger et dans un poste où les honneurs officiels viendront d'eux-mêmes le chercher, il refuse, il décline les propositions qu'on lui fait et il en donne peut-être pour raisons encore son goût de l'aventure, son amour de la vie active et large. En réalité, il ne se sent plus capable de se plier à certaines compromissions et il le dit nettement aux siens, avec lesquels il peut parler à cœur ouvert :

« Certes ma nomination aurait pour vous et pour moi un grand avantage, notre rapprochement. Mais c'est tout... Puis la politique, des députés, des sénateurs, que je n'estimerais peut-être pas, dont les opinions seront peut-être contraires à mes principes, et dont je serai le valet! Des journalistes aux abois, qui feront pour moi ce qu'ils font pour tous, qui me déchireront!

Des chutes de ministère, qui t'angoisseront, chère maman, chaque
fois, pour ma position! Et tant de choses encore!... Je vous le
dis comme je le pense, je quitterais à regret ce pays, *où je suis
quelqu'un et où je fais quelque chose,* pour une carrière où mon
caractère indépendant, mes opinions politiques *profondément
transformées sur bien des points,* mes allures, mes habitudes, me
seront autant d'obstacles à l'avancement. »

Voilà la vérité. Et ce n'est pas une vérité individuelle. Le cas
de Jeandet, c'est celui de la plupart des bons Français du dehors.
Ils partent là-bas radicaux, anti-cléricaux, anti-militaristes, socia-
listes, voire anarchistes : s'ils ont quelque fond d'honnêteté, ils
ne tardent pas à guérir de leurs chimères et l'expérience fait d'eux
des hommes nouveaux, qui, ayant appris la valeur des collabo-
rations que nous déclinons ou que nous suspectons ici, ne
ménagent plus leur sympathie aux missionnaires et aux officiers,
pensent en réalistes pour avoir été forcés d'agir eux-mêmes en
réalistes et conçoivent une secrète horreur de la basse politicail-
lerie où les Français de la métropole gaspillent le meilleur de
leurs forces.

Je ne suivrai pas Jeandet dans le détail de sa carrière d'administrateur. Qu'il me suffise de dire, après tous les chefs qui l'ont
vu à l'œuvre, qu'il y en eut peu d'aussi bien remplies. « La
transformation si heureuse du Cayor depuis que vous l'administrez, lui écrivait, en juin 1890, le gouverneur Clément Thomas,
a été, pour M. le colonel Dodds, un objet de surprise fort
agréable ». Les brillants services qu'il rendait à ce même officier
pendant la campagne du Djoloff lui valaient de nouveaux éloges
sur son sang-froid, son activité, son courage et — ce qui le touchait davantage — une « proposition spéciale pour la croix ».
La proposition, faite et renouvelée à deux reprises, ne reçut des
bureaux aucune réponse. Il n'y a rien là d'extraordinaire : la

métropole fait une telle consommation de rubans qu'il n'en reste plus pour les coloniaux, même quand ces coloniaux sont d'admirables administrateurs, comme Jeandet. C'est seulement le jour qu'il disparut qu'on connut l'homme qu'il était et l'étendue de la perte qu'avait faite le Sénégal. « Depuis le jour fatal où Jeandet a succombé, écrivait, en mars 1891, le contre-amiral Vallon, l'administration de la colonie a cumulé les fautes, et le désordre soulevé n'est pas près de finir... »

On verra, chez M. Gausseron, comment Jeandet entendait ses fonctions d'administrateur; on admirera son sens des affaires à la fois réaliste et large, ses vues neuves et à longue portée, sa douceur pour les indigènes, qu'il savait concilier avec la fermeté nécessaire. Aux Gaud et aux Toqué de sinistre mémoire, opposons cette belle et noble figure, qu'illumine un discret rayon de l'Évangile, car, dans la brousse sénégalienne, l'ancien conseiller de préfecture, le fils du républicain de 48, avait été visité de la grâce. M. Gausseron, dans un sentiment de retenue qu'on appréciera, s'est contenté de nous signaler le fait sans chercher à l'expliquer; il a respecté le mystère de cette conscience. C'est à l'administrateur que s'est attaché surtout le distingué biographe et il avait sans doute raison. Est-ce que Jeandet ne nous apparaît pas comme un précurseur des Galliéni et des Lyautey, quand il nous expose les grandes lignes de sa politique coloniale qui consistait à chercher un point d'appui chez les indigènes? Et comment? En les amenant « à identifier leurs intérêts avec ceux de la France, à éprouver le besoin et le désir du progrès et à s'en faire eux-mêmes les agents ». Tout le secret de son extraordinaire influence est là. Il obtenait tout des indigènes qu'il administrait, parce qu'il les traitait en hommes et non en brutes, en collaborateurs et non en esclaves : leur intelligence, qu'il travaillait à éveiller, lui ouvrait le chemin de leur cœur.

Abel Jeandet est mort trop jeune pour avoir pu remplir tout
son mérite. Mais, dans une vie relativement courte et une sphère
d'action limitée, il a su enfermer et faire admirer les plus belles
qualités de l'âme française; il a été un des meilleurs ouvriers de
notre expansion africaine. Le *vive pius, moriere tamen* du poète
n'est pas vrai pour de tels hommes : ils survivent dans l'œuvre
qu'ils ont fondée et se prolongent dans les nouveaux venus qui
s'inspirent de leur exemple.

CHARLES LE GOFFIC.

UN FRANÇAIS AU SÉNÉGAL

ABEL JEANDET

ADMINISTRATEUR COLONIAL (1852-1890).

CHAPITRE I

La famille. — Années d'enfance et de collège. — Abel Jeandet étudiant et
soldat. — Premières fonctions administratives. — Départ pour le Sénégal.

Le bon Français, dont nous entreprenons de raconter la car-
rière si courte et si bien remplie, naquit le 6 février 1852, à
Verdun-sur-le-Doubs, petite ville du département de Saône-et-
Loire, au confluent de la Saône et du Doubs.

C'était depuis longtemps, semble-t-il, le foyer de sa famille.
Nous rencontrerons souvent, dans sa correspondance, des allu-
sions émues à la maison, la « domus », où s'était écoulée son
enfance et qui, construite par ses ancêtres dont il conservait le
souvenir pieux, avait été restaurée et agrandie par ses parents[1].

---

1. Cinq générations de Jeandet s'y étaient succédé. « Oh ! chère maison,
s'écrie Abel Jeandet dans une des premières lettres qu'il écrivit du Sénégal,
chère maison que partout j'ai aimée et vénérée, même dans ces jours de folle
jeunesse, où l'on jette aux quatre vents de l'horizon tous les trésors de force et
d'ardeur que souvent ensuite on voudrait retenir ; oh ! chère maison des aïeux,
que je te regrette, mais saintement, mais sans reproche ; car toujours je suis

La famille Jeandet est de celles qui s'élevèrent avec la France moderne, sans rien renier de la France du passé, et chez qui la persistance du sentiment religieux ne fit que donner plus de force à l'amour de la patrie et de la liberté. C'est, pour employer le langage un peu emphatique, mais si noblement sincère, de son dernier rejeton, « une de ces vieilles races plébéiennes qui, de Bouvines à Waterloo, jetèrent sur le drapeau français tellement d'honneur que toutes les nations le saluent[1] ». Le grand-père d'Abel, François-Philoclès Jeandet, chirurgien militaire aux armées de Napoléon, avait été blessé grièvement à Wagram ; le frère de celui-ci, Claude Jeandet, était mort, sergent, à la Moscova. Du côté maternel, même tradition héroïque : le grand-oncle de Mme Jeandet, le général Duhesme, fut mortellement blessé à la tête de la Jeune Garde, à Waterloo ; et deux de ses cousins périrent pendant l'invasion prussienne de 1870, l'un à la bataille du Mans, l'autre à Borny.

Jean-Pierre-Abel Jeandet, le père de notre héros — nous prenons ce mot dans son sens le plus rigoureux — est une figure originale, digne de tenter la plume d'un biographe. Animé de toutes les idées généreuses dont s'enthousiasmait alors la jeunesse, il fut un des militants du parti républicain qui triompha en 1848, et il joua, à cette époque, un rôle important dans les comités parisiens. Il était vice-président du Comité républicain du XIIe arrondissement, dont son ami, le Dr Bertillon, le père du médecin fameux, était le président. Mais son département, où il avait posé sa candidature, ne l'envoya pas à la Constituante, et lors des élections pour l'Assemblée législative, il refusa de se

resté digne, je l'affirme, de courber mon front sous la bénédiction de ceux qui l'habitent et de contempler, la face haute, les images vénérées des ancêtres qui l'ont édifié ! »

1. Lettre du 20 décembre 1886.

présenter. Peu à peu et sans rien laisser faiblir de ses convictions républicaines, il se retira de la politique active, pour achever ses études médicales. Il fut externe à l'hôpital de la Salpêtrière, et lorsque la République, après tant de fautes, de défaillances et de trahisons, dont Jeandet fut le témoin attristé et indigné, eût abouti au coup d'État du 2 décembre, il revint dans sa ville natale, où son père en retraite s'était créé une clientèle civile. Il s'y fit rapidement aimer et estimer, toujours prêt à donner son temps et ses soins aux malades pauvres, à risquer sa vie dans les épidémies. En même temps, il s'occupait de littérature et de questions intéressant l'histoire locale et les antiquités de sa province. Lors des désastres de l'Année terrible, le docteur Jeandet fit, de sa maison de Verdun, une ambulance pour les malades et les blessés et rendit ainsi d'inappréciables services, auxquels il ajouta encore comme adjoint, puis comme maire. Un peu plus tard, ses concitoyens lui demandèrent de se porter candidat à la députation et au conseil général. Cette fois, il n'avait pas à redouter d'échec ; il n'avait qu'à poser sa candidature pour être sûrement nommé. Il refusa cependant, formulant ce refus en des termes bien caractéristiques de la noblesse d'âme et de la sincérité de cet honnête homme. Nous avons plaisir à les citer.

« Fatigué par vingt années de luttes incessantes que j'ai soutenues sans succès pour l'avènement pacifique des vrais principes républicains, je me sens fléchir sous les coups du sort qui accablent notre malheureuse et coupable patrie. Certes, ma foi n'est pas éteinte, mais mes forces sont épuisées ; mon âme est triste jusqu'à la mort. Placé entre le chaos du passé et l'obscurité de l'avenir, je médite et j'étudie de nouveau, au milieu de l'anarchie dissolvante du présent, les questions politiques et sociales que je croyais avoir résolues dans ma jeunesse. »

Combien sont dans le même cas, qui n'ont pas le courage

de se l'avouer et se laissent, malgré les protestations de leur conscience, entraîner aux pires extrémités par leur parti, semblables à ces corps inertes qui, de remous en remous, flottent à la dérive jusqu'au gouffre où ils s'engloutissent ! Et combien d'autres ne doivent qu'à une vaniteuse obstination et à un aveuglement volontaire leur persistance dans les illusions de leur jeune âge, illusions généreuses par l'intention, sans doute, mais que l'expérience de la vie ne cesse de démentir ! Nous ne parlons pas de ceux qui y restent attachés comme la sangsue au corps d'où elle extrait sa nourriture, uniquement parce qu'ils y trouvent des honneurs et du profit.

La réputation d'érudit du Dr Jeandet était si bien assise, et il avait acquis une telle notoriété que la ville de Lyon le choisit pour conservateur de ses archives historiques. Il en eut une grande satisfaction, qui se changea en un douloureux désappointement mêlé d'une indignation légitime lorsque, quelques mois après, un arrêt arbitraire du préfet Ducros supprima brutalement la fonction d'archiviste (1873). Il trouva dans le maire de Mâcon un plus juste appréciateur de ses mérites : nommé bibliothécaire-archiviste de cette ville, il y passa plusieurs années paisiblement, au milieu des livres et des manuscrits, ne s'occupant plus guère de médecine que pour les œuvres d'assistance et de charité. Au milieu de tant de devoirs remplis avec conscience et dévouement, il trouvait encore le temps d'écrire, sur de nombreux points de littérature et d'histoire, des mémoires couronnés par l'Académie de Mâcon, par celle des Inscriptions et Belles-Lettres et par plusieurs Sociétés savantes de sa province.

Il prit sa retraite en 1884, deux ans avant le départ de son fils pour le Sénégal, et revint habiter la maison patrimoniale, à Verdun-sur-le-Doubs. Il y vécut assez longtemps pour sentir tout ce qu'il y a d'amertume pour un vieillard à être privé violemment de l'enfant en qui il se voyait revivre et qui était, bien au-dessus de toutes ses œuvres de science et d'érudition, son espoir et sa fierté.

Atteint au plus profond de son être, le Dr Jeandet, avec le stoïcisme et l'âpreté de vouloir qui caractérisèrent les grands combattants — par la plume ou l'épée — du xve siècle, dont il avait le masque énergique et bon, eut la force de mener à bien son plus important ouvrage, consacré à sa ville natale, et qu'il dédia à la mémoire de son fils unique et bien-aimé [1].

Il est vrai qu'il avait pour le soutenir une femme dévouée, qui savait puiser dans sa propre douleur des inspirations d'encouragement et de réconfort. Plus jeune que lui de seize années, elle lui a survécu, poursuivant avec une obstination touchante un double but, celui de confondre et de punir, ne fût-ce que par le mépris des honnêtes gens, tous ceux qui ont une part de responsabilité dans l'assassinat du commandant Jeandet, et celui de glorifier la mémoire de son fils.

Ce livre, qui n'aurait point été écrit sans elle, composé qu'il est sur une correspondance qu'elle a classée, des documents qu'elle a recueillis et des notes qu'elle a rédigées de sa main, satisfera, nous l'espérons, l'ambition terrestre que cette mère désolée n'a pas cessé de nourrir en son cœur.

La rapide esquisse que nous venons de tracer de la vie et du caractère de ses parents suffit pour faire comprendre dans quel milieu grandit Abel Jeandet, quels exemples et quelles leçons il eut, dès sa petite enfance, devant les yeux.

---

1. *Pages inédites de l'Histoire de la Bourgogne au XVIe siècle. Fragments des Annales de la ville de Verdun-sur-Saône-et-Doubs* (Dijon, Darantière, 1892, 1 vol. in-8°, XXXII-470 pp.). La commission des Antiquités de la Côte-d'Or a décerné à ce livre le prix quinquennal fondé par le marquis de Saint-Seine en faveur du meilleur travail publié sur l'histoire de la Bourgogne.

Nous n'avons, sur cette petite enfance, que très peu de détails. Une anecdote, racontée par sa mère dans les notes manuscrites où nous puisons les éléments de ce récit, montre que le petit-fils du chirurgien des armées de l'Empereur était déjà un gaillard qui n'avait pas froid aux yeux.

Au milieu du jardin potager de la maison paternelle, dans le grand clos de plus d'un hectare qui y est attenant, se trouve un puits à margelle basse dont les abords étaient interdits au petit Abel. Celui-ci, important personnage de trois ans, prenait librement ses ébats en tout ce grand espace, pourvu qu'il ne s'aventurât pas dans les parages du puits. Mais il s'y aventurait volontiers, en dépit ou, peut-être, à cause de la défense. Car enfin quoi de plus tentant à regarder qu'une chose qu'on vous cache ? Ce puits exerçait donc une attraction sur le petit bonhomme, et les jardiniers ne parvenaient pas à l'en tenir à l'écart. On lui avait dit : — « Prends garde, Abel ! Il y a dans le puits la *Mère Engueule*; elle est très méchante; elle attire les petits enfants et les entraîne au fond de l'eau, où elle les dévore avec sa grande bouche. » Abel avait répondu dans son langage enfantin : — « Qu'est qu'elle ressemble ? Je voudrais bien la voir, la Mère Engueule! » Et les incursions dans le terrain prohibé aux alentours du puits devenaient de plus en plus fréquentes. Il fallait, pour l'en détourner, imaginer quelque chose de mieux, lui faire vraiment peur. La vieille jardinière crut avoir trouvé le bon moyen. — « Vous ne savez pas, Monsieur Abel ? lui dit-elle un jour. Je viens de voir un gros ours noir près du puits. Je n'ose plus y aller; il me mangerait. » Sans répondre un mot, l'enfant rentra à la maison, mit ses gros souliers, prit son petit sabre et son petit fusil, et retourna dans le jardin. Le père et la mère, étonnés de ses préparatifs et surtout de son air grave et décidé, le suivaient à distance. — « Où vas-tu donc, Abel ? » lui cria sa

mère, en le voyant se diriger vers le point dangereux. Il s'arrêta
pour répondre : — « Moi va tuer gros ours noir méchant. » Et,
montrant son attirail belliqueux et frappant d'un air crâne la
terre de son peton, il ajouta : — « Moi a des bottes, moi est armé
de *pied en carpe*, moi a pas peur ». Il arrivait au puits, lorsque
Mme Jeandet courut au guerrier et l'emporta dans ses bras.

Un autre trait de caractère, qui s'allie beaucoup mieux qu'on
ne le pense communément à l'énergie et au courage — la bonté
envers les êtres faibles, se marquait déjà chez Abel enfant.
Il montrait une véritable tendresse pour les animaux et il s'en
faisait naturellement aimer. Ce charme de la sympathie, il devait
plus tard l'exercer sur les nègres au point d'obtenir d'eux un
concours et un dévouement dont les résultats émerveillaient ses
collègues et ses chefs ; mais alors, trottant menu par la vieille
maison et le grand jardin de Verdun-sur-le-Doubs, il en faisait
déjà l'apprentissage sur des chats et des oiseaux. Il avait quatre
chats, avec lesquels il jouait en bon camarade, et dont l'un, le
matou Rodilard, le suivait partout comme un chien. Il avait
élevé dix-sept mésanges, qu'il lâchait chaque matin en liberté
dans l'enclos ; et, chaque soir, à son appel, — elles ne venaient
à la voix de personne autre, — les charmantes et mélodieuses
bestioles arrivaient à tire d'aile des arbres et des buissons éloi-
gnés et se posaient sur ses épaules, sur sa tête, sur ses bras, sur
ses mains, avant de réintégrer une grande cage, leur domicile de
nuit. Un soir, cependant, — ce fut au printemps, j'imagine, — il
en manque une à l'appel ; le lendemain elles n'étaient plus que
quinze, et de jour en jour leur nombre diminua, jusqu'à ce
qu'elles fussent toutes parties pour ne plus revenir. Le petit Abel
n'eut jamais l'idée d'arrêter l'exode en tenant la cage fermée le
matin. Il sentait d'instinct que ses pensionnaires avaient droit à
la liberté.

Dès qu'il fût en âge d'étudier, on le mit au collège de Dôle, appelé collège de l'Arc, à cause d'une arcade jetée au-dessus d'une rue pour réunir les deux parties de l'établissement. Ce collège, fondation des Jésuites, avait conservé sa bonne réputation sous la règle universitaire. Abel Jeandet s'y fit remarquer par son application et ses succès, que couronnèrent les deux diplômes de bachelier ès lettres et de bachelier ès sciences. Il s'y fit remarquer aussi par son bon caractère, sa gaieté, son esprit de camaraderie, son aptitude aux exercices du corps et son ardeur à se rendre utile, sans considérer la peine ni le danger. C'est ainsi qu'un jour de sortie, il arracha à une mort certaine deux personnes qui se noyaient dans le Doubs, dont les eaux se dégagent à cet endroit du canal du Rhône au Rhin. Ce sauvetage fut raconté en son temps par le *Bulletin de l'Instruction publique* et le Ministre félicita officiellement le courageux écolier.

Jeandet avait alors seize ans. Il prit ses baccalauréats l'année suivante et commença tout de suite, à Lyon, des études médicales qu'il ne devait pas tarder à aller continuer à Paris.

Les événements de 1870-71 lui donnèrent prématurément l'occasion d'appliquer les connaissances qu'il commençait à acquérir. Il fit son service à l'ambulance que le Dr Jeandet avait installée dans sa maison et à ses frais ; et, tout en échappant lui-même à une attaque de petite·vérole, il mérita les félicitations écrites du Dr Riant, chargé d'inspecter les ambulances de l'Est.

Ce début ne pouvait que confirmer le désir si naturel de son père de le voir se fixer dans le vieux logis de Verdun et ajouter un docteur à la dynastie médicale des Jeandet. Sa mère, d'autre part, rêvait pour lui des destinées qu'elle croyait plus douces. La vie du praticien de province, appelé au chevet des malades, dans les galetas de la ville ou dans les chaumières isolées de la campagne, à toute heure du jour et de la nuit, souvent sans espoir d'être rémunéré, ne lui semblait pas la plus enviable pour l'enfant qu'elle chérissait. Mieux que personne elle savait ce qu'une telle vie a de noble, elle qui admirait le dévouement si désintéressé de son mari. Mais elle savait aussi ce qu'elle a de pénible et d'ingrat, et que les désappointements et les déboires y sont l'ordinaire récompense des sacrifices et des efforts journaliers. Quoi d'étonnant qu'une mère ne se résigne pas à cesser de gâter son enfant parce qu'il a grandi, et qu'elle lui arrange en sa tête un avenir facile, agréable et brillant ? Elle aurait voulu qu'il aspirât au titre de docteur ès lettres plutôt qu'à celui de docteur en médecine, afin de le voir un jour, qu'elle ne se figurait pas lointain, professer dans une chaire de faculté, en province, et présider quelqu'une de ces sociétés savantes où Jeandet le père trouvait encore, malgré son terrible métier et l'ardeur d'altruisme qu'il y apportait, le temps de « cueillir des lauriers ».

De là, entre les deux époux, d'ailleurs si unis, certains tiraillements qui, de son aveu même, eurent leur contre-coup dans l'esprit du jeune homme. Celui-ci, prompt aux résolutions extrêmes, laissa là l'étude de la médecine et, au lieu de s'adonner à celle des lettres, s'engagea dans l'armée (octobre 1873), où il gagna rapidement les galons de sous-officier. Il y resta jusqu'en septembre 1877, époque où il reprit, cette fois avec les encouragements de sa mère dont le rêve s'était évanoui au contact de la réalité, sa vie d'étudiant fréquentant l'École de médecine et les hôpitaux.

Deux ans après, à la veille de soutenir sa thèse de doctorat, qui, de ce fait, se trouva remise à un plus tard indéterminé mais définitif, il épousait la fille d'un général belge, habitant la France depuis plusieurs années, le comte van der Meere de Cruyshautem. Mais la jeune femme mourut treize mois après le mariage.

C'est alors qu'Abel Jeandet, que cette épreuve laisse désemparé

et hors de sa voie, cherche dans le journalisme de quoi satisfaire
son activité. Il écrit à l'*Union républicaine* de Mâcon des articles
politiques alertes et vigoureux, justifiant bien leur titre de *Caril-
lons*; puis il fonde une feuille littéraire, le *Causeur bourguignon*,
où il consigne en des pages qui mériteraient d'être recueillies les
souvenirs de sa vie de régiment. En même temps, il fournissait
des articles à la *Médecine populaire* du Dr Brémont, se faisait nommer membre de la Société des sciences naturelles de Saône-et-
Loire et membre correspondant de l'Académie de Mâcon, sociétés où le nom de Jeandet était depuis longtemps entouré de respect et d'honneurs, et remportait, à l'Académie de Vaucluse, un
premier prix avec l'éloge de Philippe de Girard, l'illustre inven-
teur de la machine à filer le lin.

Mais tout cela ne constituait ni une position, ni une carrière.
Les relations que le Dr Jeandet avait conservées dans le personnel républicain progressiste ou radical, alors au pouvoir, et l'influence que son savoir, sa probité et son dévouement lui avaient
acquises autour de lui, facilitèrent l'entrée de son fils dans l'administration. Le préfet de son département, M. René Laffon, le
reçut avec plaisir comme chef de cabinet, en août 1884. Mais
M. Laffon ne tarda pas à devenir député, et Abel Jeandet quitta
Mâcon au mois de novembre pour aller auprès de M. Schnerb,
préfet de Bordeaux, puis auprès de M. Mordon, préfet des Pyrénées-Orientales, toujours en la même qualité.

De ces trois chefs, il se fit trois amis. Le dernier surtout lui
témoigna une véritable affection, et conserva son souvenir au
point de tenir à honneur de lui consacrer, cinq ans plus tard,
une notice nécrologique qu'il lut à l'Académie de Vaucluse,
dont l'un et l'autre étaient membres.

Ce n'était pas seulement par sa manière d'être et son caractère qu'Abel Jeandet se conciliait l'estime et l'amitié des hauts

fonctionnaires sous les ordres desquels il travaillait. Cet ancien
étudiant en médecine, qui n'avait étudié jusque là le droit
administratif qu'à la clinique ou dans les salles de dissection,
réussit d'emblée là où échouent bien des licenciés, voire des
docteurs en droit. Si le préfet trouvait en lui un collaborateur
intelligent, actif et sûr, les administrés étaient charmés par sa
grâce et par la bonté dont était pénétré son esprit de justice. Une
note que publia l'*Indépendant des Pyrénées-Orientales* dans sa
« Chronique locale », le 28 mai 1886, en donne un témoignage
frappant. Le bruit courait que, M. Mordon venant d'être nommé
trésorier-général du département de Vaucluse, Abel Jeandet
allait être promu sous-préfet à Aix. « Nous serions heureux si
cette nouvelle était officiellement confirmée, dit le journal de
Perpignan ; non point que nous soyons sans regret de voir le
jeune chef de cabinet de la préfecture des Pyrénées-Orientales
quitter notre département, où sa haute intelligence et sa bien-
veillance inépuisable lui avaient valu tant de solides sympathies,
mais parce que nous sommes persuadés que M. Jeandet, administrateur des plus entendus et des plus zélés, républicain des
plus sincères, est on ne peut plus digne d'occuper le poste
qu'on lui confierait. Ce sont de tels fonctionnaires qui font
aimer le gouvernement qu'ils servent et que la République a
le devoir de récompenser ».

Cependant le mouvement administratif était remis de jour en
jour et la nomination promise n'arrivait pas. Fatigué d'attendre
et cédant aussi, sans doute, à d'autres raisons qu'il fait entrevoir
dans une de ses lettres [1], Abel Jeandet écrivit à son ancien pré-

---

1. Vous quitter, écrivait-il plus tard à ses parents, a été tout à la fois un
malheur et un bonheur : « malheur à cause des souffrances de nos cœurs,
bonheur par suite de ma position que je fais honorablement et *à l'abri des dis-
sensions intestines de ma malheureuse patrie* » (7 janvier 1887).

fet de Saône-et-Loire, alors député, en le priant de s'employer à lui faire obtenir un poste dans les colonies. Les démarches que M. René Laffon fut heureux de faire eurent un prompt résultat, et il pouvait, au bout de quelques jours, envoyer cette dépêche à son protégé : « Vous êtes nommé commandant de cercle au Sénégal. »

La lettre par laquelle il informait ses parents d'un changement si brusque et si complet dans la direction de sa vie est datée de Perpignan, le 15 septembre 1886. C'est cette correspondance avec sa famille, où Mme Jeandet, sa mère, veut bien nous permettre de puiser, qui nous fournira désormais la plupart des détails consignés dans ce volume. Nous en reproduirons le texte chaque fois que cela nous sera possible sans surcharger de longueurs ou de répétitions notre récit. Il en sera plus vivant, et le lecteur verra mieux, à la lecture de ces pages improvisées, souvent écrites à la hâte, dans un coin de hutte d'indigène, après une épuisante chevauchée ou un périlleux combat, ce qu'il y avait d'héroïquement bon dans cette nature, que son style plein de mouvement et de chaleur, en même temps qu'un peu pompeux et grandiloquent, traduit si bien.

Voici cette première lettre :

Père bien aimé,

Cette lettre t'arrivera au jour anniversaire de ta naissance. Elle est importante et triste, car elle va te parler de mon départ, de notre séparation. Mais avant toutes choses, je veux, cher père, le dire et le répéter, que je remercie Dieu de t'avoir pour père, toi qui, avec ta compagne chérie, ma chère mère, avez fait de moi un homme, *vir* ! Chaque jour, non des lèvres mais du cœur, je laisse monter vers la grande Puissance une adoration pour ce que je suis, grâce à ton énergie juste et féconde, pour ce que je suis, grâce à l'amour de ma mère. Bien des pierres ont déchiré mes pieds dans la route difficile de la vie, bien des spectacles ont attristé mes yeux, quelques entrainements de jeunesse ont aussi saisi mon corps ; mais mon cœur est resté tout à toi, cher et honoré père, tout à ma chère et honorée mère, tout au souvenir des exemples d'honneur et de vertus que vous m'avez donnés ; et je le jure, lorsque je suis rentré dans la maison paternelle, chaque fois je me suis sans remords laissé presser dans vos bras... Eh bien ! pour que ma vie honnêtement commencée s'achève de même et porte ses fruits, pour que, même après notre dernier jour, nous puissions être réchauffés ensemble par les rayons du grand soleil de l'inconnu, un sacrifice est nécessaire : notre séparation !

Tu me l'as dit souvent, cher père : « A homme de cœur, courtes paroles ». Je viens d'obtenir une situation des plus honorables. La refuser serait douter de nous, douter de la Providence. Dieu est bon, Dieu est grand, et là-bas il me protégera, tandis que chacun de mes pas dans le désert africain étendra les limites de ses domaines et portera bonheur à la maison des aïeux.

J'entre par la grande porte dans les vastes palais de la nature où les Brazza et les Soleillet se sont illustrés ; laissez votre fils en explorer les recoins. Quelques expéditions de guerre — la belle affaire pour un parent digne des braves généraux Duhesme et Changarnier, pour le petit-fils du chirurgien-major Jeandet blessé presque mortellement à Wagram, pour le fils de mon père, et aussi d'une mère adorée, forte et courageuse, qui sera fière et heureuse de voir un rayon de gloire briller au front de son enfant. J'ai confiance en mon étoile et en moi, me sentant un mâle au milieu de nos générations maladives.

En me choisissant pour un poste de combat et d'honneur, on me témoigne une estime dont je suis reconnaissant. Et toi, père bien-aimé, tu seras heureux, car ton fils unique sera un des pionniers de cette civilisation et de ce progrès pour lesquels tu as toujours combattu. Sur ce drapeau de la France, que mes mains planteront, sera inscrit pour de bon le mot de Liberté !

Au revoir, dans quelques jours, avant celui du départ. Comptez sur l'avenir qui est entre les mains de Dieu et sur moi.

Votre ABEL.

Le tempérament de l'homme ne se montre-t-il pas à plein et du premier coup dans ces lignes ? A côté de la tendresse et du respect pour son père et sa mère, dont les protestations se renouvellent chaque fois qu'il écrit, nous voyons sa foi de chrétien, robuste et mystique en même temps, son culte pour la maison héréditaire et pour la mémoire des aïeux, le naïf orgueil d'avoir dans sa famille des héros — sentiment générateur de courage, qui lui inspire la volonté de faire comme eux pour l'honneur du drapeau et le bien de la patrie, et, circulant à travers tout cela, l'exubérance et l'entrain d'un Bourguignon bien portant, chez qui la richesse et le mouvement du sang ne troublent en rien la lucidité du cerveau.

Le nouvel administrateur colonial arriva à Verdun presque en même temps que sa lettre. Il y resta quinze jours à peine, jusqu'au 2 novembre. On se figure aisément l'état moral et la tenue extérieure des trois personnages réunis dans la vieille maison : le père, fier, malgré son désappointement mal oublié, de ce fils qui se faisait une carrière par lui-même, hors des voies qu'il lui avait frayées, refoulant son chagrin et ses craintes pour ne laisser paraître sur son visage et dans ses paroles qu'une confiance virile ; la mère, le cœur débordant d'émotions contradictoires — orgueil délicieux, angoisse poignante — les yeux rayonnants et mouillés de larmes ; le fils, touché profondément de ce double amour fort et tendre, le leur rendant de tout son cœur, mais retenant avec peine, par égard pour leur anxieuse sollicitude, l'impatience de l'homme d'action qui voit s'ouvrir devant lui le champ où se réaliseront, il n'en doute point, ses rêves les plus aventureux.

Tourmentée par ces appréhensions qui naissent spontanément au cœur des mères et qui, si l'événement est funeste, passent pour de mystérieux mais infaillibles pressentiments, Mme Jeandet était allée à Lyon mettre son fils unique sous la protection de Notre-Dame de Fourvières, à qui elle avait une grande dévotion. Elle en avait rapporté un chapelet bénit et chargé d'indulgences, qu'elle mit au cou d'Abel en le priant de ne jamais le quitter. Et, en effet, on retrouva ce chapelet sur la poitrine du commandant Jeandet assassiné, et un ami l'envoya, relique sacrée, aux pauvres parents. C'est la mère maintenant qui le porte sur son sein, là où elle berça et dorlota l'enfance de son fils perdu.

CHAPITRE II

Le voyage. — L'arrivée à Saint-Louis. — Le cercle de Louga. — Le Bour N'Diambour. — De Louga à N'Diague.

La Corogne, dimanche matin, 7 novembre 1886.

Amis bien-aimés ! Bonjour ! Je vous embrasse comme je vous aime.

Je commence aujourd'hui mon journal, vous relatant les faits de ma vie. Comme l'écrivait Montaigne : « Je ne veux vivre qu'enveloppé de votre souvenir. »

J'ai quitté Verdun le cœur serré et plus triste que vous n'avez pu le soupçonner vous-mêmes, chers et bons parents. Cette tristesse s'adoucira avec le temps, mais elle ne disparaîtra que le jour où j'aurai le bonheur de vous revoir et de vous embrasser. Cependant elle ne me fera rien perdre de mon énergie ; au contraire, ce sera un stimulant et non point une cause de défaillance. Il faut qu'il en soit de même pour vous.

Dans le wagon qui me conduisit de Verdun à Chalon, j'ai trouvé un jeune homme qui venait d'être parrain. Il m'a offert des dragées de baptême, à moi qui étais en grand deuil de cœur ! Quel est l'enfant dont elles ont fêté la venue ? Je l'ignore, et cependant j'ai fait des vœux, en moi-même, pour cet enfant inconnu, car il me parut être un des premiers sourires de la fortune, ce bonbon de joie offert à celui qui part, et je crus entendre vibrer quelques notes de ce gai carillon de fête que l'Église chrétienne fait envoler aux Cieux pour remercier Dieu d'avoir ajouté une vie à tant d'autres existences humaines, un fidèle de plus à tant de croyants !...

Ainsi débute la première lettre qu'Abel Jeandet écrivit à sa famille après son départ de Verdun. Ce souhait du retour, ardemment exprimé au lendemain même de la séparation, reviendra dans toute sa correspondance avec une étonnante variété de formules et une chaleur toujours persuasive. Il sait bien que c'est en leur parlant souvent de ce qu'ils désirent qu'on fait prendre patience aux plus impatients. Il bercera l'attente anxieuse de ses parents en leur disant chaque jour : — Bientôt ; dans un mois ; dans deux ; encore un court délai ; la semaine prochaine ou dans quinze jours au plus tard, — jusqu'à ce qu'il ait mené à bien, suivant sa conscience, la besogne dont il s'est chargé et qu'il puisse, sans scrupules, venir enfin donner et trouver du bonheur dans la vieille maison. Et quand il l'a quittée une seconde fois, c'est la même tactique qui prolonge l'espérance en en montrant la réalisation prochaine ; mais cette fois une main brutale et stupide coupe court à tout, et, à la place des projets caressés, de la joie promise et légitimement prévue, met l'impossible et le néant.

Ce n'était pourtant pas tout à fait un mensonge, ce présage heureux qu'Abel Jeandet rencontra dans le wagon qui l'emportait loin de Verdun. Il eut, lui, le bonheur qu'il souhaitait : il servit la France utilement et mourut pour elle. Sa fin, pleine d'horreur et de ténèbres pour ceux qui l'aimaient, l'a nimbé d'un rayon de gloire.

Dans cette même lettre, il raconte un autre épisode de son voyage qui mérite d'être consigné ici ; on y verra l'utilité d'avoir été carabin, et aussi combien Abel Jeandet était serviable et prêt à la sympathie.

Lors de mon changement de train à Montluçon, j'entrai dans un compartiment où se trouvaient deux voyageurs, dont l'un, officier d'infanterie de marine. Selon mon habitude je m'endormis. Je ne tardai pas à être réveillé par un cri. J'ouvris les yeux et je vis mon officier couvert de sang. Voici ce qui s'était passé : dans un choc causé par l'arrêt subit du train, il s'était enfoncé dans l'avant-bras la pointe d'un couteau-poignard chinois qu'il tenait à la main ; d'où plaie pénétrante, hémorragie, etc. J'offris et on accepta mes services. J'exerçai la compression jusqu'à la gare de Saint-Sulpice, où je fis un pansement avec ce que put me fournir la boîte de secours. Je fis un second pansement plus complet à Limoges, veillai sur l'état de mon blessé et de mon appareil et arrivai à Bordeaux, comblé des bénédictions de mon officier, qui était un brave capitaine ayant vingt ans de service, vingt-sept campagnes, sept décorations, et appartenant à la réserve de l'armée de mer...

A Bordeaux, il trouve le plus chaleureux accueil chez plusieurs amis qu'il s'était faits pendant son court passage à la préfecture de la Gironde comme chef de cabinet, et parmi lesquels il faut nommer M. Ortille, commissaire spécial des chemins de fer, et M. Camin, maire de Saint-Germain d'Esteuil, petite commune aux environs de Bordeaux. « Dire comment j'ai été reçu, s'écrie le jeune administrateur, est impossible. Le cœur peut goûter de pareilles douceurs, mais la parole est impuissante à les exprimer ».

Le 8 novembre, il touchait à Lisbonne, d'où il datait la suite de sa relation de voyage.

Je reprends ma lettre de dimanche au point où je l'avais laissée. Mon ami Camin me conduisit dans sa voiture à Pauillac, où je trouvai l'inspecteur général de l'émigration, prévenu par dépêche, qui m'attendait avec une *magicienne*.

Cette *magicienne* est un petit bateau à vapeur qui le transporta sur le *Congo*, à l'ancre à deux kilomètres de là. Ses amis veillèrent avec sollicitude à son installation sur le paquebot, qui, pour être particulièrement soignée, n'en paraît pas moins avoir été succincte et d'un confortable restreint.

Abel Jeandel.

Nous sommes, dit Jeandet, cinq, dont quatre officiers et un chef
télégraphiste ayant rang de capitaine, dans une seule cabine de première classe aménagée pour la circonstance. A dix heures du soir,
vendredi, 5 novembre, je m'étendis dans ma couchette ; j'y songeais
depuis quelque temps, lorsque soudain le vaisseau, qui jusqu'alors
semblait glisser, tressaillit jusque dans ses membrures et commença à
danser brusquement. En quelques minutes, son allure avait changé.
Étonné, je demandai : « Que se passe-t-il donc ? » — « Nous sommes
en mer », me répondit un de mes compagnons… Mais c'est surtout
hier soir et cette nuit que l'Océan s'est fâché. On dut tout fermer,
même les hublots, et mettre les violons, c'est-à-dire attacher avec
des cordes tous les ustensiles et les plats. De plus de cent passagers de
première classe, divisés en deux services, nous n'étions pas vingt-cinq
à table…

Puis il décrit les lieux où il passe. Véritablement sensible aux
beautés de la nature, il les détaille avec un enthousiasme dont l'expression n'est point sans prétentions littéraires, mais où la sincérité et l'émotion éclatent sous les ornements du style. On y
retrouve le lauréat de l'Académie de Vaucluse, et l'on ne s'étonne
pas qu'il y ait remporté un prix.

Après avoir fait escale à Lisbonne et essuyé une terrible tempête dans les parages de Madère, le Congo mouille à Gorée, puis
à Dakar. Il y débarque, puis il prend le chemin de fer et arrive
enfin à Saint-Louis, sa destination. De cette ville Abel Jeandet envoie à ses parents, le 27 novembre, une sorte d'instantané
de ses impressions.

J'y suis !… malgré le gros temps qui nous a pris depuis Lisbonne
et nous a suivis jusqu'aux Canaries. Mais j'ai gardé ma bonne santé et
ma belle humeur. Par exemple il faut avoir une solide dose de l'une
et de l'autre pour vivre au milieu de tous les moricauds parmi lesquels
nous sommes en quelque sorte noyés. Mais, bah ! la vieille gaieté
française prend le dessus, puis le sentiment du devoir, la volonté de
remplir la mission civilisatrice qui nous est confiée. Chaque matin,

que dis-je, chaque heure du jour, nous autres, volontaires du progrès —
les élus de la France, puisqu'elle nous jette en avant-garde — en
voyant la grande loque tricolore battre le mât du sémaphore sous les
coups du vent d'Est, en contemplant avec amour ce chiffon de toile
qui est un symbole et une espérance, nous sommes fiers ! Nous nous
sentons plus forts, l'esprit s'élargit, le cœur bat plus librement dans la
poitrine et nous sommes prêts à aller jusqu'où nous poussera la
franche devise de la vieille France : Avec Dieu pour la patrie !

Voilà de belles et nobles paroles qui ont leur place marquée
dans l'anthologie patriotique qu'on devrait bien publier en réponse
aux diatribes que des criminels et des niais débitent contre l'idée
de patrie et le culte du drapeau.

Quelques lignes plus loin, Jeandet note l'effet que lui fit sa
première rencontre avec les populations sénégalaises.

C'est, dit-il, en vue de Gorée, que les indigènes désignent sous le
nom de *Berr* (ventre), à cause de sa forme, que nous aperçûmes les
premiers spécimens des bonshommes que j'allais avoir à diriger. Nous
étions à peine signalés que, de tous les points de la côte, des anfrac-
tuosités, des anses, nous vîmes venir à nous des *i* noirs sur des points
noirs. C'étaient des hommes sur des canots ; les premiers vêtus comme
Adam et Ève avant le péché, les seconds creusés dans des troncs d'arbres
sur lesquels je n'aurais pas voulu mettre le chat de ma portière. De
plus près, je reconnus que je m'avançais trop en disant qu'ils étaient
absolument nus ; tous avaient au cou et sur la poitrine un certain
nombre — huit, dix, douze, quinze objets noirs en forme de petites
poires allongées, et, au-dessus des chevilles, un cercle de fer ou d'argent, ou même une simple cordelette. Quelques-uns avaient encore
une cordelette de même sorte autour des reins, maintenant par devant
une espèce de loque qui suivait les impulsions de la brise et ne cachait
absolument rien de ce qu'elle devait couvrir. J'ai pensé que ces derniers étaient les habitants du faubourg Saint-Germain de l'endroit. Le
Père Guérin, vicaire de Saint-Louis, avec lequel je me suis lié pendant
le voyage, m'a expliqué que ce que je prenais pour de petites poires

allongées, n'étaient autre chose que des *gris-gris*, ou préservatifs sacrés contre les requins qui foisonnent dans les deux baies de Gorée et de Dakar.

.... Mes bonshommes s'avançaient donc contre flots et marée, pagayant leurs embarcations au moyen d'espèces de pelles en bois, à manche court, ressemblant aux pelles de nos boulangers. De temps à autre, paf! un canot chavirait ; mais les noirs le remettaient à flot, remontaient dedans, reprenaient leurs pelles, et hardi ! vogue la galère ! Ces bonshommes sont nageurs si intrépides, qu'autrefois — je tiens le fait d'un de mes compagnons de voyage — lorsque les bateaux mouillaient en vue de Saint-Louis, c'étaient eux seuls qui, montés sur leurs pirogues, faisaient franchir aux voyageurs la barre si redoutable qui protège l'entrée du port et ne permet pas aux navires d'un fort tonnage d'y entrer. Ils entassaient sur ces troncs d'arbres voyageurs et colis, et moyennant vingt sous s'engageaient à descendre le tout à quai. On partait ; pouf! on chavirait, et cela trois ou quatre fois pendant la route. A peine était-on à l'eau que le noir saisissait le voyageur, le jetait dans la barque remise d'aplomb ; les colis suivaient, et allez! en route de nouveau! Du reste, ce que firent les cent ou cent cinquante noirs qui montaient les pirogues dont je vous parle témoigne de la véracité de ce récit. Nous n'avions pas stoppé qu'ils nous entouraient, criant tous à qui mieux mieux ; et alors j'eus un spectacle des plus curieux. Pour dix sous, ils se jetaient à la mer et allaient chercher la petite pièce d'argent au plus profond des flots. Pour vingt sous, ils plongeaient à l'extrême arrière et allaient ressortir à l'étrave de l'extrême avant.

Son premier soin en touchant « le plancher des vaches » fut d'acheter un casque en moelle de sureau, pour se garantir des rayons du soleil d'Afrique. Il ne resta à Dakar que quelques heures, le temps de déjeuner et de toucher à la Place son revolver d'ordonnance, son sabre et cinquante cartouches ; bonne précaution pour un homme qui, avant d'atteindre Saint-Louis, avait treize heures de route à faire, en chemin de fer, il est vrai, mais à travers le Cayor, encore frémissant de la dernière guerre et toujours prêt à se révolter contre le protectorat que la France venait de lui imposer.

Annoncé et très chaudement recommandé au Gouverneur Genouille par le député Laffon, il fut bien reçu et comprit tout de suite qu'on ne le laisserait pas moisir dans les bureaux de Saint-Louis. Mais il dut commencer par un stage au cabinet du Directeur des affaires politiques, pour prendre une idée de l'administration coloniale et donner à ses chefs le temps et l'occasion de juger ce qu'on pouvait attendre de lui.

Moins d'un mois après, le 20 décembre, dans une lettre pleine d'effusion, à propos de ses lectures dans un Virgile qu'il tenait de son grand-père, le chirurgien militaire, et sur la feuille de garde duquel sont inscrits ces mots : « Spandau, Custrin, Magdebourg, Berlin », et au bas : « Jeandet égrotant » — il se laisse aller à un de ces élans qui lui sont habituels et dont nous ne donnerons pas d'autre exemple, pour ne pas — quelque nobles que soient les sentiments exprimés — fatiguer le lecteur par des répétitions.

Toute la vie de mon aïeul se dresse, lumineuse, éclatante, instructive... Je pense à vous, amis aimés, dont l'existence, comme la sienne, a été une grande lutte. Je pense à cette terre de Bourgogne que, vivant, je reverrai, Dieu aidant ; sous laquelle, mort, je voudrais dormir mon dernier sommeil. Je me souviens de nos vieilles traditions de famille qui peuvent se résumer ainsi : l'Honneur, le Devoir, la Foi !

Dans la même lettre, il donne par le menu l'emploi de ses journées pendant cette période préparatoire passée dans les bureaux du Gouvernement, à Saint-Louis.

A six heures du matin, Sidi ab' N'Allah, mon noir, ancien tirailleur sénégalais, vient me prévenir que les chevaux sont sellés ; nous partons jusqu'à huit heures. En revenant, je déjeune d'une botte de radis,

d'un morceau de pain et d'un verre de vin, puis je vais au palais du
Gouvernement. J'y demeure jusqu'à 10 heures 1/2. Je me rends
ensuite à la caserne des tirailleurs sénégalais, où je fais du sabre pendant une heure. A midi, je déjeune confortablement. Je ne sors de
table qu'à une heure. Resté paysan, je considère l'heure du repas
comme l'heure du repos. Je fais la sieste jusqu'à deux heures. De 2 à
5, je retourne au Gouvernement. De 5 à 6 1/2, étude du djoloff chez
moi. Ensuite, je vais faire un tour, je soupe, je rentre, et je prends des
notes.

C'est une journée bien remplie et dont il est content, car dès
ce moment il déclare « en confidence » qu'il croit « préparer ce
qui n'a jamais été fait ni dit sur le Sénégal ».

Que n'a-t-il vécu pour accomplir jusqu'au bout la tâche qui
s'ébauchait déjà dans son esprit ! Ce qu'il eut le temps de faire
montre, du moins, que, dans son ambition, il ne présumait pas
trop de ses forces.

Tout en se mettant au courant des questions coloniales et des
affaires courantes, Abel Jeandet avait dressé un état chronolo-
gique et analytique de toutes les pièces conservées aux archives
du Gouvernement concernant le Haut Fleuve et les rivières du
Sud. Ce travail avait, pour employer son expression, « *épaté* non
seulement le gouverneur, mais un peu tout le monde ».

M. Genouille ne tarda pas à le faire mander, lui dit qu'il
venait d'envoyer son travail au Ministère en réclamant pour lui
les palmes académiques, que, *d'ailleurs, il n'eut jamais*, et le char-
gea d'analyser les pièces relatives aux explorations faites au Sénégal depuis 1817. C'était une besogne qui « exigeait autant de
connaissances que de patience », et c'était pour cela qu'il la lui
demandait. Le jour où elle serait achevée, il le nommerait commandant du cercle de Thiès, dans le Cayor, et il aurait à contenir toute cette région mal pacifiée.

Plein d'enthousiasme à cette perspective, Jeandet termina son dépouillement analytique en moins de quinze jours, trouvant encore le moyen de continuer une étude des essences forestières du Bas Sénégal, entreprise pour faire plaisir à son père, auquel il annonçait, le 7 janvier 1887, qu'il avait recueilli des notes sur cinquante-sept espèces [1].

Cependant ce ne fut pas à Thiès, mais à Louga qu'il fut envoyé. La lettre dans laquelle il annonce et explique à ses parents ce changement de destination, montre bien le côté essentiellement pratique de cet esprit hardi, mais qui, dans les aventures les plus audacieuses, savait s'entourer des précautions dont la prudence humaine est capable pour assurer le succès.

Fort de Louga, le 21 janvier 1887.

... Le 14 janvier j'avais achevé le travail d'analyse dont le Gouverneur m'avait chargé, et, mandé dans son cabinet, je lui annonçais que j'étais prêt à me rendre à Thiès, lorsque j'appris de sa bouche que la marine et les colonies venaient de décider la nomination d'un Résident français dans le Cayor. Thiès étant un cercle enclavé dans le pays, je demandai au Gouverneur si je serais indépendant dans mon cercle de l'autorité et du contrôle du Résident, et si je correspondrais directement avec lui. Sur sa réponse négative, je le priai de bien vouloir désigner un autre de mes collègues pour Thiès et de m'assigner un autre poste. Je me basai pour obtenir ce changement sur ce que : 1º la présence d'un Résident français dans le Cayor faisait perdre aux fonctions de Commandant de Thiès une partie de leur importance ; 2º le Résident devant loger à Thiès, près du Commandant, son inférieur hiérarchiquement parlant, il pourrait se produire des froissements dont le Commandant seul aurait à souffrir ; 3º nouveau-venu dans la colonie, je serais en quelque sorte et par cela même que j'étais

1. Il ne cessa jamais de s'occuper de certaines questions qui intéressaient son père ou les savants avec qui son père était en relations. C'est ainsi qu'il envoie au Dr Jeandet une note détaillée sur un succédané du café, l'adiana (voir l'appendice), qu'il fait des recherches pour le président d'une Société savante de Dijon, et qu'il projette des expériences sur la culture du ricin.

plus jeune et censé moins bien connaître le pays et ses coutumes, obligé de suivre la politique du Résident, et une réserve de ma part, si inspirée qu'elle pût être par l'intérêt public, serait peu prise en considération par le Résident, qui la considérerait plutôt comme formulée dans un esprit étroit de critique que dans le but d'être réellement utile ; 4° si, par suite d'événements nouveaux et inattendus, une action diplomatique ou militaire de la France se produisait et était couronnée de succès, j'en recueillerais peu de fruit étant en second ordre, et cela malgré la valeur des renseignements que j'aurais pu fournir et l'aide que j'aurais pu prêter ; si, par contre et par impossible, nous recevions un échec, il était probable, hélas ! que le Résident, mon chef, pour amoindrir sa responsabilité, engagerait la mienne ; 5° enfin, étant à la peine et assumant une lourde responsabilité, je désirais avoir mes coudées franches, être libre de mes mouvements et soit porter seul le poids des événements malheureux, soit recevoir seul aussi la récompense des services que j'aurais rendus au pays. Cette explication très droite et très franche amena le Gouverneur à me tendre la main. « Vous n'irez pas à Thiès, me dit-il, le poste devient en effet secondaire ». Puis après quelques minutes de réflexions: — « Iriez-vous à Louga ? » — « Oui, mais Louga n'est point un cercle ; c'est un fort, et l'action du Commandant ne dépasserait pas la portée des canons du fort ». — « Écoutez : je retire du fort garnison et canons, je crée le cercle de Louga qui n'existe pas, je vous en nomme le Commandant. Je ne vous donne aucune instruction, ni écrite, ni verbale, m'en remettant à vous du soin de retenir le N'Diambour dans notre alliance. Seulement, réfléchissez, vous allez vous trouver seul au milieu d'une population dont une partie favorise les menées d'Ali Boury, roi du Djoloff ».

— « Merci, répondis-je. J'accepte la tâche et je suis prêt à partir dans deux heures, s'il le faut. Toutefois, si vous voulez bien m'y autoriser, je ne me mettrai en route que le 17 au matin, afin de recevoir avant mon départ le courrier de France ». — « Accordé ! » Là-dessus nouvelle poignée de main ; dernière entrevue dimanche, aussi cordiale ; réception de vos deux chères lettres dans la journée ; le lendemain, à cinq heures, départ ; 71 kilomètres à faire ; arrivée à Louga dans la matinée, car le train de Saint-Louis à Dakar passe à Louga et s'y arrête ; évacuation du fort les 17 et 18 ; prise du commandement le 18 et première entrevue avec le Bour N'Diambour, ou Roi du N'Diambour, Ibrahima N'Diaye, le 19, par l'intermédiaire de mon interprète, Madiokor, ancien élève de l'école des otages et qui nous a toujours fort bien servis.

J'ai été très content de cette première entrevue. Le Bour m'a affirmé ses sentiments de dévouement à la France.

Sans y croire absolument, j'ai répondu que le *Boroum N'Dar* — ce qui veut dire en djoloff le Gouverneur de Saint-Louis — les connaissait, que le plus grand témoignage de confiance qu'il pouvait lui donner, c'était de retirer les soldats de son pays et d'envoyer à leur place, pour le gouverner, un Commandant qui venait, seul, habiter au milieu d'eux. Je lui ai dit que nous ne voulions que la richesse de son pays, que la France, qui était une grande nation et qui l'avait choisi pour roi du N'Diambour, le soutiendrait toujours contre ses ennemis tant qu'il serait fidèle, etc., etc. Puis, comme il est *tiedo* (c'est-à-dire qu'il peut boire des liqueurs), je lui ai offert du cognac de traite qui a paru lui faire grand plaisir. Bref, nous nous sommes quittés les meilleurs amis du monde, et tous les jours Ibrahima, qui depuis quelque temps s'est installé au village de Louga, situé à environ 900 mètres du fort, parce qu'il brûle pour les charmes d'une *diguen* (jeune fille) qu'il veut épouser (ce sera bien sa quinzième femme), vient me voir soir et matin, toujours escorté d'un certain nombre de guerriers.

Sa confiance en moi s'est fort accrue depuis hier, et voici pourquoi. Tous les matins, je fais arborer sous mes yeux par Ahmadou, mon ordonnance, ancien tirailleur sénégalais très dévoué, le drapeau tricolore. Hier, lorsque le Bour vint, m'amenant dix hommes de corvée que je lui avais demandés pour faire transporter à la gare le matériel d'artillerie, ses guerriers, comme toujours, descendirent de cheval à la porte du fort et s'étendirent nonchalamment sur le sable (il fait à 11 heures, 40 degrés à l'ombre !). Ses guerriers couchés, je dis au Bour : « Bour, dans mon pays, dans cette France qui te protège et qui t'aime, il y a toujours autour du drapeau, pour l'honorer et le faire respecter, des guerriers sous les armes. Eh bien ! toi, que la France a fait roi, pour la remercier et lui prouver ta fidélité, tu devrais me donner des guerriers pour faire honneur au drapeau. »

— « Oh ! me répondit-il, voilà de bonnes paroles. Jamais aucun chef *toubab* (blanc) ne me les avait dites. Je suis très heureux. Tu auras des guerriers. »

Et depuis hier, de 8 heures du matin à 6 heures du soir, on peut voir, au pied du mât de pavillon, deux cavaliers noirs immobiles, le fusil en travers de la selle, la lance à la main, et qui veillent sur le drapeau français.

Sans blague, c'est touchant, imposant et curieux... Je me porte comme un chêne ; pas une minute d'indisposition. Cette vie active, périlleuse, qui tend les muscles et l'esprit, me convient à merveille... Quant à une attaque, je la crois impossible, vu mes bons rapports avec le Bour. Du reste, mon tirailleur couche dans une case, tout près de mon habitation, qui, bien fermée et solidement construite, me permettrait de résister longtemps, d'autant plus que j'ai deux cents coups à tirer, cinquante de revolver, cent cinquante de fusil Gras. Puis, au premier signal, ma garnison, qui se compose de mon ordonnance et de moi, s'augmenterait tout de suite de mon interprète, des trois blancs qui sont à la gare, des deux noirs qui les aident et de M. Dodds, frère, je crois, du colonel Dodds, qui fait le commerce des arachides à Louga et qui viendrait avec ses deux traitants. Avec tout ce monde — onze hommes déterminés — nous tiendrions facilement jusqu'à l'arrivée des secours qu'on nous enverrait de Saint-Louis.

Jeandet continue, dans les lettres qui suivent celles-ci, de donner d'intéressants détails sur son installation et son séjour à Louga. Nous en transcrivons ce qui n'a pas un caractère exclusivement intime ou personnel.

Louga, le 28 janvier 1887.

... Depuis mon arrivée à Louga, j'ai vu deux fois le Gouverneur. Lundi dernier, dix minutes avant le passage du train, le chef de gare me faisait dire que le Gouverneur était dans le train. Vite je fis prévenir par mon interprète le Bour, qui était à Louga, et nous nous trouvâmes à la gare pour le saluer. Il avait avec lui le colonel Coronat et le capitaine Minet, devenu son officier d'état-major, et une de ses parentes, Mme G***. Il se rendait à Biduim, et j'appris de Minet qu'il repasserait le mercredi suivant. J'obtins alors du Bour qu'il m'amènerait pour ce jour-là des cavaliers et des fantassins, afin d'organiser une fantasia. Ce qui fut dit fut fait. De mon côté, je m'étais procuré chez les traitants de l'escale des rafraîchissements de toute espèce. Aussi jugez de l'étonnement de nos voyageurs lorsqu'à leur retour dans ce désert de Louga, ils trouvèrent de quoi étancher leur soif et qu'ils purent, en outre, le faire avec le spectacle de plus de deux cents cavaliers qui poussaient des charges fantastiques, et d'une masse de fantassins tirant des coups de fusil et hurlant à qui mieux mieux ! Le Gouverneur m'a fort remercié de mon attention (apport des liquides) et de mon initiative (rassemblement de guerriers), d'autant plus qu'on représentait le Bour comme peu sûr et qu'en m'obéissant avec autant de promptitude et autant d'éclat, il a prouvé sa soumission. Enfin, après plus d'une demi-heure passée à Louga, mes hôtes sont partis charmés, emportant dix belles perdrix que j'avais tuées le matin même à leur intention [1]...

Diakinan, le 7 février 1887.

... Je suis à 25 kilomètres de Louga, en route pour N'Diague, où j'arriverai demain. Je commence ma tournée dans le N'Diambour, et je vous écris sur une carte du Sénégal pliée en quatre et appuyée sur mes genoux. Une case de noir est mon habitation ; par terre, ma cou-

---

1. A propos de ces perdrix, le commandant Jeandet se lance dans de curieuses considérations sur l'état social des populations du N'Diambour, qui ne chassent que pour leur besoin et n'abattent pas à tort et à travers les richesses que Dieu leur prodigue. « Ces braves gens, que nous traitons de barbares, ont, dit-il, résolu la question sociale. Chez eux, la terre est en commun sous l'autorité du Roi, qui peut toujours retirer cette terre si on la laisse en friche ou si le village a démérité. Cette terre est cultivée par tous les habitants ; les récoltes sont placées à une petite distance du village, dans un espace réservé qu'on nomme le grenier à mil. Toutes les graines sont entassées dans d'immenses paniers, recouverts d'un toit qui les abrite contre la dîme prélevée par les oiseaux du ciel et contre les intempéries des saisons. Là, chacun vient puiser selon ses besoins ; aussi il n'y a pas de pauvres. Indépendamment, chaque individu a sa fortune personnelle, qui consiste dans le nombre de ses captifs ou captives, de ses chevaux, de ses bœufs, de ses moutons et enfin de ses femmes ». Et il conclut : « En somme, nos sociétés civilisées et qui ne sont que malades, devraient prendre beaucoup à ces races primitives. » On a fait de notables efforts en ce sens. S'il en voyait les résultats, peut-être n'aurait-il plus la même confiance en l'efficacité de la « régression » sociale.

verture qui me sert de tapis, et qui, ce soir et pendant au moins huit jours, me tiendra lieu de lit. Dans ma case sont pendus aux montants de bois, ma gibecière, ma lorgnette, mon revolver et mon sabre. A terre, une grande calebasse qui contient l'eau saumâtre d'Afrique, puis treize calebasses de lait, plus deux cents œufs et une vingtaine de poules, offrandes des gens du pays à leur Boroum (gouverneur ou chef). Tout cela me servira à faire des largesses aux cavaliers de ma suite. Je suis parti, en effet, ce matin à 5 heures, avec le Bour, le Cadi, le chef des Peuhls et près de cent cavaliers. Cela s'augmente à chaque village, et nous avons déjà traversé Rété, Kadda et Kergolai. Quand je toucherai N'Diague, je ne désespère pas d'avoir un régiment.... Autour de ma case dorment mes cavaliers, leurs armes — sabres, lances, fusils — à portée de la main. Les chevaux, entravés et mangeant leur provende de feuilles et de tiges de *niébé* (le haricot du pays), hennissent à la lune qui éclaire magnifiquement le campement, tandis qu'au loin on entend le glapissement des chacals en chasse et que, tout près, sur un ton aigu et monotone qui, après s'être élevé au début de la mélodie jusqu'au registre le plus élevé, finit par s'éteindre en notes basses et sourdes, les *griots* du Bour chantent l'antiquité de sa race, sa bravoure personnelle et ses vertus.

Avant d'entreprendre ce voyage, je tenais à avoir des nouvelles de France. Grâce à Dieu, je les ai reçues hier soir. Grâce à votre affection, elles sont bonnes. Je suis donc parti avec trois talismans qui me porteront bonheur dans mon aventureuse tournée, car je suis seul et ne verrai pas un blanc avant mon retour à Louga. Ces trois talismans sont mon chapelet pour Dieu, mon drapeau pour mon pays, et votre lettre pour mon amour.

Au revoir, mes chers bons amis. Il est tard, près de minuit. Je n'entends plus que la respiration de ces hommes que je commande et auxquels je me suis fié. Tout cela somnole autour de grands feux qu'ils ont allumés, car les nuits d'Afrique sont fraîches. Pour jeter un coup d'œil sur ce ciel tout brillant de constellations et d'astres, dont l'un abritera peut-être nos âmes à mesure de leur envolée vers Dieu, j'ai enjambé le corps d'Ahmadou : il est là, couché au seuil de mon gourbi, comme un chien fidèle. Je l'ai frôlé, il s'est soulevé, son long poignard à la main. — « Ah ! c'est toi, commandant ! — Oui, c'est moi ; dors bien ! » Et sa tête crépue s'est appuyée de nouveau sur l'oreiller qu'Allah lui a donné, le sol de sa patrie. En cela encore, Allah est bon...

Il y a là un petit tableau dont il est difficile de ne pas sentir le charme, en même temps qu'une preuve nouvelle des habitudes littéraires qu'Abel Jeandet gardait jusqu'en sa correspondance intime. On le voit encore mieux dans la lettre qu'il écrivait au retour de cette expédition pour en préciser les détails, et où il nous apparaît se livrant à des recherches de *folk-lorist*. Elle est datée du fort de Louga, le 19 février 1887.

... Ce voyage, dit-il, qui s'est effectué dans d'excellentes conditions et qui sera très profitable à l'influence française, m'a intéressé au dernier point. Dix jours de vie commune m'ont permis d'étudier sur le vif le caractère et les hommes de ce pays, et bien souvent je suis arrivé à croire que leurs sentiments sont supérieurs à ceux de bon nombre de nos Européens. Pour Lalita[1] bien-aimée, je vais parler un peu de la façon dont je vivais. Pour toute installation, ma couverture, dans laquelle je me roulais sur le sable d'Afrique. Je dis *sable* à dessein, car il n'y a en réalité que du sable ; l'*humus*, la *terre*, cette bonne terre si douce et si chère aux yeux et au cœur, n'existe pas. Je ne mangeais que des œufs, du poulet, parfois du *sanglé* ou couscoussou au lait ; ce dernier produit, naturel, je vous l'assure, était ma seule boisson et même la base de mon alimentation. A la fin j'avais presque complètement supprimé le poulet, d'abord parce que, n'ayant pas de pain (il est inconnu des indigènes qui ne cultivent pas le blé), je souffrais beaucoup de la privation de cet aliment et avalais difficilement ma viande ; ensuite parce que le Bour, que j'invitais de temps à autre, assistait, invité ou non, à chacun de mes repas pour me faire honneur, et, poussant cet honneur à l'extrême, découpait lui-même et me tendait les morceaux qu'il supposait m'être les plus agréables.

Voici le récit exact de l'un de nos repas. Au moment où Ahmadou m'apportait dans une calebasse en bois de ronier — essence très dure qui va au feu — les quatre ou cinq poulets et les perdrix qu'il avait jugé à propos d'occire et de faire cuire tant bien que mal, venaient

---

1. Nom enfantin qu'il avait gardé l'habitude de donner à sa mère ; diminutif de Flavie (Flávita, Lalita).

s'asseoir en rond à l'intérieur de ma paillote le Bour, l'Ardo[1], mon interprète, les chefs et les courtisans favoris du Roi. Puis commençaient les allées et venues des gens du village, apportant le lait, les œufs et d'autres poulets. Alors il se produisait invariablement le fait suivant. Armé de ma fourchette et de mon couteau, j'essayai de découper quelques tranches de toutes ces pauvres bêtes, qui protestaient même dans la mort par une défense héroïque contre les conséquences de l'hécatombe dont elles avaient été les victimes. Le Bour ne tardait pas à s'allonger nonchalamment de mon côté, saisissait à pleine main le volatile récalcitrant, enfonçait ses doigts sous les blancs et les ailes, arrachait le morceau et, tout joyeux, me le tendait. Après quoi, il essuyait gravement sur ses mollets nus et sur ses pieds sa main pleine de jus, en attendant de recommencer la même opération. Or, comme la main d'un noir lui sert à tous les usages, même les plus intimes, je ne tardais pas à sentir passer difficilement les bouchées de viande et je me rabattais sur les œufs et le lait... Lorsque le Bour et l'Ardo mangeaient avec moi, ils ne commençaient à le faire qu'après m'avoir servi ; mais alors les quatre mains puisaient dans la calebasse à qui mieux mieux, puis de temps à autre le Bour, après avoir mangé une partie d'un morceau, tendait le reste à l'un de ses courtisans. J'ai remarqué que cette faveur était très recherchée.

Ce repas s'accomplissait au bruit des chants des *griots*, chants très curieux comme harmonie, et accompagnés de quelques coups d'un morceau de bois dur en forme de spatule bombée à l'une de ses extrémités, que le joueur laisse tomber sur une peau de bouc tendue sur la grande ouverture d'une espèce d'entonnoir. Dans ces chants, que je me faisais traduire et qui varient, car le *griot* joue le rôle de trouvère ou de barde et invente ce qu'il dit, jamais un nom de lieu ; le village se transportant suivant les besoins, n'est en réalité qu'un lieu de passage ; selon la fécondité du sol ou l'abondance de l'eau, il *est* ou il *n'est* plus ; donc, avec lui, sur lui, pas de traditions, pas de souvenirs. En place du nom de lieu, c'est en général un nom d'arbre ou de source. Ainsi ils chantent : « Te rappelles-tu, guerrier qui m'écoutes, le jour où Aïscha, la grande jument du Bour, a été blessée près du tamarinier ? » Ils ne diront pas : à la bataille de Koki.

1. *Ardo,* titre des chefs chez les Peuhls.

D'après ce que mon interprète m'en a dit, car je ne suis pas encore assez versé dans la langue djoloff pour les bien comprendre, ces chants, qui sont agréables, varient dans la forme suivant l'imagination, le talent du *griot*, mais présentent tous le même fond de vérité. On peut dire qu'ils sont en quelque sorte l'histoire parlée ou chantée de la nation. Au reste leur littérature existe en fait, contrairement à tout ce qui se dit et s'écrit généralement. Ils ont même des fables. Je soupçonne fort les Maures, peuple errant qui couvre l'Afrique, de leur avoir donné l'idée primitive de la fable et même d'en avoir apporté quelques-unes du Maroc et de l'Algérie. Beaucoup se rapportent à l'instinct des animaux. Ici, le plus fin c'est le lièvre, le plus bête c'est l'ours. Bref, je m'occupe de recueillir des renseignements. Je glane à plein panier. J'espère que cette glane sera promptement moisson.

Abel Jeandet n'eut pas le temps, croyons-nous, de lier ces épis en gerbes ; mais nous allons le voir semer et déjà moissonner dans un autre champ.

CHAPITRE III

Missions dans l'intérieur. — Inauguration de la statue de Faidherbe à Saint-Louis. — Explications et effusions. — Anecdotes : le brave voleur ; la Pâque à Louga.

Cependant Ali Boury s'agitait dans le Djoloff, son royaume. Le Gouverneur songea aussitôt au commandant Jeandet et le manda par dépêche à Saint-Louis (19 février 1887). Il lui donna mission de visiter toute la frontière en renouant, autant que possible, les relations amicales avec les rois et chefs des pays parcourus, de manière à isoler Ali Boury et à le convaincre ainsi de son impuissance à exécuter ses mauvais desseins.

Le commandant Jeandet y réussit au delà de ce qu'on pouvait espérer, au cours d'une tournée dans le Baol, le Salouna et le Sine, pendant laquelle il s'enfonça à plus de trois cents kilomètres de Louga, en pays presque inexploré. A son retour, le Gouverneur ne lui ménagea pas les assurances de sa satisfaction, dont il lui donna une preuve irrécusable en le chargeant de la délimitation des frontières entre le Guet et le N'Diambour d'une part, et entre le N'Diambour et l'Oualo de l'autre.

Mais il n'avait pas été question seulement de politique et d'expéditions coloniales dans l'entrevue qu'il avait eue avec le Gouverneur en février. Il avait été retenu à dîner au Palais du Gouvernement, dîner intime où n'assistaient avec le Gouverneur que le commandant supérieur de la marine, l'officier d'état-major Minet, grand ami d'Abel, et le secrétaire général. Après le repas, on avait joué aux dominos, tout en parlant des fêtes qui devaient avoir lieu le 17 mars, à l'occasion de l'inauguration de la statue de Faidherbe, à laquelle assisteraient des députés, des sénateurs et des journalistes de Paris. Dans la soirée, le maire de Saint-Louis, président de la Commission des fêtes, vint causer de ce grave sujet. On aurait feu d'artifice, courses à cheval, régates, musique, illuminations. Mais tout cela se fait aussi bien, sinon mieux, en France. On aurait voulu quelque chose d'original et d'inédit, un *clou* qui fût du cru, s'il est permis de s'exprimer ainsi. Tout le monde s'accorda à dire que le commandant Jeandet pourrait résoudre la difficulté. A cet appel, le Commandant suggéra l'idée de montrer aux invités d'Europe tout le Sénégal à Saint-Louis, et il s'engagea à y installer un camp de Peuhls fortifié à la mode du pays, avec des fantassins pour le défendre, deux cent cinquante à trois cents cavaliers pour la fantasia, les femmes, les enfants, les troupeaux et les armes et ustensiles qu'on peut trouver dans un campement d'indigènes.

L'idée, neuve alors, même à Saint-Louis, avait été adoptée d'enthousiasme. Mais sa mission dura vingt-deux jours au lieu de huit qu'il comptait; il eut, en outre, de multiples affaires à régler en plusieurs endroits, notamment une enquête qu'il mena sur l'assassinat d'un chef peuhl à N'Dour, de sorte qu'il lui fut matériellement impossible d'organiser son camp et sa fantasia comme il l'entendait. Une lettre du 27 mars, dix jours après l'inauguration, nous apprend qu'il ne resta pourtant pas inactif.

J'ai convoqué néanmoins, écrit-il, le Bour, l'Ardo et deux cents cavaliers du N'Diambour. Ils sont partis dès la veille m'attendre au pont de Leybar, à 6 kilomètres de Saint-Louis. Arrivé très tard de ma tournée (son enquête à N'Dour), je prenais le dimanche, à 5 heures du matin, le train qui passe à Leybar; j'y trouvais mes cavaliers, mon roi et mon chef supérieur des Peuhls ; je montais à cheval et, à 7 heures, je faisais à Saint-Louis une entrée triomphale à la tête de mon monde, au bruit de mes tam-tams et aux chants de mes *griots*. Dimanche et lundi, les banquets, les discours officiels, les parades ne m'ont pas laissé un instant de liberté. Lundi, à 5 heures, le Gouverneur me faisait l'honneur de me recevoir à cheval avec toute ma troupe également à cheval et en armes, dans la cour intérieure du Palais du Gouvernement et voulait bien, ainsi que l'amiral, serrer la main des chefs que je lui présentais. J'aurais voulu, maman chérie et toi, cher papa, que vous vissiez la tenue de mes sauvages au moment où ils sont arrivés sur la place du Gouvernement. Ils poussaient la charge d'ensemble, brandissant leurs fusils ou leurs lances, et poussant de grands cris, tandis que les tam-tams battaient pour exciter les chevaux. C'était splendide.

Après cette réception, je traversai le grand pont Faidherbe avec tout mon monde, décidé à faire étape de nuit pour rentrer à Louga, où je me savais attendu afin de lever, avec un capitaine d'artillerie, les plans et *topos* du fort et des environs ; mais, arrivée à Sor, l'un de mes hommes, frère du Bour et chef renommé, fit panache avec son cheval en sautant un fossé. L'homme eut l'épaule droite cassée, humérus et clavicule ; le cheval fut tué sur le coup.

Je fis camper mon monde et pansai mon blessé; je revins à Saint-Louis avec lui et l'emmenai le lendemain par le train. Aujourd'hui tout va bien de ce côté. Mardi, à 10 heures, j'étais au fort. J'y trouvai mon capitaine, et tout de suite nous prenions nos dispositions pour nos

études, que nous commencions le jour même. Mercredi, jeudi, vendredi, nous les poursuivîmes d'arrache-pied, car elles étaient demandées d'urgence.

Cette besogne de topographe terminée à Louga, il partit aussitôt pour le Guet, pays dont il avait, on se le rappelle, à délimiter la frontière. Mais il dut s'y prendre à deux fois, rappelé qu'il
fut à Louga par un incident qui montre bien que la routine admi-
nistrative florit partout où il y a une administration. Les subsistances militaires avaient envoyé au fort de Louga six pièces de vin
et quinze barils de farine pour le ravitaillement de la garnison,
supprimée depuis le mois de janvier précédent.

Il fallait réexpédier ces provisions et expliquer pourquoi. Il
revint donc passer un jour à Louga, le 31 mars. Il en profita
pour écrire longuement à Verdun-sur-le-Doubs, et répondre à
certaines questions réitérées qu'il en avait reçues.

Sa mère, avec cette sollicitude toujours prête à s'alarmer qui travaille incessamment le cœur et le cerveau maternels, avait relevé
ce détail de garnison supprimée, auquel l'administration des
subsistances militaires n'avait pas pris garde. Elle avait avec
insistance demandé à son fils la raison de cette suppression, qui
constituait une sécurité de moins, c'est-à-dire un danger de plus,
pour son Abel. Elle ne comprenait pas que le fait d'avoir érigé
Louga en cercle au profit du commandant entraînât nécessaire-
ment l'évacuation du fort, et il lui semblait que s'il y fallait des
soldats autrefois, leur présence y serait bien plus utile encore
maintenant qu'il y avait une tête précieuse à protéger.

Avec une liberté d'appréciation et de langage qu'il aurait sans
doute plus sévèrement contrôlée s'il avait cru écrire pour un
autre public que sa famille et quelques amis de Verdun, Abel Jeandet, à la veille de reprendre son travail de délimitation de frontières, cette fois entre le Baol et le N'Diambour, répond donc

à cette question de sa mère : — Pourquoi a-t-on retiré la garnison du fort ?

Parce que, déclare-t-il, l'expédition du haut fleuve nous dévore et que, malgré les envois continuels d'homme dans la colonie, on ne trouverait pas en ce moment 150 blancs à mettre en ligne. Cette malheureuse campagne du haut fleuve nous tue 37 hommes pour 100 des effectifs, et ceux qui reviennent de Kayes ou de Bamakou sont dans un effroyable état. Et tout cela, pour qui ? pour quoi ? J'en aurais long à vous raconter. Du reste, le premier résultat acquis a été de rejeter vers les possessions anglaises des Rivières du Sud, en dessous de Beuty et de Boké, toutes les caravanes des Maures qui apportaient, l'année dernière encore, à nos escales du fleuve depuis les gommes et l'or de Galam jusqu'aux étoffes brochées du Maroc. Et que d'argent jeté... dans le Niger ! Tout est absorbé par cette malheureuse affaire. Aussi lésine-t-on, dans la colonie proprement dite, sur toutes les dépenses, même les plus utiles, aussi bien que sur les cadeaux à faire aux chefs fidèles. C'est à se demander si la France saura jamais coloniser, et comment il se fait (à moins qu'il n'y ait anguille d'or sous roche) qu'elle autorise et poursuive une tentative condamnée, jusqu'à présent du moins — je ne préjuge pas de l'avenir — à la stérilité la plus absolue, alors qu'elle se fait à 1400 kilomètres de la base d'opération, qu'elle ne peut se ravitailler que par un fleuve presque impraticable dès Podor, pendant cinq mois de l'année qui sont ceux de la saison sèche, c'est-à-dire les seuls pendant lesquels, dans ces pays, une opération peut être conduite, et lorsqu'on songe qu'en cas de désastre le corps expéditionnaire ne trouverait pour recueillir ses débris que quelques postes fortifiés, Bamakou, Kayes, Saldé, Matam, où tout fait défaut !

La garnison de Louga a donc dû rentrer à Saint-Louis d'abord, pour filer ensuite dans le fleuve. De là ma nomination : on a remplacé le nombre par la *qualité* et le grade du chef.

Je pense rester dans cette situation, demeurer seul au fort, jusqu'en juin, époque où commencera à descendre ce qui restera des troupes expédiées contre Mamadou Lamine. A ce moment, comme Louga, bien qu'horriblement chaud, est un poste très sain, il est probable qu'on m'enverra une quarantaine d'hommes pour se refaire. Placé au centre d'un pays légèrement ondulé et boisé, sans marais d'aucune sorte, Louga n'a à souffrir que des vents du désert et de l'est. Ils soufflent environ deux jours sur trois, de 8 heures du matin à 3 ou 4 heures du soir; mais ils sont brûlants, chargés d'un sable impalpable qui se glisse et pénètre partout, dans les dents, la gorge, les yeux; je ne parle ni du corps en général, ni des vêtements, ni des habitations, qui sont libéralement saupoudrés. Ces vents sont d'une extrême violence; ils constituent un véritable supplice. Ce matin, pour la première fois, depuis mon arrivée ici, j'ai vu des nuages au ciel; j'ai cru un instant que peut-être nous aurions la chance d'avoir un peu de pluie, mais après quelques coups de tonnerre tout s'est dissipé, hélas! ne nous laissant qu'une effroyable chaleur. Pourtant, au dire des gens du pays, ces nuages, ce tonnerre, la persistance du vent d'est, qui souffle sans cesse avec tant de force qu'il démolit le terrassement du fort qui lui est opposé et qu'il a jeté bas quatre de mes paillotes, seraient le commencement du petit hivernage.

— Qu'est-ce que l'hivernage ? me demande encore maman.

L'hivernage est la saison des pluies torrentielles et des *tornades* (trombes d'eau), qui dure de mai à novembre. Mais il y a quelquefois en avril quelques jours de pluie qui constituent le petit hivernage. Nous autres, Européens, nous le bénissons, bien qu'il nous amène presque toujours des fièvres. Ces pluies tombant sur des sables qui, depuis cinq ou six mois, n'ont pas reçu une goutte d'eau, déterminent des émanations d'autant plus redoutables, surtout proche des centres de population, que la voirie est inconnue. Tout, absolument tout, se fait ou se jette en plein air. A cela, rien à faire avec le noir; aussi les épidémies seraient-elles endémiques si nous n'avions pas les chiens et une espèce de faucon que nous autres, Français, appelons *charognard*, — les Djoloffs l'appellent le *k-iop* (mange-tout) — qui font le service d'assainisseurs perpétuels.

J'ai bien ri, ma Lalita aimée, lorsque j'ai lu le passage de ta chère lettre me recommandant de mettre des persiennes et des rideaux à mes fenêtres. Des fenêtres, chérie! mais je n'en ai pas. Ma maison n'est pas ce que vous croyez et ce qu'on s'imagine en France. Ici, nous nous considérons comme très heureux lorsque nous pouvons obtenir à peu près l'indispensable. Est-ce que nos philanthropes de commande, qui s'inquiètent du logement, de la nourriture, du lieu de relégation des pires criminels, ont le temps de s'occuper de braves gens comme nous ?... Ma maison, sans grenier ni cave, est construite en bois, recouverte de tuiles rouges de Marseille, avec avant-toit en paille tressée. Elle a 15 pieds de long sur 8 de large, non compris l'avant-toit. Elle est divisée en trois pièces, dont une seule avec plafond en bois ; c'est cette dernière qui est ma chambre à coucher, car c'est la moins brûlante. Chaque pièce a deux portes pleines, à deux battants, l'une au levant, l'autre au couchant. Ces portes se font face, de façon à établir, soir et matin, un courant d'air. Ce sont les moments, non pas de fraîcheur, mais de froid pour des gens comme nous. Le matin, à 7 heures, nous n'avons, en effet, que de 13 à 15 degrés au-dessus de zéro et, deux heures après, il n'est pas rare de voir le thermomètre atteindre 40° à l'ombre... Mon ameublement se compose de six chaises, une table de toilette, une armoire, un bureau à casier en bois blanc, deux photophores, un lit avec moustiquaire et oreiller, puis c'est tout. On ne fournit ni linge, ni quoi que ce soit. Comme batterie de cuisine, j'ai ma cantine d'officier, que j'ai payée 50 francs ; c'est un grand coffre en bois avec chaînette en fer et tenons, pouvant se charger sur mulet et chameau, et où l'on trouve tout, depuis le couteau et l'assiette d'étain, jusqu'au pot à sel. Bref, je vous assure, chers bons amis, que cette petite existence ne ressemble guère à celle de nos officiers et de nos fonctionnaires de France. Eh bien ! le croiriez-vous ? on s'y fait, on en rit, on l'adore. D'ailleurs, nous sommes logés, tous plus ou moins, à la même enseigne, tous francs lurons, vrais Gaulois, qui savons nous retourner. Ainsi, depuis deux mois, j'ai transformé mes pénates. Comme me le conseillait maman, j'ai semé des liserons qui grimpent à qui mieux mieux et donnent à ma baraque un faux air de chalet suisse. Deux fois par jour, une corvée de quatre noirs va me chercher, à la gare, une tonne d'eau pour les arroser...

Quelques semaines après, en retour de cette description de son logis colonial, Abel Jeandet reçoit, avec une lettre de ses parents, la photographie de la maison paternelle, qu'un de ses amis de collège a faite à son intention. Il en est transporté d'une joie qu'il exprime en termes presque lyriques. Ce sentiment, sur lequel il revient si souvent, il ne l'a nulle part exprimé avec autant de vivacité, que dans ce passage. On nous pardonnera donc de le transcrire, d'autant mieux qu'il sert de prélude à un récit bien propre à faire comprendre par quelles qualités il savait s'attirer non pas seulement le respect, mais l'affection et le dévouement des indigènes.

Fort de Louga, le 23 avril 1887.

...Si vous saviez, mes bons amis, ma joie à la vue de la *Domus* ! Comme c'est bien elle, chère vieille maison ! A moi, qui la regarde avec les yeux du cœur, pas un détail n'échappe ; arbres et pierres, ligne de buis, terre végétale, troncs tortus de la vigne rampant sur le sol, tout cela pour moi est animé et parle à mon âme. Que de souvenirs ! Tous bons, en somme, car, à part les deuils inséparables de la vie de l'homme, pas une ombre venant d'une disparition passagère ou d'un trouble fugitif de la conscience ne ternit l'horizon restreint où nos pères, nos amis, nous-mêmes vivons depuis plus d'un siècle. Grâce à Dieu, ma vieille maison, tes arbres ont toujours eu des feuilles pour abriter les nids ; tes pierres, une pierre où pût reposer le voyageur fatigué ; tes habitants, un conseil ou une aumône pour le désespéré ou le malheureux. Et puis, sur la galerie ! Vour y êtes, mes chers bons amis !... Ah ! ma foi ! le soir du 15 ou la nuit du 16, comme vous voudrez, si vos yeux, franchissant et perçant l'espace et l'ombre, avaient pu découvrir la chambre de votre fils, vous auriez vu cette chambre illuminée comme pour un jour de grande fête, et cette photographie de la *Domus* rester longtemps sous les caresses de mon regard attendri. Lecroq[1] m'a fait une grande joie, dites-le lui bien. Avoir pensé d'envoyer à un absent que 5.000 kilomètres séparent de son berceau, la maison qu'il aime et qui abrite ses vieux parents, ses amis les meilleurs, ses conseillers les plus intimes, c'est plus que d'un camarade, c'est d'un brave cœur et d'un véritable ami.

Je vous ai envoyé un colis postal ; l'avez-vous reçu ? J'y tiens d'autant plus qu'il contenait, entre autres choses, dont je ne me souviens guère, mais dont je vous ai dressé la liste, deux *gris-gris*, que les noirs

---

1. M. Louis Lecroq, de Verdun, docteur en droit, ami de collège d'Abel Jeandet.

considèrent comme des talismans. Ces deux *gris-gris* ont leur histoire, que je veux vous raconter, car elle jette du jour sur les mœurs du pays. Voici la manière dont ils sont tombés en ma possession. Peu de temps après la prise de mon commandement, on m'amena un grand diable qui venait de voler une paire de boucles d'oreilles en or de Galam. Je fis fouiller mon individu dans toutes les parties de son corps et l'on retrouva, dans une cachette naturelle et secrète, que je ne désignerai pas autrement, l'un des corps du délit. Le volé reconnaissant et le voleur et le bien dérobé, le Bour et le Cadi firent mettre l'homme aux fers et lui annoncèrent que, suivant les lois du pays, il recevrait vingt coups de corde pour sa punition. Il fut mis en prison au fort, où l'Alcaty du Bour devait pourvoir à sa nourriture. Mais je ne tardai pas à apprendre qu'on ne lui donnait absolument rien. Je lui portai moi-même des provisions ; il me remercia, car il baragouinait un peu le français, mais très succinctement. Enfin, le troisième jour, le Bour me fit prévenir que l'heure du châtiment avait sonné. Comme j'avais remarqué que le prisonnier était couvert de *gris-gris* et que ses armes, que j'avais conservées, par précaution, étaient fort belles pour un noir, je supposais que mon voleur était fils de chef ou de guerrier renommé. Après l'avoir averti de se préparer à recevoir les coups de corde, j'allai chercher un verre de vin que je lui portai moi-même, lui disant de le boire afin d'avoir des forces, car un guerrier comme lui devait demeurer ferme sous la douleur. — « Tu verras », me dit-il. Dix minutes après l'exécution commençait au milieu de plus de 400 noirs. J'y assistai. J'y étais obligé par mes fonctions ; je comptais les coups. Au vingtième, je fis cesser le supplice. L'homme n'avait pas eu un frisson, même dans sa chair zébrée et sanglante. J'étais beaucoup plus malade que lui. Il se releva, prit ses armes, remit son *boubou*, et je rentrai au fort, lui ayant annoncé qu'il était libre. Dans l'après-midi, j'appris qu'il était encore à l'escale, fêté et choyé par les noirs, admirateurs de son courage. Le soir, j'avais depuis longtemps achevé de souper ; j'étais dans ce que je nomme ma salle à manger, seul, accoudé sur ma table, sous les yeux un numéro de la *Revue des Deux Mondes* que je ne lisais pas ; je laissais vagabonder ma pensée. Tantôt joyeuse, elle s'envolait vers vous ; je vous voyais, tous les deux, dans votre chambre, père jetant sur le foyer la dernière poignée de brindilles qui, au moment du coucher, lui donne un dernier éclat. Tantôt je pensais à ces malheureux au milieu desquels je vis depuis bientôt six mois, à ce que l'on pourrait faire pour eux, à leurs vices et à leurs qualités aux exigences cruelles de ma position difficile, à ma solitude, à mes espérances, à mille choses enfin, lorsque mon chien bondit avec un rictus de colère et montra ses longues dents de fauve en grognant. Je crus à la présence d'un chacal ou de l'une de ces hyènes immondes qui rôdent toute la nuit, et je levai nonchalamment la tête pour dire à mon fidèle gardien de mépriser un tel adversaire, quand j'aperçus devant moi, appuyé sur son long *fetel* (fusil), mon voleur, mon exécuté du matin. Je saisis mon revolver, toujours à portée de ma main, et me levai pour me mettre en défense. Il était environ onze heures du soir. Ahmadou dansait au village, au son du tam-tam qui me parvenait affaibli. J'étais seul. A mon geste, l'homme posa son *fetel* à terre, tira son *gobard* (poignard) et me le tendit par la lame. Je pris le *gobard* de la main gauche et, au moment où je saisissais l'arme, lui se courba, me prit cette main et la baisa. Étonné : « Que veux-tu ? » lui dis-je. — « *Monney* (Écoute !), me dit-il, dans un baragouin moitié français, moitié djoloff, dont une ligne vous suffira comme échantillon. « *Jo barne diaroff* (Tu es bon, toi qui es roi); toi avoir donné *bigne* (du vin) au *Serigue* (chef), pour que le *Serigue* fort. Je suis Ahmet Sidi Fall, chef dans le Saloum. Tu es mon père. A toi mes *gris-gris* ! Si tu viens chez moi, tu auras un homme et un cheval qui se feront tuer pour toi » — « Mon pauvre garçon, lui dis-je touché, j'ai regretté de te voir donner des coups de corde sans avoir le droit de l'empêcher; mais pourquoi diable as-tu volé ? » Il sourit et se contenta de répondre qu'il s'était laissé prendre ; il ne dit pas qu'il ne volerait plus, car un vol bien accompli est, dans le Saloum, une très belle chose. Il ajouta que j'étais un grand guerrier, puisque j'avais compris qu'un guerrier doit supporter tous les supplices sans rien dire, et qu'il était mon fils. Puis il me reprit la main, me la baisa encore, se mit à genoux pour me saluer comme son père, repassa son poignard dans sa gaine, saisit son fusil, poussa un long cri inarticulé qui devait être son cri de guerre, bondit en arrière et disparut.

Cette scène émouvante m'avait laissé pensif en présence des expansions de cette nature primitive en qui tout se heurte, le bien et le mal, où le premier l'emporte en somme, cependant...

Du reste, dans mon voyage sur les frontières du Saloum, j'eus à constater l'affection d'Ahmet Sidi Fall. Ayant appris mon arrivée prochaine (tout se sait très rapidement chez les noirs), il vint à ma rencontre avec deux de ses guerriers, comme lui en armes et, pendant tout le temps que je demeurai hors des frontières du N'Diambour, il m'accompagna comme mon ombre, couchant le soir à la porte de mon gourbi, chassant pour moi dans la journée, veillant comme un fils sur son père. Aussi, lorsque je le quittai, je lui fis don d'une livre de poudre de traite, d'une bouteille d'eau-de-vie de même provenance, et d'une de mes chemises. — « Bon ! me dit-il, après ce dernier cadeau qui le rendit fort heureux ; mes hommes diront que leur chef est riche et puissant puisqu'il porte l'habit de son père blanc... »

Une autre anecdote, qui se place vers la même époque, contrbuera singulièrement, elle aussi, à expliquer la prise qu'avait le commandant Jeandet sur l'esprit des noirs, sensible, comme celui des enfants, non pas seulement à l'affection qu'on leur montre et à la force dont on dispose, mais à tout ce qui est juste, simple et grand. C'est à peine s'il en fait mention, en passant, dans sa correspondance. Mais un témoin oculaire a donné plus tard le récit dans l'*Almanach du Soldat* pour 1892.

Un missionnaire, qui évangélisait le N'Diambour et avait été dejà en rapport avec le commandant Jeandet, se trouvait à Louga, le jour de Pâques 1887. En allant du village au fort, il aperçut le commandant qui, à la tête de plusieurs noirs, se livrait, avec une grande activité, à des travaux de terrassement dont, de loin, il ne s'expliquait pas la nature. En s'approchant, il reconnut une sorte de cimetière dont Abel Jeandet et ses compagnons déblayaient les tombes, envahies par les broussailles, et relevaient les croix abattues et brisées.

— « Que faites-vous donc là, Commandant ? cria-t-il, dès qu'il fut à la portée de la voix.

— « Ma foi ! mon Père, lui répondit Jeandet en venant au devant de lui, chacun fait ce qu'il peut, en ce bas monde. N'ayant pu, faute d'église, assister à la messe, je célèbre la fête de Pâques à ma manière, en m'occupant de la sépulture de braves garçons qui sont tombés là pour la mère-patrie. J'ignorais l'existence de ces tombes; je les ai découvertes, ce matin même, en revenant de la chasse. Je me suis informé, et j'ai appris qu'elles recouvrent les restes de soldats français, morts en combattant. Vous comprenez que je n'ai pas voulu les laisser, un jour de plus, dans l'état de délabrement où elles étaient abandonnées, à toutes les profanations.

— « Savez-vous, demanda le missionnaire, si cette terre a été bénite ?

— « Non, mon père, je n'en sais rien; mais deux bénédictions valent mieux qu'une, et si vous vouliez vous charger de cette cérémonie...

— « C'est ce que j'allais vous proposer. Je vous préviendrai du jour et, en même temps, je vous dirai une messe. »

On pense bien que le missionnaire eut hâte de tenir cette promesse. Quelques jours à peine s'étaient écoulés lorsqu'il annonça son retour. Le commandant fit aussitôt élever un autel de verdure à l'extrémité de ce champ des morts, prévint les trois ou quatre catholiques qui se trouvaient à Louga, et alla trouver Ibrahima N'Diague, auquel il tint ce langage :

— « Bour, il n'y a qu'un seul Dieu, qui a créé tous les hommes. Tu es mon frère. Lorsque tes guerriers sont tués en combattant, tes marabouts prient pour eux. Si tu me disais d'assister à ces prières, je le ferais, car tes guerriers sont des braves. Eh bien ! demain, un des marabouts de ma religion va venir prier pour des soldats français, fils de cette puissante France qui te protège et t'a fait roi; je serais heureux de te voir à cette cérémonie.

— « Tu m'y verras avec mes guerriers », répondit le roi Ibrahima.

En effet, le lendemain, le missionnaire, se dirigeant en habits sacerdotaux vers l'autel improvisé, fut surpris et profondément touché de voir le commandant Jeandet entouré d'une troupe de plusieurs centaines de cavaliers noirs qui, leur roi en tête, se tinrent immobiles, la lance à la main, pendant la durée de la messe[1].

Cet acte de piété envers la mémoire des guerriers de son pays, auquel il associait les guerriers noirs, fut un merveilleux texte de sermons pour le missionnaire; il rehaussait en même temps l'autorité et le prestige du commandant aux yeux de ces hommes primitifs qui comprenaient, confusément mais fortement, qu'un chef prompt à honorer les braves, même après leur mort, méritait qu'on se dévouât pour lui.

L'heure approchait où cette autorité et ce prestige allaient avoir à s'exercer autrement qu'en des fantasias et des parades. Les menées d'Ali Boury, le *Bourba* ou roi du Djoloff, nécessitaient une action militaire où le commandant Abel Jeandet ne se distinguera pas moins que dans l'action diplomatique.

CHAPITRE IV

Première campagne du Djoloff. — Jeandet directeur des Affaires politiques. — Maladie. — Négociations. — Projet de retour.

Le 30 avril 1887, Abel Jeandet informait brièvement ses parents qu'une révolte du Ripp, où venait d'être battu le roi Ser Matty, grand ami d'Ali Boury, allait probablement décider celui-ci, un

1. Un an après, le commandant Jeandet rencontra le missionnaire qui revenait de France « Cher ami, lui dit celui-ci, les oreilles ont dû vous tinter bien souvent, car, dans tous mes sermons, j'ai raconté l'histoire de votre messe. — Dites au moins *notre* messe, mon Père », répliqua Jeandet avec ce bon et franc sourire qui lui était familier.

des chefs les plus puissants de tout le Sénégal, à nous attaquer ouvertement. En conséquence, il partait pour la frontière, dont il avait la surveillance depuis Kerbasine jusqu'à Kermadou Yala, sur une longueur de 180 kilomètres.

...Ce matin, dit-il, à 9 heures, le colonel Duchemin, commandant supérieur des troupes, est arrivé à Louga. Après avoir avalé en hâte un morceau, nous avons dressé notre plan de campagne. Le fort de Louga va recevoir 2 canons, 12 artilleurs, 50 hommes d'infanterie de marine, sous la conduite, je crois, du lieutenant Lacarrière et du médecin de marine Roudier. Pour moi, j'irai coucher ce soir à Coki avec mon interprète, Ahmadou, mon ordonnance et deux spahis. J'y serai rejoint lundi et les jours suivants par le Bour et ses cavaliers et par les cavaliers peuhls de l'Ardo. Avec les 50 cavaliers de Madior Thioro, chef du canton de N'Pal, qu'on a placé sous mes ordres, j'aurai, mardi ou mercredi, de 4 à 500 hommes à cheval.

En somme, mes bons amis, pas de danger et cette fois, peut-être, de l'honneur, si j'ai un tantinet de chance et si la fortune a un seul cheveu. Je suis personnellement très bien armé : j'ai un excellent sabre et un revolver très juste, — de quoi préserver ma vie qui tient tant aux vôtres. Merci de vos deux lettres. C'est la première chose que j'emporte, avec vos photographies. Au revoir ! Soyez sans inquiétudes ; je me porte comme le Pont-Neuf, ce qui étonne tout le monde, étant donné ma vie plus qu'active ; mais il me semble que je suis de fer...

Treize jours plus tard, il datait du « Camp de Coki » une longue lettre où il prenait le temps d'exposer la situation et les circonstances antérieures qui l'avaient produite.

Pour vous expliquer ce que les noirs appellent le camp de guerre de Coki, ma présence à la tête de tous les contingents du N'Diambou, des exilés djoloffs, des hommes de Madior Thorio, chef du canton de N'Pal et des guerriers du Oualo, il faut remonter, non pas au commencement du monde, ni au déluge, mais à deux mois en arrière. Vous vous rappelez que je vous ai parlé d'une mission sur les frontières du Saloum et du Ripp[1], et même dans l'intérieur de ces deux

1. Chap. III, p. 539.

pays. Je vous ai dit que j'en avais été satisfait et que les deux rois avec lesquels j'avais *palabré* m'avaient promis de devenir nos alliés fidèles. En même temps que moi, mon ami, le capitaine Minet voyait un autre roi du Saloum. A son retour, il donna les mêmes assurances de paix, et le Gouverneur se décida à envoyer un commandant de cercle à Kaolack, pour assurer notre influence.

Malheureusement, Minet s'était laissé séduire par de belles paroles. Ser Matty [1], le roi qu'il avait vu, tentait, dès l'arrivée du commandant de cercle, une attaque sur Kaolack et, poussé par les Anglais de Sierra Leone qui lui fournissaient des armes et des munitions, nous déclarait la guerre. Cette conduite des Anglais s'explique par ce fait que notre intention est, par le Saloum, de toucher à la Falémé, au bas de Bambouck, et de nous créer une seconde route pour opérer sur le fleuve et enserrer Mamadou Lamine entre Gallieni, arrivant de Saint-Louis, et une seconde colonne partant de Kaolack, dont l'objectif commun est Diana, la capitale de Mamadou. Bref, cette entrée en ligne de Ser Matty, le roi le plus puissant du Saloum, a nécessité l'envoi d'une colonne de 450 hommes, qui, le 18 avril dernier, lui administrait une volée épique, après avoir perdu elle-même, 21 hommes...

Quant aux deux rois que j'ai vus, Biram Cissé et N'Guedel, tous deux ont été fidèles à leur parole et ils n'ont pas pris parti contre nous.

Cette défaite de Ser Matty, beau-frère d'Ali Boury, *Bourba* du Djoloff, le plus puissant, le plus brave, le plus intelligent et le plus canaille de tous les rois noirs de la Sénégambie, dont je vous ai déjà parlé, mit le feu aux poudres. A la première nouvelle de la marche des Français contre son beau-frère, il lui avait envoyé un renfort de 150 cavaliers, qui se sont battus contre nos troupes ; de plus, il avait rappelé tous ses contingents, fortifié Yang-Yang, sa capitale, constitué un camp de guerre à Sagasta et envoyé au devant de Tanor Goye, principal lieutenant de Ser Matty qui battait en retraite sur le Djoloff, une forte colonne, chargée de vivres et d'eau. Tous les anciens fidèles de Lat-Dior et de Samba Laobé l'allaient rejoindre. Du N'Diambour plus de 100 cavaliers partaient du canton de Coki, annexé depuis deux

---

1. Un peu plus haut, Abel Jeandet parle du soulèvement de Ser Matty dans le Ripp. Il semble que la domination de ce chef s'exerçât sur une partie des deux régions.

ans seulement, pour combattre avec le grand Bourba qui doit chasser tous les Français ! Bref, dès le 23 avril, époque où, grâce à nos cavaliers peuhls, j'avais pu signaler, jour par jour, au Gouverneur, les menées d'Ali Boury, la guerre existait moralement entre lui et nous...

Le reste de la lettre répète, en le développant, le contenu du billet du 30 avril, et donne des détails, très intéressants, à coup sûr, pour un père et une mère anxieux, mais qui risqueraient de paraître au lecteur, peu familier avec la géographie et l'ethnographie sénégambiennes, quelque peu fastidieux et confus. Nous savons, d'ailleurs, que les dispositions prises par Jeandet ont obtenu l'assentiment du Gouverneur, lequel lui écrit : « Je rendrai compte, en temps voulu, de votre zèle et de votre dévouement au ministre », et nous nous sentons assurés que le Bourba du Djoloff, dont la marche en avant est annoncée, sera reçu, suivant l'expression du commandant lui-même, « avec les honneurs dus à son rang ».

Et, en effet, dans la lettre suivante, datée du camp de Tiamen (frontière du Djoloff), le 28 mai, le commandant Jeandet nous apprend que, grâce à ses manœuvres et malgré son peu de monde, il a obligé Ali à brûler son camp de guerre de Sagasta et à rejeter toutes forces sur sa capitale, après lui avoir octroyé « trois frottées soignées ».

Dans la dernière, écrit-il, je lui ai tué une soixantaine de cavaliers, dont quatre de ma main, ainsi que son premier lieutenant, Baba Absa, avec lequel j'ai eu un engagement et que j'ai envoyé mordre la poussière au moment où lui-même croyait m'atteindre. Mon interprète a reçu trois blessures ; moi j'ai eu neuf balles dans mon burnous ; deux seulement m'ont fait des *égratignures*. Tout se serait donc bien passé si je n'avais à déplorer la mort de mon pauvre et fidèle Ahmadou. Après l'engagement, ne le voyant plus à mes côtés, je l'appelle. Pas de réponse. Sans m'occuper de savoir si j'étais suivi ou non, je lance mon cheval et retourne sur le lieu du combat. En me voyant arriver, quelques cavaliers du Bourba, restés en arrière, s'enfuient au triple galop en m'envoyant des balles qui ne m'atteignent pas. Je cherche Ahmadou, et finis par le retrouver blessé mortellement, mais ayant toute sa connaissance. Je me baisse, me mets à genoux près de lui, lui soulève la tête, l'embrasse, lui dis : — « Ahmadou, mon ami, nous sommes vainqueurs. » Alors ses yeux s'illuminent de joie, ses lèvres s'entr'ouvrent et murmurent : — « *Ya bon*, commandant ! » Ce furent ses dernières paroles. J'ai fait rendre à Ahmadou les honneurs militaires.

D'autant plus désireux de pousser jusqu'au bout ses succès qu'ils lui coûtaient cher, convaincu, d'ailleurs, que le moment était propice pour se débarrasser d'Ali Boury, démoralisé par les premiers résultats de la campagne, au lieu de lui donner le temps de se refaire et de se révolter à nouveau, le commandant Jeandet élabora un plan dont l'exécution devait amener, non seulement la destruction complète du camp retranché de Sagata, mais encore la prise de Yang-Yang, la capitale du Djoloff. Ce plan fut, comme il devait l'être, soumis au gouverneur, qui répondit par le billet suivant :

« Mon cher Commandant,

« J'ai reçu votre dernière lettre. Évitez tout nouveau conflit avec Ali Boury. Je crois que ce dernier ne demande que la paix. Son oncle Mercure est chargé d'une mission pour moi. Il faut la faciliter. Recevez tous mes sincères compliments. Je ne vous oublierai pas plus que Madiokor.

« Bien à vous.

GENOUILLE,
Gouverneur du Sénégal.

Comme vous voyez, écrit-il, mon plan n'a pas été accepté : il était bien simple, diviser mes guerriers en deux colonnes qui auraient attaqué simultanément Yang-Yang chacune d'un côté différent à 7 h. du soir. Ali Boury aurait pu ne plus avoir ni capitale ni camp retranché.

Quel beau coup de filet, Messeigneurs ! mais on n'a pas été de mon avis.

Quoi qu'il en soit, la rapidité avec laquelle j'ai mené la campagne du Djoloff a fait bon effet à Saint-Louis; outre les compliments que j'ai reçus du Gouverneur, plusieurs *amis* m'ont adressé leurs félicitations. Je vous en transcris une sur au moins vingt, parce que c'est la dernière arrivée. Elle est d'un ingénieur de la ligne.

« Mon cher Monsieur Jeandet,

« J'arrive du palais du gouvernement où j'ai été heureux d'apprendre de vos bonnes nouvelles. Tout le monde ici se joint à moi pour vous souhaiter bonne chance et surtout *un ruban* ! Après vos grandes fatigues, votre dévouement et les sérieux résultats obtenus, vous ne l'aurez pas volé ! »

Le 12 juin Jeandet était appelé par dépêche télégraphique à Saint-Louis. Il y arrivait le 15, un peu désappointé, mais toujours animé de la même ardeur. Dès le lendemain, il en repartait pour une mission secrète relative aux affaires de Djoloff, avec l'espérance d'être chargé par M. Quintrie, qui venait de prendre l'intérim du gouvernement, de conclure avec Ali Boury le traité de paix que le Bourba paraissait désirer. Dans ce cas, il serait le premier blanc qui pénétrerait dans la capitale du Djoloff, et cette perspective ne laissait pas de le flatter. On lui avait aussi parlé d'aller prendre le commandement de Boffa, capitale des établissements français du Rio Pongo ou des rivières du Sud, où de grosses difficultés de délimitation de frontières s'étaient élevées avec les Portugais ; si non, il était probable qu'il serait appelé à la direction des affaires politiques à Saint-Louis. En tout cas, on reconnaîtrait, en lui donnant des fonctions élevées et de confiance, l'éminent service qu'il venait de rendre à la colonie.

Avec ces assurances, Jeandet emportait de Saint-Louis un grand chagrin. Il y avait appris la mort de son ami Minet, le capitaine d'état-major, tué le 26 mai dans le Saloum. « C'était un excellent cœur, s'écrie-t-il. J'ai perdu un bon ami et la patrie un brave soldat. »

Projets d'avenir et regrets de cette perte, tel est le double sujet de la lettre qu'il envoie à Verdun d'un lieu appelé Gouy-M' Beuthe, le 19 juin, au cours de sa mission secrète. Il commence par rassurer ses parents, que les dangers de la guerre du Djoloff remplissaient d'angoisse. Il les conjure de secouer leurs inquiétudes et leur tristesse, trop évidentes dans leur correspondance. Il se porte à merveille ; ses deux égratignures n'ont été qu'une gêne passagère ; elles sont guéries tout à fait. Quoi qu'il advienne, à quelque poste qu'il soit nommé après sa mission, il a « du pain sur la planche », du travail jusqu'au mois d'octobre, époque à laquelle il sera en droit de solliciter le congé qui le ramènera auprès de ses parents bien aimés dans les premiers jours de décembre au plus tard. Quelles bonnes soirées d'hiver ils passeront à eux trois !...

Nous citons textuellement le reste de la lettre, qui est un noble témoignage rendu par un frère d'armes à la mémoire de vaillants soldats français.

...Le gouverneur Genouille est parti pour France ; il a emmené avec lui le corps de mon pauvre ami Minet, tué à l'affaire de Kasia avec son interprète Adoulaye Seck. Le maréchal des logis de spahis Brisson a reçu neuf balles ; le vétérinaire Dupuy a eu la cuisse traversée et le bras cassé ; deux spahis blanc et trois spahis noirs ont été tués. Bref, sur dix hommes engagés, tous ont été mis hors de combat et neuf chevaux ont été tués. Ceci n'est pas aussi étonnant que vous pourriez le croire en France, car le premier choc des noirs est terrible. Montés sur leurs chevaux, ils arrivent comme le cavalier de la ballade, ou bien, cachés dans la brousse, ils surgissent devant vous et tirent à bout portant avec des fusils qui renferment de dix à quinze balles. C'est un vrai coup de mitraille. Il est vrai que, ce premier feu essuyé, ils deviennent peu redoutables, car ils ignorent l'effet de la charge en masse, et ils se hâtent tellement de préparer leur feu, qu'ils

Abel Jeandet.

4

mettent tout ensemble, poudre et balles, sans bourrer, ce qui fait que tout cela manque de force et n'occasionne plus que des blessures insignifiantes.

Minet et ses hommes ont été surpris et tués en quelque sorte à l'affût. Ce cher ami a eu, toutefois, en tombant, la consolation de brûler la cervelle à un de ces mâtins-là ; puis il est mort de la mort des braves, de cette mort que doit désirer tout soldat, tout patriote, tout bon Français... Il était né dans le Puy-de-Dôme en janvier 1853.

Je ne puis vous écrire plus longuement ; il ne me restait que cette feuille de papier, mon Bour m'ayant pris le reste pour se faire faire des *gris-gris* par un Marabout maure.

Nous sommes en plein hivernage : d'effroyables chaleurs et avec cela des tornades à tout enlever. Messieurs les noirs portent des ombrelles... pour se garder le teint !

Dans la caisse que vous recevrez bientôt et que je vous ai expédiée de Saint-Louis, se trouvent un fusil et un sabre. Le fusil est celui que j'avais acheté à Ahmadou et qui l'avait rendu si heureux. Le sabre est celui avec lequel j'ai fait campagne. Gardez-le. Ce sera un souvenir de mon ardente jeunesse, pour ma vieillesse... si Dieu m'en donne une !

Cette pensée de la mort toujours présente et prête à frapper revient sans cesse, dès que Jeandet s'épanche dans le cœur de ceux qu'il aime. Mais le pauvre garçon devait se tromper lorsque, immédiatement après cette réflexion, qu'on peut prendre pour un pressentiment, il ajoutait : « Je pense que cette lettre vous fera plaisir et vous donnera patience. » Du plaisir, sans doute ; comment ne pas en ressentir à ces nouvelles rassurantes et à ces témoignages d'affection d'un fils ? Mais de la patience !... son ardente jeunesse ignorait encore certains côtés du cœur des vieillards, chez qui un tel récit suivi de cette réflexion mélancolique avivait les craintes et donnait une pointe douloureuse au désir pressant de le revoir.

Le gouverneur par intérim, M. Quintrie, juste appréciateur des services que Jeandet pouvait rendre, ne voulut pas l'éloigner

de lui et lui confia la direction des affaires politiques, qu'il prit
en main le 22 juin. C'étaient les affaires de tout le Sénégal et
de ses dépendances, Gabon, Côte d'Or, Rivière du Sud, dont il
avait l'administration supérieure. Le travail était écrasant, surtout pour un homme comme Jeandet, qui avait le scrupule du
devoir et dont le premier souci fut de voir clair dans la politique
générale de la colonie et d'étudier chaque question particulière à
fond. Dès le début il avoue sa fatigue, craint d'être débordé,
surtout à une époque où la maladie et les congés font des vides
considérables dans les bureaux. Mais il a confiance en sa robuste
constitution non moins qu'en son énergie, et il ne fait pas difficulté de déclarer qu'il « est très fier d'avoir été choisi ». Il habite
le Palais du Gouvernement et admire la vue magnifique dont il
jouit, avec le petit bras du Sénégal au premier plan, le village
des piroguiers de Guet N' Dar au second plan et, comme rideau,
l'Atlantique. Mais, tout merveilleux que soit ce spectacle, il ne
lui fait pas oublier ses deux paisibles rivières, le Doubs et la
Saône.

D'ailleurs il s'intéresse de plus en plus à sa besogne, quelque
accablante qu'elle soit. Un mois après son entrée en fonctions, il
a donné audience à la plupart des chefs du Sénégal, reçu nombre
de lettres de rois, et il commence à « voir très clair » dans l'im-
broglio des affaires coloniales. Il est content des résultats qu'il
obtient, et on s'en montre content autour de lui. Il réussit dans
des négociations délicates et il en rapporte un exemple qui ne
peut manquer de frapper l'esprit de ses parents, à propos d'une
chose que cet homme si sensible et si fidèle à l'amitié avait fort
à cœur. Laissons-le parler.

J'ai obtenu, en demeurant dans la coulisse et en agitant les ficelles,
que les meurtriers de mon pauvre ami Minet nous rendissent ses
armes, ses chevaux, etc., etc. Je ne voulais ni laisser entre leurs

mains ces choses, dont ils auraient pu faire un trophée, ni cependant
user de mon influence en engageant le gouvernement à une époque
où l'hivernage rend toute colonne difficile, et où la moindre action
guerrière, la moindre attitude menaçante troublerait profondément
les travaux de culture du pays. Eh bien ! j'ai réussi. Je me suis servi,
pour cela du Bour N'Diambour, mon brave et fidèle ami. Tous deux,
moi conseillant et guidant, lui agissant, nous avons mené à bien cette
affaire aussi importante que difficile et patriotique. Le Bour a parfaitement compris que la dépouille d'un officier français ne devait ni ne
pouvait rester aux mains de nos ennemis, surtout quand cet officier
était le meilleur ami de Jeandet que lui, Bour, appelle son frère...

Dans une autre lettre, datée du 6 août, pour faire comprendre
à ses parents que, malgré sa hâte de revenir auprès d'eux, les
heures lui paraissent relativement courtes, il dresse un état
récapitulatif des affaires qui l'ont occupé pendant la quinzaine :
1° l'avènement d'un Almamy (nom donné au chef ou roi par
certaines tribus du Soudan) dans la Mellacorée ; 2° deux attaques
du Marabout Mamadou Lamine dans le Ouli ; 3° l'assassinat par
le même Mamadou Lamine de notre allié Malamine, tué avec
toute sa famille, à la surprise de Nétéboulou (ce fut grâce au courage du capitaine Fortin, de l'artillerie, qui se jeta dans le village de
Macadiancounda, que le Marabout éprouva finalement un échec),
4° le naufrage d'un brick-goélette venant de Marseille, à quatorze
milles au delà du marigot des Maringouins, sur la côte de
Barbarie, et la mort du lieutenant, tué par les Maures Trarzas de
la tribu des Lahalibes ; 5° les difficultés du Nioro et l'envoi de notes
au commandant de ce poste, pour tâcher de lancer contre le Marabout les gens du Niami ; 6° le départ de l'aviso à vapeur *la Salamandre*, commandé par le lieutenant de vaisseau Müller, pour le
Haut Fleuve et la Falémé, afin d'y faire une démonstration militaire ; 7° l'arrivée à Yamina, à douze journées au delà de Bam-
mako, de la canonnière *le Niger*, en route pour Tombouctou ;

8° la reprise des menées d'Ali Boury, qui, selon les prévisions de Jeandet, se préparait à razzier les pays alliés, soumis et protégés, et à aller, en traversant Bambouk, rejoindre le sultan de Segou Amadou Sheikou .

A cette énumération le commandant ajoutait ces lignes :

Et ceci est le gros de la besogne. Il y a les mille choses moins importantes, sans compter les distributions de prix auxquelles il faut assister, et Dieu sait si elles sont longues ! Or, comme chacune des affaires que je vous signale fait l'objet de câblogrammes et de rapports au ministre, de télégrammes à tous les commandants, d'avis à l'autorité militaire, vous pouvez juger de ce qu'est la journée d'un directeur des affaires politiques. Il m'arrive fréquemment d'entrer à mon bureau à 7 heures du matin et de n'en sortir qu'à 7 heures du soir. Je ne prends que le temps de déjeuner et de changer de linge à midi, car la sueur a promptement transformé en une loque humide la chemise et les cols les mieux empesés. Au milieu de tout cela, je me hâte d'ajouter que j'ai bien des satisfactions d'amour-propre ; toutes les personnes avec lesquelles je suis en rapport sont parfaites pour moi ; le Gouverneur me témoigne beaucoup d'estime ; malgré son deuil [1], je déjeune avec lui demain, dimanche, 7 août. Mon seul regret est de ne pouvoir mettre en ordre mes nombreuses notes ; seulement je continue toujours à en recueillir de nouvelles...

Depuis quelque temps déjà, Abel Jeandet parlait beaucoup de sa santé, la déclarant invulnérable aux influences du climat, aussi bien qu'aux fatigues physiques et intellectuelles, dont il sentait le poids, sans doute, mais qu'il supportait allégrement, sans jamais faiblir. Les balles mêmes n'avaient guère d'effet sur lui, et les deux qui l'avaient touché pendant la campagne du Djoloff ne lui avaient fait que des égratignures vite effacées.

S'il insistait ainsi sur son endurance et sa force, c'est qu'il commençait à sentir que celle-ci était en danger, et qu'il ne vou-

1. Le Gouverneur par intérim Quintrie venait de perdre sa mère.

lait pas l'admettre. Il s'obstinait à se proclamer en possession d'une santé brillante, *épatante*, et s'ingéniait à se le faire croire à lui-même pour en mieux persuader sa mère, toujours inquiète. Hélas ! le pauvre garçon dut déchanter. Voici comment il explique, dans sa lettre du 4 septembre, avec toutes sortes d'atténuations et d'excuses, comme s'il invoquait des circonstances atténuantes, l'obligation où il fut de ne pas écrire par les derniers courriers d'août et de laisser pendant un mois sa famille sans nouvelles.

    Chers parents bien aimés,

 J'ai laissé partir le courrier du 24 août sans vous écrire... parce que, pour la première fois depuis mon arrivée au Sénégal, je payais rudement mon tribut au climat de ce pays. Rudement, oui, très chers amis ; mais je me hâte de vous dire que tout est fini et que je suis plus qu'en convalescence, puisque je compte reprendre mercredi ou jeudi la direction des affaires politiques. Du reste, ce qui m'est arrivé devait m'arriver, car je me surmenais. Mes blessures, d'abord, qui, sous le soleil, furent assez douloureuses, mes cinquante-quatre jours de vie dans le désert, privé de tout, puis, depuis le 11 juin, jour où s'est disloquée la colonne du N'Diambour, une chevauchée dans le Djoloff, la prise de possession, le 21 juin, des affaires politiques, un travail effroyable, une seconde mission en août, tout cela m'avait vanné à fond. C'est par un miracle de force et d'énergie que, le 20 août, je pouvais donner au Gouverneur mon rapport pour le ministre. Le soir, à huit heures et demie, en le quittant, je lui annonçai que je ne reviendrais pas le lendemain au bureau, ayant l'intention de prendre médecine. Depuis quelques jours, j'avais quitté le palais du gouvernement, où mes appartements qui laissaient pénétrer l'eau à chaque tornade (il y en a tous les jours) m'avaient enfiévré et avaient besoin de réparations. Le lendemain, le médicament était en pleine action, lorsque le gouverneur m'envoya une dépêche très importante, reçue de Coki et annonçant l'entrée des contingents d'Ali Boury dans le N'Diambour et la réunion d'urgence du conseil de défense. Il me priait de l'éclairer en quelques mots sur cette question, que je connais à fond, et de lui donner mon avis sur les mesures à prendre. Écrire ! il fallait un volume. Malade comme j'étais, je me levai, me présentai devant le conseil de défense, parlai plus d'une heure et fis adopter mes plans, qui eurent pour effet la retraite des contingents du Bourba sans engager un seul homme ; puis je rentrai chez moi pour me mettre au lit. La corde était rompue... Que s'est-il passé en moi jusqu'au 26 août, Dieu seul le sait. Toujours est-il, que, le 26 août, je me réveillai la tête entourée de glace, les jambes et les cuisses rongées par les sinapismes anglais, et que le Dr Carpot, qui se trouvait à mon chevet, me dit : — «Vous êtes sauvé, mon cher ami ; mais vous avez un fameux coffre. » — J'avais eu un accès pernicieux de fièvre bilieuse. On en revient un sur quatre-vingt-dix.

Aujourd'hui, 4 septembre, je suis debout et tout est fini. De ma maladie il ne me reste qu'un peu de faiblesse et un appétit d'enfer, que je surveille et ne satisfais point encore entièrement, par mesure de prudence. Mais je suis vacciné contre les fièvres de l'hivernage et à peu près assuré de n'être plus malade avant mon retour... J'aurais pu avoir un congé de convalescence de trois mois, mais je ne l'ai pas demandé ; véritablement il y a trop d'affaires, et d'affaires importantes à régler, pour que je me décide à quitter mon poste, où mon absence se ferait d'autant plus sentir que les vides sont grands et nombreux dans la colonie, une partie de mes collègues étant partis pour France en congé régulier. Je sais par M. le Gouverneur Quintrie que je serai élevé à la seconde classe de mon grade d'ici le mois d'octobre ; il a demandé également pour moi les palmes d'officier d'académie [1]... Je n'aurai pas perdu mon année.

C'est ainsi qu'il présente à ses parents tout ce qui peut les consoler de leurs angoisses, leur faire supporter une attente qui leur devient chaque jour plus lourde, non pas seulement parce

---

1. Abel Jeandet fut en effet promu à la deuxième classe de son emploi de Commandant de Cercle au Sénégal par le Sous-Secrétaire d'État aux colonies, Étienne (décision du 22 août), cette nomination devant compter à partir du 1er septembre. Quant aux palmes, nous avons dit qu'il parut suffisant de lui en donner l'espoir. Il en fut de même de la croix de la Légion d'honneur, pour laquelle il fut à plusieurs reprises proposé.

qu'elle est plus longue, mais parce qu'ils savent mieux à quels dangers incessants et mortels il est exposé et que plus il y échappe plus les chances diminuent d'y échapper encore.

De leur côté, le Dr Jeandet et sa femme, à Verdun, n'ont pas toujours à se louer de l'esprit de justice et de la générosité d'âme de plusieurs de leurs concitoyens. Sans doute on les entoure de respect et de sympathie ; tout le monde leur parle du commandant, s'informe de lui, vante ses services et ses succès. Mais à travers tout cela souvent perce la jalousie commune aux petites gens et aux petites villes ; des bouches s'ouvrent pour la louange et se referment en une morsure ; la caresse de certaines félicitations cache un coup de griffe. Cette jouissance de la critique hypocrite et de l'allusion perfide, ce besoin de chercher et de supposer le mal chez ses semblables et de mêler à ce qui est doux son propre fiel, constitue apparemment un grand attrait dans les relations entre les hommes ; c'est peut-être le seul lien de solidarité qui ne se rompe jamais. Ces blessures de pointes d'aiguille sont cruelles aux cœurs endoloris. Le commandant Jeandet en avait plus d'une fois vu les traces dans les lettres de ses parents. Aussi leur recommande-t-il instamment de ne point faire connaître dans leur entourage sa promotion de classe, et comme il sait bien qu'ils ne pourront se tenir de le dire à quelques-uns, il les avertit de bien choisir, et de prier ceux qu'ils auront jugé dignes de la confidence de n'en divulguer rien. Les jaloux et les sots, de l'opinion desquels il n'a, d'ailleurs, nul souci, n'ont pas besoin de cet aliment à leur jalousie et à leur sottise : Quant aux véritables amis, ils sauront apprécier les efforts qu'il a dû faire « pour obtenir après dix mois de Sénégal un avancement que les règlements disent ne pouvoir être obtenu qu'après deux ans de grade ».

Il insiste sur ces conseils de discrétion non seulement à leur point de vue personnel, mais aussi à cause de ce qu'il leur raconte sur ses travaux et sur les intérêts dont il a l'administration. Il aime, en effet, à donner des explications sur les affaires pendantes, et on aurait pu trouver mauvais en haut lieu qu'il ne les réservât pas exclusivement pour ses rapports officiels. C'est ainsi que ses parents lui ayant demandé quels étaient ses projets immédiats, il les leur expose tout au long (25 septembre).

Il faut, dit-il, remonter haut et vous mettre au courant de la situation politique du pays. Ce que je vous écris est donc pour vous deux seulement...

Quand je suis arrivé aux affaires politiques la situation était tellement compromise de divers côtés que toute notre habileté a dû tendre à faire traîner les choses jusqu'au moment où la saison sèche nous permettrait de châtier les chefs rebelles.

1º Dans le Soudan français, nous aurons la colonne Gallieni.

2º Dans le Niani, nous serons obligés de lancer une seconde colonne pour nous débarrasser de Mamadou Lamine, qui joue au Madhi. De ce côté, par des présents et des flatteries adroites, je me suis assuré le concours d'Abdoul Boubakar, roi du Bosséah, qui nous fait demander par lettre reçue aujourd'hui même la faveur de marcher avec nous à la tête de ses guerriers ; il ne s'agit plus que de retenir pendant un mois ses désirs belliqueux. C'est un gros appoint et un gros succès politique, car Abdoul Boubakar dispose de quatre mille fusils.

3º Dans le Baol, une troisième colonne est nécessaire pour venger la mort du capitaine Minet sur ses assassins, Tanor Goye et N'Dundie, qui, entourés de nombreux guerriers, continuent à occuper le pays, construisent même un *tata* [1] et menacent le *teigne* ou roi du Baol, notre allié.

4º Dans le Ripp, le commandant du Nioro réclame une colonne, qu'on lui donnera, pour obtenir du Bour Guedel l'exécution du traité du 14 mai, et mettre à la raison Biram Cissé, l'un des principaux chefs signataires de ce traité, dont l'insolence croît chaque jour.

5º Dans le Sine, Niokobayé, compétiteur et neveu de Baké, le roi

1. Sorte de forteresse en terre.

que nous soutenons, nous crée des difficultés et ne rentrera dans le rang que devant une démonstration hostile.

6° En Mellacorée (Cercle de Benty), Daouda, que nous avions reconnu comme Almamy du Forrécariah, vient d'être renversé par les chefs sous l'influence des excitations et de l'or anglais. Il faudra le replacer sur le trône, sous peine de voir se fondre toute notre influence dans une région très riche, qui deviendra le siège d'un grand transit.

7° A Kotonou, Cercle de Konakri, nous avons des embarras tels que nous avons été obligés d'interdire la vente des armes et d'envoyer un aviso de guerre pour rassurer nos alliés, protéger nos comptoirs, et contenir nos adversaires jusqu'au jour où la saison nous permettra de marcher...

Parmi tous ces points noirs, celui qui m'a le plus préoccupé est le Djoloff. Par sa situation, qui en fait le centre et le refuge de tous nos adversaires, par le nombre et la bravoure de ses guerriers et surtout par l'intelligence de son roi, ou Bourba, à qui aboutissent toutes les intrigues dont il est le grand meneur, il est peut-être le plus inquiétant. Je me suis donc appliqué à terroriser et à amadouer le Bourba pour l'empêcher de prendre une part active à la lutte et de rallier tous les mécontents. J'espère y être parvenu. En effet, il y a huit jours environ, son principal ministre arrivait à Saint-Louis, porteur de deux lettres, l'une pour le Gouverneur, l'autre pour moi. Dans la mienne, le Bourba me demandait d'être son ami et de devenir son protecteur. Dans celle du Gouverneur, il réclamait mon envoi auprès de lui pour faire un traité d'alliance et recevoir sa soumission. Tout porte donc à croire qu'à moins d'événements imprévus, je partirai pour le Djoloff vers le 15 du mois prochain, avec pleins pouvoirs pour traiter au nom du Gouvernement de la République. Si je réussis, je traverserai tout le Djoloff jusqu'à Kol-Kol et, au lieu de revenir par le chemin ordinaire, j'ai l'intention de reprendre à travers le désert la route explorée par Mollien en 1818 et non parcourue depuis, et de gagner, par cette route, le poste de Saldé, sur le haut Sénégal, afin de visiter les tribus peuhls et maures qui rayonnent dans tout cet espace, et de les amener à reconnaître notre protectorat et à apporter à nos escales les gommes et leurs autres produits. C'est en somme un petit voyage d'exploration au centre de l'Afrique, mais sans danger, une vraie promenade d'agrément.

Après cela je tirerai le rideau et j'irai vous embrasser comme je vous aime, à plein cœur.

Cette question du retour revient désormais sans cesse. Abel Jeandet ne s'en montre pas moins impatient que sa famille, et pourtant il le diffère. C'est qu'il sent combien il est utile à son poste, et que toutes les affaires qu'il a engagées ou trouvé engagées en arrivant à la direction, il se considère comme tenu d'honneur à les suivre jusqu'au bout. Il s'applique à le faire comprendre à son père et à sa mère ; c'est pour cela qu'il leur met sous les yeux l'étendue et la complexité de sa tâche. Il serait bien aise de recevoir d'eux un encouragement à la persistance, un mot comme : « Reste, jusqu'à ce que tu aies fini ! ».

Mais l'amour des parents n'est point si prompt à entendre ce qui contrarie son plus cher désir, son vrai besoin. « Dépêche-toi de nous revenir », écrit le père. Et la mère : « Pourquoi tardes-tu ? Ne nous caches-tu rien ? N'es-tu pas tombé malade ? »

Alors le Commandant frappe le dernier coup ; il dit les mots décisifs qui feront tressaillir dans ces cœurs vaillants la fibre héroïque de l'abnégation devant le devoir. Non, il n'est pas malade ; que sa « chère mère adorée », la *mater dolorosa semper*, se rassure. Il peut partir quand il voudra ; s'il l'avait voulu, il serait sur le bateau qui porte sa lettre. Mais *il ne le veut pas*. Et il ne le veut pas parce que « son année se terminerait en queue de poisson s'il n'accomplissait ce qu'il est résolu de faire encore avant d'aller les embrasser [1] ». Et il ajoute : « J'ai beaucoup de volonté pour les choses importantes de la vie, celles qui touchent à l'honneur de mon pays, et au vôtre, au mien, à celui du nom :

---

1. Lettre du 6 octobre 1887.

Ceci est peut-être la seule raison pour laquelle je n'en fais jamais preuve dans les petits détails ».

Cet appel à la résignation stoïque ne fut pas vain. Lui-même le constate en termes émus.

Saint-Louis, le 4 novembre 1887.

Amis bien aimés,

Votre dernière bonne lettre, qui m'est arrivée avec cinq jours de retard, est si pleine de sentiments nobles et d'affection qu'avec elle dans la poche, près du cœur, il faudrait être le pire des hommes et des fils pour ne point vous aimer comme vous méritez de l'être, du plus profond amour.

Oui, chère Lalita, et toi, bon père, je tiens à accomplir ma mission du Djoloff ; mais cela ne retardera que de peu mon arrivée à Verdun, et je garde la ferme espérance d'être bientôt auprès de vous... Cela est si vrai que je confie à un de mes amis qui va se refaire en France, ma grosse malle, toute pleine de choses diverses, effets, objets de collection, etc. Ma petite malle et mes cantines me suffiront pour rapporter ce qu'il me reste... Je vous adresse un grand tapis en peau. *Je veux* que vous le mettiez dans votre chambre pour l'hiver. C'est ce qu'on nomme un *tiougou*. Ce tapis m'a été procuré par Pedre Alassane, ministre d'Oumar Saloum, roi des Maures Trarzas. Il est fait de peaux d'agneaux qui n'ont jamais vu le jour. Ne faites pas retoucher les coutures ; elles sont, dans leur grossièreté, le signe de son origine...

Je pars le 6 ou le 7 pour une tournée d'inspection dans le N'Guick Mérina Diop. Je ne pense pas être absent plus de huit jours. En tout état de cause, si je manquais un courrier, soyez sans inquiétudes. Après cette petite fugue, qui va servir à m'entraîner, je partirai pour le Djoloff...

Nous sommes ici en plein dans les départs : aujourd'hui, Gallieni va remonter dans le Soudan français avec environ mille hommes ; demain, le Gouverneur ira à Dakar pour veiller au départ d'une colonne expéditionnaire pour les Rivières du Sud ; lundi, un de nos avisos de guerre va filer mettre le pavillon sur les îles Alcatraz, que reluquent Messieurs les Allemands ; quand ils arriveront, j'espère qu'ils trouveront la nappe mise, et le diable m'emporte si nos braves mathurins leur offrent de goûter au potage ! Enfin, ici nous vivons et nous agissons ; chacun fait sa petite affaire : *gesta Dei per Francos*. Vive la France !...

Sa tournée dans le N' Guick Mérina Diop se prolongea dans le Cayor et dura quinze jours au lieu de huit. A sa rentrée, il avertit qu'il ne pourra pas prendre le bateau pour la France avant la fin de janvier 1888.

Demain, écrit-il le 23 novembre, ouverture du Conseil général. Cela se pratique ici en grande pompe. Cette ouverture nous promet bien des discussions oiseuses, et la session nous ménagera sans doute bien des surprises. Ici, comme dans notre pauvre France, il y a de nombreuses divisions et une sourde hostilité contre le Gouverneur qui, depuis son retour, est inabordable. Jugez de la jolie situation dans laquelle je me trouve, obligé de recevoir tout le monde, d'excuser mon chef et de faire marcher la boutique ! Avec cela, plus de ministère ! Mais, par contre, une guerre civile chez les Maures de Saldé ou Tébékou ; une protestation de la majeure partie du Toro (Cercle de Podor) contre leur *Lam* ou roi, Sidirk ; une tentative d'émigration des Djoloffs du Oualo, du côté de Dagana ; une querelle intense entre Demba War, le chef du Cayor, le Bourba du Djoloff Ali Boury, le Teigne du Baol, Yacine Fall, et Tanor 'Goye, qui, tous les quatre, veulent épouser la même femme et menacent de s'administrer réciproquement des piles, ce qui mettrait en feu tout le centre du Sénégal, — voilà la situation. Que de nœuds gordiens, *bone Deus* ! Heureusement que je me porte bien et que j'ai les idées nettes. Bref, j'espère me tirer de tout cela à mon honneur...

Ici, nous commençons à jouir d'une température à peu près supportable ; mais la queue de l'hivernage se fait encore sentir, et les débarqués de France en octobre sont presque tous alités. L'année a été exceptionnellement mauvaise ; nos pertes ont été sensibles. Un télégramme, que j'ai reçu ce matin à 11 heures du commandant de Saldé, m'annonce que tous les Européens du poste sont sur le flanc, lui compris. Partout on réclame des médecins, et ceux-ci font presque défaut. Enfin, la feuille du baobab tombe et la bonne époque arrive !...

Ces dernières réflexions, jointes à la prorogation du moment si désiré de leur réunion, détruisirent, comme le diplomate Abel aurait dû s'y attendre, l'effet produit antérieurement sur l'esprit de sa mère par les considérations élevées qu'il avait fait valoir avec une éloquente et opportune sincérité. Les jeunes gens se trompent toujours sur la sensibilité du cœur des mères ; ils vont de la meilleure foi du monde au delà de ce qu'elle peut supporter sans ébranlement. L'effort fait pour se monter au niveau des exigences d'une situation douloureuse, mais éminemment honorable, la tension d'une âme qui, ne pouvant s'empêcher de souffrir, est résolue à refouler sa souffrance sans essayer d'en arrêter la source, tout cela fut réduit à néant. Les inquiétudes, les regrets, les impatiences dominèrent de nouveau la pauvre femme et se firent jour dans ses lettres. Aussitôt, Abel Jeandet « péniblement impressionné », s'ingénie à conjurer le mal dont son imprudence a provoqué la manifestation. Comme un général qui, sentant son corps de bataille fléchir, fait donner ses dernières réserves, il appelle à la rescousse l'intérêt de son avenir, raison toute puissante sur l'esprit d'êtres qui l'aiment plus encore pour lui que pour eux-mêmes, et qu'il n'avait pas besoin, semble-t-il, d'appuyer par d'autres raisons secondaires.

... Il faut, bien chers parents aimés, chasser de votre esprit toutes les inquiétudes ; ... mais il faut aussi que nous ayons tous les trois assez de prudence et de fermeté pour ne pas compromettre par un départ précipité les résultats acquis, et surtout pour attendre que j'aie assez rendu de services aux affaires politiques pour que je puisse tabler sur mon passage à ces importantes fonctions pour obtenir en France, ou tout proche, une situation équivalente, ou même supérieure, car il s'agit d'avancer. Or, le 21 de ce présent mois de décembre[1], il y aura juste six mois que, par arrêté du Gouverneur, j'ai été nommé

---

1. Cette lettre est du 5 décembre.

Directeur des affaires politiques. Depuis cette époque, je le dis sans vergogne, j'ai su me créer une situation exceptionnelle à Saint-Louis et m'attirer l'estime de tous. Samedi dernier encore, Pedre Alassane[1], MM. Descemet et Delord, président et vice-président du Conseil général, Backre Wali, conseiller général noir, vantaient au Gouverneur ma façon d'administrer, lui parlaient de ma connaissance du caractère des noirs, de bien des choses encore, et, à propos de grosses questions qui agitent le Toro et qui, si elles ne sont promptement réglées, pourraient mettre le feu aux deux rives du fleuve, de Dagana à Bakel, lui disaient que j'étais le seul homme capable de les trancher et le suppliaient de m'y envoyer.

Enfin vous savez encore — et c'est un point d'une certaine importance — que les arrivées et les retours à la métropole sont payés par l'État, et que, pour obtenir de partir dans ces conditions avant le temps réglementaire, il faut ou que je sois malade, ou que, du moins, ma santé soit assez altérée pour qu'un repos me soit nécessaire. Or, je n'en suis plus là. Il est donc de toute nécessité que j'accomplisse cette mission du Toro, à défaut de celle du Djoloff, où je suis toujours fort demandé. Du reste, pour vous prouver quelle confiance ont en moi tous les rois du Sénégal, je vous envoie par ce même courrier trois lettres reçues dernièrement. Je pourrais vous en faire tenir quinze émanant de tous les points de la colonie, lettres adressées à moi-même et qui vous démontreraient le cas que tous ces rois font de ma justice et de mon autorité.

Comment la tendresse des parents élèverait-elle des objections, oserait-elle même des prières devant cet appareil d'arguments et de documents ? Encore une fois, il fallait bien se résigner et attendre la fin de la mission au Toro, avec la crainte secrète et angoissante que, cette mission terminée, les mêmes nécessités ne lui en fissent accepter d'autres[2].

1. Ministre du roi des Maures Trarzas. Voir la lettre du 4 novembre, p. 568.

2. Nous transcrivons ici, en en respectant les tournures et les expressions tout en en rectifiant l'orthographe, l'une des trois lettres de chefs indigènes communiquées à ses parents par Abel Jeandet, celle du Lam Toro (roi du Toro) Sidirk, parce qu'elle se rattache étroitement à ce qui va suivre, et sur-

CHAPITRE V

Abel Jeandet Commandant de Podor. — Mission du Toro : déposition et élection d'un roi. — La jument Aïssa. — Une inspection générale à Saint-Louis. — Un deuil. — Le retour à Verdun.

Le Commandant Jeandet quitta Saint-Louis pour aller remplir sa mission dans le Toro le 17 décembre. Sa première lettre, datée de Podor, 23 décembre, décrit son installation et indique le

tout parce qu'elle contient et laisse apparaître le germe de machinations qui aboutirent à la mort tragique du Commandant.

« Louange à Dieu l'unique !

« De la part du Lam Toro Sidirk à mon intime ami Monsieur Jeandet, Directeur des affaires politiques, Salut le plus complet !

« Le but de cette lettre est de te faire savoir que je suis très content de toi, et je te remercie beaucoup de cette action que tu as faite et qui est d'un ami envers son ami. Aujourd'hui je viens de savoir que je n'en ai pas dans ce monde-ci comme toi. Que le Dieu te fasse régner dans la prospérité ! Que le Dieu te défie des rusés artifices des gens qui ont jalousie de toi. Je te fais part qu'il n'y a aujourd'hui dans le territoire du Toro que la paix et des conciliations, car tous les notables du Toro, depuis le village de Waladé jusque chez moi, ils sont tous avec moi, excepté ceux qui sont contre moi. Ceux-là sont allés réclamer contre moi près du Commandant de Podor. Voici leurs noms [ici une dizaine de noms]. Ceux-là sont allés chez le Commandant de Podor pour apporter des troubles, et le Commandant de Podor et Abdoulaye Kane a approuvé leurs troubles. Sans ceux-là, personne ne m'aurait contrarié. Je te donne les noms des chefs qui sont avec moi [ici sept noms], ainsi que tous leurs administrés et tous leurs prolétaires, dont aucun ne me contrarie. Sache que les gens qui sont en difficulté avec moi m'ont dit que le Commandant de Podor m'a ordonné de rester chez moi sans aller voyager dans le Toro ; mais il leur a ordonné de parcourir dans le pays Toro, en leur disant de se refuser aux ordres que donnera Lam Toro, car le Commandant a défendu le Lam Toro d'aller le trouver. Mais jusqu'à présent je m'appuie à toi, car tu es mon ami. Je te prie d'écouter ce que te dira le porteur de ma lettre, dont le nom est Ali Dieyma. Cet homme te dira ce qu'il a entendu dans le Toro. Je te prie de me remettre le commandement de ce pays ».

but politique de son voyage. Trois jours après, il raconte les rapides et décisives mesures qu'il a dû prendre.

Podor est réputé, avec Diego Suarez et Aden, le point le plus chaud du globe ; mais, ayant passé sept mois à Louga, l'endroit le plus chaud du Cayor, je ne souffre pas trop des 50° degrés que nous avons ici — c'est l'hiver ! — et qui tombent à 14 et même à 12° la nuit. Le poste proprement dit est splendide. Il se compose d'une grande maison carrée, avec dix fenêtres de façade. En bas logent l'officier et le médecin de marine. Le premier est occupé par moi seul et par mon interprète, qui a une chambre confortable et spacieuse. Cet interprète, que j'ai amené avec moi de Saint-Louis, est interprète principal de première classe, attaché à la direction des affaires politiques. C'est un vieux, fidèle et brave serviteur qui marche avec nous depuis de longues années. Je l'ai en grande estime et en grande amitié. Quant à lui, il se jetterait au feu pour moi.

Mon appartement se compose de cinq pièces, ma chambre à coucher, un salon, une salle à manger, une cuisine et mon bureau. Au-dessus du bâtiment se trouve l'*argamas* ou terrasse, d'où je découvre un splendide panorama. Avec la longue-vue du poste, je vois, près de deux heures avant leur arrivée à l'escale, les bateaux venant de Saint-Louis. A cette construction sont adjointes en avant, l'une à droite, l'autre à gauche de la cour d'honneur, deux maisons bâties sur le même plan. Dans celle de droite sont les sous-officiers et les magasins à vivres ; dans l'autre, les logements des dix-huit hommes composant la garnison ; enfin, en arrière, les cuisines et communs. Tout cela est entouré d'un mur crénelé, avec meurtrières de deux mètres en deux mètres, et quatre bastions aux angles. Deux de ces bastions sont ronds, avec loge de guette en avant, et deux à trois pans, sur la face arrière opposée au fleuve.

Podor proprement dit présente un centre de population d'au moins six mille individus divisés en quatre groupes : d'abord l'escale, constituée par cinquante ou soixante grandes maisons en brique où logent les représentants noirs ou blancs des négociants de Saint-Louis. C'est là que se fait l'échange de la gomme qu'apportent les Maures Brack-nas, du territoire desquels le fleuve seul nous sépare. A côté de l'escale se trouve le village noir de Concessions. Son nom seul indique comment il a été formé, par des concessions de terrain données aux pêcheurs du fleuve. Car ici le terrain existe ; plus de sable, mais une terre végétale couverte d'une végétation très belle, un humus gras où le moindre travail ferait pousser de merveilleuses récoltes. Pendant la saison des pluies et depuis Dagana, le fleuve Sénégal débordé sur plusieurs lieues d'étendue, joue en effet le rôle bienfaisant du Nil. A côté de Concessions, le village de Podor, et enfin, séparé de Podor par une centaine de mètres, le village toucouleur de Tioffy. Ces quatre villages, l'Escale, Concessions, Podor et Tioffy, décrivent, autour et à cent cinquante mètres du poste, un arc allongé, dont les deux extrémités vont aboutir au fleuve ; la berge est la corde de l'arc dont le poste, avec ses gigantesques allées de fromagers, serait la flèche. En somme pays à voir, et qui repose grandement et bellement du Cayor, du N'Diambour et de Saint-Louis. Les quatre villages ont un seul chef, Eliman Baba, homme très sûr et qui nous sert depuis longtemps.

Parti de Saint-Louis le 17 au soir, je suis arrivé à Podor le 19 à 6 heures 1/2 du soir... J'ai passé dans la journée du 19 devant la fameuse île des Hippopotames, mais je n'ai pas eu la chance d'en apercevoir. Par contre, j'ai tué deux beaux caïmans, que les noirs de l'équipage ont mangés avec délices. J'ai voulu en goûter, mais bien que la chair fût ferme, le fumet spécial et légèrement musqué qu'elle dégageait, et surtout l'idée de me repaître d'un de ces gros lézards qui avaient peut-être eux-mêmes avalé récemment un sectateur de Mahomet, m'ont arrêté à la seconde bouchée. Indépendamment de ces deux sortes d'animaux, qui ont quelque chose d'antédiluvien, nous avons encore la panthère, le chat-tigre, le singe vert, l'aigrette, l'autruche et enfin le lion. Je ne parle pas du menu fretin, sanglier, hyène, chacal, etc., etc. Nous sommes, vous le voyez, en *imposante* compagnie.

J'ai, comme je vous le disais dans mon avant-dernière lettre, plusieurs questions très importantes à régler ici. La première et de beaucoup la plus délicate, est la déposition du Lam Toro actuel, Sidirk, dont les déprédations et les brigandages poussent la population peuhl, toucouleur et sarakolée à quitter le pays, à émigrer dans le Nioro, pour de là aller rejoindre notre adversaire futur, le grand Marabout Sultan de Segou. Il s'agit donc de remettre de l'ordre dans ce pays au double point de vue politique et religieux, — ce dont j'espère venir à bout. Dimanche, je verrai le Lam Sidirk, auquel j'ai écrit, et qui m'a répondu une lettre pleine de soumission et de ruse. Mais à bon chat, bon rat; je le reçois au poste et je l'ai *in manu*. Mercredi arriveront les quinze *ardo* ou *eliman* qui nommaient autrefois les Lam et qui sont, en quelque sorte, les grands électeurs de l'empire. Je causerai avec eux, m'informerai et leur rendrai leur droit d'élection. Ceci fait, je pousserai à Dioum et y réunirai tous les notables du Toro ; je leur ferai nommer leurs chefs village par village. Je veux que tout se passe loyalement. La meilleure politique, à mon avis, est encore celle qui se base sur l'honnêteté, la droiture et la sincérité.

Cette grosse question du Toro réglée, j'aurai encore à m'entendre avec Sidi Ely, le roi des Maures Bracknas, au sujet de la protection des caravanes. Après cela je m'occuperai des travaux de remblai à exécuter à l'escale, que, chaque année, le fleuve menace d'emporter, et dont il ronge incessamment le terrain. Puis je rentrerai à Saint-Louis, de Saint-Louis à l'hôpital pour l'obtention d'un congé de convalescence, et de là en France !... Courage, patience, espérance !...

Podor, le 30 décembre 1887.

Chers parents bien aimés,

Hier, à cinq heures du soir, j'avais brisé un roi ; ce matin, à huit heures, j'en avais fait un autre : l'ancien est le Lam Toro Sidirk, le nouveau est le Lam Toro Amady Notago. Je suis, vous le voyez, un vrai Warwick au petit pied ! Pour parler sérieusement, je crois avoir bien et promptement manœuvré. En neuf jours, j'ai pu réunir les dix-huit chefs chargés de l'élection du Lam ; écouter les notables, l'ancien Lam, les candidats ; tirer au clair une situation embrouillée au delà de toute expression ; faire rendre la liberté à quatre hommes libres placés en esclavage et mettre un certain ordre dans tout ce pays. Et cela sans qu'il se soit échangé une injure grossière entre les partisans des différents chefs. Quant à l'élection elle-même, elle s'est passée avec un calme que nos politiciens de France devraient bien imiter. Je l'avais travaillée en artiste, dans le but de rendre service à ce pays presque entièrement sous la domination d'un grand parti anti-français qui, malheureusement, existe au Sénégal. Puis, comme les hommes, noirs, jaunes ou blancs, tiennent avant tout à la liberté et surtout à l'apparence de la liberté, j'ai réuni les chefs dans mon salon et, afin que cette liberté fût assurée dans le vote, chacun d'eux, à l'appel de son nom, passait dans mon bureau, écrivait sur du papier préparé *ad hoc* son nom et le nom du candidat de son choix, et me remettait le papier plié en quatre ; mon casque faisait l'office d'urne. Total : mon candidat, seize voix ; un nommé Sidi Abdoul, candidat de nos adversaires, deux voix ; l'ancien Lam, Sidirk, *amoul dara*, c'est-à-dire rien ! Le nom de chaque électeur, écrit de sa main sur son bulletin, prouverait plus tard, s'il y avait lieu, que le vote a été absolument réfléchi et libre.

Croiriez-vous que l'ancien Lam Sidirk m'a fait faire des propositions déshonorantes ? Et cela par des gens qui ont la confiance du gouvernement ! Pour rester les maîtres de ce pays, ils ont osé me proposer de me vendre!... Moi, Jeandet ! moi, votre fils ! votre Abel !... Ils ont vu de quel bois je me chauffe. Mais j'ai gardé les preuves de cette indignité, ce qui, je crois, les ennuie fort.

Nous ne pouvons pas ne pas nous arrêter un instant ici pour faire remarquer que cette déposition du Lam Sidirk, au mépris des intérêts de ceux qui tentèrent d'acheter un administrateur français, est l'événement capital dans la carrière du Commandant. Ces intérêts lésés et humiliés ne lui pardonnèrent pas ; trois ans plus tard, après l'avoir enserré en un réseau d'intrigues et de machinations qu'il sentait confusément autour de lui, ils le conduisirent au guet-apens et armèrent le bras de son meurtrier.

On lit en effet dans les notes officielles du gouverneur Clément Thomas ce passage bien suggestif :

« Les chefs d'une grosse maison de Saint-Louis essayèrent d'influencer Jeandet. Le Lam Sidirk, qui jugeait probablement tout le monde d'après son niveau moral et celui de quelques-uns de ses souteneurs, fit offrir à Jeandet une forte somme d'argent et de riches cadeaux s'il voulait bien ne pas s'opposer à sa réélection. Inutile d'ajouter, pour qui connaissait Jeandet, que toutes ces insinuations furent repoussées avec mépris. Se doutait-il, ce noble cœur, qu'il venait de s'attirer des haines à

Saint-Louis et dans le Toro, des haines qui ne devaient pas désarmer ? Mais l'eût-il su qu'il n'aurait point hésité davantage. »

La fin de la lettre où il raconte avec un si bel accent de loyauté un acte, dont les efforts faits auprès de lui pour l'empêcher lui révélaient l'importance et le danger, contient des détails familiers sur ses sentiments et sur sa manière de vivre que le lecteur nous saura gré de reproduire.

... Dimanche, je fêterai, loin de vous, hélas ! le premier de l'an avec le lieutenant, le major, mon interprète principal et le sergent ; repas intime pendant lequel nous boirons à l'avenir de notre France et de notre colonie du Sénégal, et à la santé de nos chers parents. Lundi, je m'attellerai à mon rapport au Gouverneur, ce qui n'est pas une petite affaire [1], et il est probable que, mardi soir ou mercredi matin, je partirai pour une tournée dans l'intérieur... Mais tout cela ira vite, et après... eh bien ! dame ! après, vogue vite la galère qui m'emportera !... En attendant, les nouvelles que j'ai à vous envoyer sur mon compte sont très bonnes. Le matin, je me lève au réveil des hommes et, accompagné de Matala, mon ordonnance, et du fils du grand chef des quatre villages Eliman Baba, je pars en chasse jusqu'à sept heures environ. Je reviens rarement bredouille, car le gibier, gros et petit, foisonne. Je déjeune d'un verre de café noir et d'une tranche de pain. J'entends mes administrés jusqu'à onze heures ; alors je déjeune solidement ; puis je fais ma promenade hygiénique dans les couloirs et, après la sieste, de deux heures à cinq heures, palabres et correspondance officielle ; de cinq à six, excursions dans les environs, puis souper, promenade sur l'*argamas* après souper, rentrée chez moi, travail et correspondance personnelle jusque vers onze heures, et enfin repos avec un sommeil d'enfant jusqu'au lendemain...

Plus Abel Jeandet voit, par sa propre expérience, ce que peut faire un homme énergique et dévoué dans le maniement des affaires publiques, plus il souffre et s'indigne de se heurter à l'indiffé-

---

1. On trouvera ce rapport, qui est une page importante de l'histoire de notre colonie, reproduit dans ses parties essentielles à la fin de ce volume.

rence des uns, à l'impéritie des autres, aux susceptibilités et aux jalousies de la vanité, aux résistances et aux attaques de l'intérêt personnel. On lui a fait espérer la croix de la Légion d'honneur, et il l'espère, mais il l'espère sans grande illusion ; s'il n'est pas sans exemple qu'on obtienne ce qu'on mérite, nombreux sont les exemples des cas où on ne l'obtient pas ; il le sait bien, lui qui n'est pas encore officier d'Académie [1]. Cela donne parfois quelque amertume à son langage, et il ne se gêne pas, dans le privé de sa correspondance familiale, pour dire ce qu'il pense des choses et des hommes du temps. Il est de notre devoir strict de biographe de ne pas dissimuler ce côté plus qu'un autre du carac- tère de notre héros, et nous le ferons d'autant moins qu'il est permis à tout lecteur d'appliquer aux opinions du Commandant Jeandet la mesure des siennes propres.

Il écrit, le 13 janvier 1888 :

... Tout marche ici. Le Fouta Toro est tranquille et les Peuhls qui avaient émigré dans le Nioro, commencent à revenir. Ce que j'avais prédit se réalise. Cette émigration .n'était pas provoquée par une action religieuse, mais simplement par les vols continuels du Lam et de certains chefs. Mais il faut mâcher la bouchée pour que, dans les hautes régions, on se décide à *défaire son siège*. Que d'abbés Vertot !

... Et puis, cela était si simple ! Un pays se dépeuple. Pourquoi rechercher les causes vraies, — ce qui pourrait créer des ennuis, contrecarrer les idées de gens fort bien casés, etc., etc. ? Vite, une bonne lettre au Ministre ! Propagande religieuse, cela dit tout, explique tout et le reste. Malheureusement, il y a une toute petite difficulté, que Paris ne connaît pas et que Saint-Louis ne connaît guère mieux ; c'est qu'une propagande religieuse mahométane ne peut pas sérieusement avoir d'action sur des populations fétichistes. Il est vrai qu'on ne peut pas raisonnablement demander que des hommes aussi forts et aussi habiles que la plupart de ceux que la *vox populi* jette aux affaires, s'abaissent jusqu'à comprendre des choses aussi claires. A ces hautes

---

1. Allusion à la croix de la Légion d'honneur, pour laquelle il était porté.

intelligences il faut de grands problèmes : ce n'est pas trop que la négation de Dieu !

Pour en revenir à nos moutons, je n'ai plus qu'à régler l'affaire des gens d'Aéré ; cela prendra une quinzaine ; ensuite viendra le Djoloff, et ce sera tout. Je pense qu'à ce moment j'aurai obtenu ce que j'attends, et je vous reviendrai... enfin ! Mais que voulez-vous espérer avec des ministres qui changent tous les jours ? Sept ministres ou sous-secrétaires d'État aux colonies depuis quinze mois ! Que diable voulez-vous qu'ils fassent ? Comment connaître les hommes ? Comment même lire les rapports et les états de propositions émanant d'autre part que du député dont le vote est nécessaire pour garder le cabinet d'un naufrage ? N'était ce beau ciel, votre affection, mes espérances et ces populations, si faciles à conduire lorsqu'on les connaît comme moi, je verrais tout en noir...

Mais il réagit contre ces impressions et se passionne pour la voie où il marche, quelque dure qu'elle soit. Sa lettre se termine sur ce ton, en réflexions philosophiques mêlées à des protestations de tendresse, jusqu'au post-scriptum où il fait savoir qu'il a reçu la visite de Sidi Ely, le roi des Maures Bracknas, un brave garçon qui lui apporte un chat-tigre et une gazelle et lui a promis un jeune lion. Il promet de son côté à sa mère de laisser toute cette ménagerie derrière lui, à l'exception de Mademoiselle Boubou, singesse « *épatante* » dont il veut faire hommage à « maman ». Le lionceau ne tarde pas à lui arriver ; il l'appelle le jeune Leo, comme il convient, proclame avec une certaine fierté qu'il a le plus mauvais caractère et le fait figurer dans un groupe photographique destiné à Verdun [1].

Dans l'intervalle, il avait mené à bien une opération délicate. Un agent du Sultan de Segou, Boubakar Baïdi, faisait de la propagande anti-française dans le Fouta Toro. Tout en surveillant les agissements de cet être nuisible, il demanda au Gouverneur la

---

1. Lettre du 2 février.

permission de le *cueillir* dès qu'il en trouverait l'occasion. L'autorisation obtenue avec recommandation d'être prudent, le commandant monte à cheval et se lance sur la piste de Boubakar Baïdi, qui, ayant eu vent de quelque chose, s'enfonçait précipitamment dans l'intérieur. Il était trois heures du matin quand il parvint à le rejoindre, après une terrible chevauchée, grâce à sa belle et brave jument Aïssa. Il était arrivé à Boumba, à environ 400 kilomètres de Podor, « en plein pays des sauvages et des lions ». « Je gagnais du terrain et n'étais plus qu'à une portée de mousqueton du fuyard, dit-il, lorsqu'il tourna bride et crut à propos de me lâcher en pleine poitrine (du moins il pouvait le croire) deux coups de feu qui ne m'ont pas atteint. Comme c'était absolument son droit, je ne lui en ai pas fait plus mauvaise figure et me suis contenté de l'amener à Podor, où il réfléchit sur le *sable sec* des cachots ».

Nous avons déjà parlé de la sympathie d'Abel Jeandet pour les animaux. Il en était de ceux-ci comme des nègres ; ils se sentaient aimés et compris, et ils le reconnaissaient en lui donnant tout ce qu'il demandait d'eux, et même quelque chose de plus. Cette jument Aïssa, à laquelle le Commandant est heureux d'attribuer en partie le mérite de la capture de Boubakar Baïdy, était fort intelligente et avait pour son maître un attachement dont elle donnait, à l'occasion, des marques irrécusables. Si celui-ci, après une longue course, désirait s'étendre à l'ombre et se reposer, il lui laissait la bride sur le cou et il n'y avait pas de danger qu'elle s'écartât. C'est là, d'ailleurs, un trait qu'elle avait de commun avec beaucoup de chevaux de selle bien habitués à leur cavalier. Mais si le Commandant prolongeait sa sieste, le silence et l'immobilité de ce corps étendu l'inquiétaient. Elle commençait par tourner doucement et délicatement autour de lui, approchant sa tête de la sienne et lui envoyant à la face,

comme pour le ranimer, le souffle de ses naseaux ; puis l'immobilité persistant, elle ne gardait plus de mesure ; elle saisissait son maître par la manche, le secouait rudement, se tournait
du côté du vent et poussait des hennissements lugubres et pro-
longés. Jeandet, qui s'amusa plus d'une fois de cet exercice, se
levait alors vivement en disant : Aïssa! La joie de la bonne bête
s'échappait un instant en gambades et en bonds désordonnés ;
mais bientôt elle revenait à son maître, se baissait, pliait les
genoux pour lui permettre de sauter plus facilement en selle,
et, s'il l'en laissait libre, le ramenait dans une course folle au
fort de Podor, qui lui semblait, sans doute, un lieu de protection
et de sûreté.

Les mois de février et d'avril s'écoulèrent au milieu d'événements qu'il ne serait pas impossible de reconstituer, tout au
moins dans leur aspect général, mais qui n'ont pas laissé de
traces dans ce que nous connaissons de la correspondance du
commandant Jeandet. Une note laconique nous avertit que la
discrétion professionnelle interdit au jeune et brillant administrateur de communiquer ces événements même à sa famille. Nous
savons cependant que des Inspecteurs généraux vinrent au Sénégal en mission extraordinaire, que cette mission, à la tête de
laquelle était l'Inspecteur général Espent, et qui prit fin le 2 mars,
eut besoin de la présence à Saint-Louis de Jeandet, lequel dut
quitter momentanément Podor, et qu'à la date du 24 février,
l'Inspecteur général Espent écrivait au Gouverneur de la colonie :

Monsieur le Gouverneur,

La présence à Saint-Louis de M. l'Administrateur Jeandet ne m'étant
plus nécessaire, j'ai l'honneur de le remettre à votre disposition.
Peut-être jugerez-vous avec moi que cet administrateur pourrait être
utilement employé comme Résident dans le Cayor, pour y remplacer

M. Laüde[1]. J'ai pu constater, lors de ma récente tournée, que M. Jeandet avait laissé une excellente impression dans l'esprit des populations indigènes du N'Diambour, où il a rempli autrefois les fonctions de Résident.

Sauf une lettre exclusivement consacrée à des souvenirs et à des effusions familiales, écrite à Saint-Louis le 7 avril, nous ne trouvons, dans toute cette période, qu'un court billet daté de N'Diathal, dans la banlieue de Podor, le 15 avril, et qui ne contient guère que cet amusant passage :

... Je viens de me faire fabriquer une table par un magnifique noir, qui parle français comme vous et moi. Comme je m'en étonnais, mon interprète, après avoir été aux renseignements, m'informa que le dit *gentleman*, ancien brigadier de tirailleurs sénégalais, a appris notre langue à Toulon, où il a passé cinq ans pour avoir placé son couteau tout ouvert dans la poitrine d'un de ses camarades de régiment, au lieu de le mettre raisonnablement dans sa poche. Comme ses antécédents militaires étaient fort bons, que son adversaire d'une minute est revenu de sa saignée, que sa conduite à Toulon était excellente, on lui a donné sa grâce et permis de revenir dans son pays. C'est aujourd'hui un menuisier habile et un de mes chefs les plus distingués. La justice des hommes lui a été relativement légère ; puisse-t-il en être de même de celle du Prophète ! ...

La correspondance régulière, autant que la distance, les circonstances, les départs des courriers et des bateaux le permettent, reprend à partir du 1er mai. Le commandant a rejoint son poste à Podor, et il a de nouveau à lutter contre les plaintes et les objurgations maternelles, qui se font de plus en plus pressantes. A Verdun, on traîne des « journées languissantes » ; on « mange

---

1. Le Résident général dont la nomination au Cayor avait empêché Jeandet, à son arrivée au Sénégal, d'accepter le commandement du Cercle de Thiès ; voy. ch. II, p. 523. Il venait d'être destitué. On se souvint de cette recommandation de l'Inspecteur général Espent lorsque le Commandant revint de son congé.

sans faim, on boit sans soif en regardant sa place vide ». N'a-t-il pas assez, tantôt pour une raison, tantôt pour une autre, remis au lendemain la réalisation de leur espoir ? Les mois succèdent aux mois, et il n'a pas encore fixé la date irrévocable du retour. Il a fait à Podor plus qu'il n'avait à y faire. Rien ne le retient plus. N'a-t-il pas écrit qu'il pouvait partir dès qu'il le voudrait ? Que ne part-il tout de suite ? Qu'il se hâte, ou l'âge, la maladie, le chagrin pourraient faire qu'il arrivât trop tard!

Nous ne reproduirons pas toutes ses réponses ; ce serait s'attarder à des redites. Elles sont toutes ce qu'elles doivent être, respectueuses et tendres, mais fermes et d'autant mieux péremptoires qu'elles s'appuient sur des sentiments généreux. « A distance, leur dit-il entre mille autres choses propres à les convaincre, on envisage mal les situations et les événements ; l'impossibilité où l'on se trouve d'échanger de vive voix ses idées, ses vues, ses appréciations, est presque toujours une source d'erreurs. Il est indispensable dans ce cas, lorsque, comme nous, on a confiance les uns dans les autres et qu'on connaît absolument le but vers lequel tendent les efforts communs, de laisser à celui qui est sur le terrain le soin de la lutte et de la manœuvre.

... Je suis, moi, sur le champ de bataille ; mon rôle consiste à m'y bien conduire, à ne le quitter que lorsque j'aurai accompli tout mon devoir et que j'aurai assez de titres pour mériter pleinement l'estime, la confiance, les éloges de mes supérieurs et les récompenses légitimes que j'ambitionne ».

Cependant il commence sérieusement ses préparatifs de voyage. Il fait envoyer à son père ses économies, déposées entre les mains du Secrétaire des affaires politiques, lequel accompagne son envoi d'une lettre (20 mai) donnant l'assurance que « M. Jeandet reviendra sous peu prendre de nouveau son poste aux Affaires politiques », mais ajoutant : « Je crois qu'il cherchera avant la fin de l'année à aller vous embrasser tous les deux, ce que je lui souhaite de tout mon cœur ». On y remarque aussi cette phrase : « Il se porte toujours à merveille et serait désolé de savoir que vous êtes inquiets à son sujet » ; ce qui montre que la sollicitude de ces excellents parents était dès lors assez alarmée pour chercher à puiser des renseignements ailleurs qu'à la source directe.

Quelques jours auparavant (15 mai), il les prévenait qu'il venait de préparer pour eux une caisse de bibelots, contenant, entre autres choses, une peau de lion, présent de ce Lam Toro qu'il avait fait nommer Amady Notago, et il regrettait l'absence des dents et des griffes que « ces gredins de noirs arrachent pour s'en faire des *gris-gris* ». Cette lettre, où il se montre « très content et très touché » de la déférence envers lui du roi des Maures Trarzas, Oumar Saloum, qui, venu pour épouser une fille du roi des Maures Bracknos, lequel relève de son commandement, a voulu formellement le saluer et lui faire part de son mariage, contient, en outre, un passage que nous transcrivons textuellement, car il a la valeur d'un témoignage historique :

... La colonne du haut fleuve commence à descendre. C'est pitié de voir ces malheureux. Et tout cela... pour faire pousser de la graine d'épinards et pour occuper la galerie ! Jusqu'à présent on n'a obtenu aucun résultat important. Notez que je ne préjuge pas de l'avenir ; et nous avons, certes, des officiers d'une réelle valeur. Mais quand je lis les journaux où l'on parle du haut fleuve, cela fait pitié, car la plupart des faits qu'ils racontent sont faux et inventés à plaisir. Ce qu'il y a de vrai, se sont les sommes énormes dépensées pour ces expéditions lointaines, et l'état déplorable dans lequel reviennent les hommes qui en font partie...

Le langage vigoureux et franc d'Abel a remonté le courage du docteur et même de Mme Jeandet, et le ton de la correspondance s'en ressent. C'est toujours le voyage, les conditions dans lesquelles il se fera, sa date probable, les joies du retour et de la réunion qui en forment le thème persistant. Mais l'allure est plus gaie et le jeune homme s'en prévaut pour plaisanter à cœur que veux-tu.

Et l'*Histoire de Verdun* ? demande-t-il à la fin de sa lettre du 10 juin. J'ai vingt-cinq louis en réserve à la disposition de mon père le jour où il m'écrira : — « Je donne le premier chapitre à l'impression », — à condition qu'il dédie son histoire *aux Français des trois ordres : Nobles, Prêtres et Vrai Peuple*, à ceux qui ont contribué de leurs biens et de leur vie à l'honneur du pays. Mais rien de rien à tous ces révolutionnaires, qui m'ont tout l'air d'anarchistes en herbe, et qui ne travaillent que pour satisfaire leur ambition et leurs appétits. Nous ne sommes pas issus de ces gens-là, mais du bon peuple travailleur, honnête, courageux, patriote, intelligent, capable de belles actions et de grands dévouements. Je préviens mamipapa que, s'il ne se dépêche pas, j'aurai fait l'histoire du Sénégal avant qu'il ait écrit celle de *touti* Verdun. Fi le vilain ! Et dire qu'il a un soleil bienfaisant, une compagne aimée, un fils aimant, son pays, des arbres, des fleuves, des oiseaux, et le ciel de Bourgogne ! « Tu dors, Brutus ! »

On ne s'étonnera pas qu'au bout de cette boutade, très patriotique mais de forme un tantinet irrévérencieuse, Abel Jeandet éprouve le besoin d'assurer son père et sa mère non seulement de son amour, mais de son « profond respect ».

Il revient aussi souvent sur la situation qu'il s'est acquise au Sénégal et qu'on ne peut guère se figurer, dit-il. Il n'en finirait pas s'il voulait tout raconter. Podor est devenu un centre depuis qu'il y est. Il n'en ressent point d'orgueil, mais il est heureux de voir l'estime et l'affection qu'on lui témoigne. Se faire aimer et respecter, n'est-ce pas faire aimer et respecter la France ?

Un exemple irrécusable de cette affection et de cette estime qu'il inspire c'est la lettre suivante, par laquelle le Bour du N'Diambour annonce au Commandant, avec autant de pompe de langage que le « petit nègre » en comporte, qu'il a donné le nom de Jeandet au fils qui lui est né.

Louange à Dieu l'unique !

Il ne doit exister d'autre règne que le sien. Dehors de son règne tout est vain.

Après ceci, salut et respects complets de la part d'un ami à son ami, d'un aimable à son aimable, c'est-à-dire de la part du Bour N'Diambour, Ibrahima N'Diaye, de l'Ardo Amadhou Moktar, du Cadi du Bour, de Desemba la femme du Bour Ibrahima, celle qui donné le nom de toi Jeandet à son fils : le Serigue Maka, le Serigue Louga et tous les notables du N'Diambour, à celui que Dieu a élevé au-dessus de tous les blancs : celui-là, c'est le Commandant Jeandet, qui est à Podor.

Le but de cette lettre est de te faire savoir que mon fils, appelé Jeandet, est venu au monde bien portant, grâce à Dieu, et aussi de te faire savoir que nous désirons beaucoup que tu reviens ici, à cause de ta bonne administration, de ton bon commandement, de ta bonne représentation. Nous désirons nous tous demander pour que tu reviens auprès de nous, à cause de ta bonté sur nous. Toi, Monsieur Jeandet,

SALUT !

Cette consécration par le nom, d'un nouveau-né noir à un homme blanc est un fait sinon unique, du moins extrêmement rare dans le monde africain.

Au 1ᵉʳ juillet, le Commandant de Podor est plus que jamais accablé de travail : rapports presque journaliers sur la violation des lois de quarantaine ; rapports sur les avantages et les désavantages de la liberté du commerce dans le fleuve ; opérations du recensement pour l'impôt personnel et avis à donner sur la suppression ou le maintien de l'*Assaka*, qui est une taxe payée aux chefs indigènes par les habitants des villages, sans compter « tout le train-train, tout le courant, qui hache et augmente la besogne ». Il part pour Paté Gallo, village situé à soixante-dix kilomètres de Podor, pour une expédition dangereuse et délicate, au moment où il vient d'apprendre que le frère de son père, son oncle Amédée, pharmacien à Verdun, est si gravement malade qu'on craint pour ses jours.

Au retour, le 13 juillet, il annonce à ses parents qu'il est allé « enlever au milieu de son village un individu, qui, ameutant la population, avait tiré et fait tirer sur un détachement de spahis, et l'avait obligé à se rembarquer précipitamment ». Il a cueilli le « lascar » dans sa case à trois heures du matin et tout va bien.

On aimera à lire un récit plus détaillé de cette expédition difficile et bien menée. Voici comment le gouverneur Clément Thomas, qui arriva au Sénégal lorsque le souvenir en était tout frais, l'a relatée dans ses notes officielles.

« Quelque temps après la destitution de Boubakar Sidirk, Jeandet avait eu une mission périlleuse à remplir. Il s'agissait d'aller arrêter au milieu du village de Paté Gallo un nommé Edy, traitant de Saint-Louis, qui, quelque temps auparavant, avait ameuté les habitants du village contre un petit détachement de spahis et les avait déterminés, donnant l'exemple lui-même, à tirer des coups de fusil sur nos soldats. Il était audacieux de procéder à l'exécution du mandat d'amener dans les conditions où se trouvait placé le commandant Jeandet : sans troupe, sans gendarmerie, sans police même, il n'avait à compter que sur son courage, son énergie, son adresse. Jeandet, sans hésitation aucune, sans présenter la moindre observation, sauta immédiatement à cheval, accompagné de son interprète et de quelques indigènes de bonne volonté. Par une marche forcée qui fut extrêmement pénible à cause de la chaleur qui s'ajoutait aux pluies torrentielles de l'hivernage, sans s'être arrêté autrement que pour faire souffler et boire un peu les montures, sans prendre lui-même de nourriture, il arriva au milieu de la nuit à Paté Gallo. Après avoir fait reconnaître les environs du village, puis le village lui-même par un des hommes qui l'accompagnaient et dont la présence toute naturelle ne pouvait donner l'éveil, Jeandet entra lui-même, le sabre à la main, le revolver au poing, et se rendit tout droit à la case du chef du village, qu'il obligea à lui montrer l'endroit où habitait Edy. Au milieu des gens de la case, qui commençaient à se réveiller en grommelant, Jeandet saisissant Edy par le bras, le força à se lever et à marcher devant lui, en lui déclarant qu'au moindre cri, au moindre mouvement de fuite, il lui brûlerait la cervelle. Quelques minutes après, on était hors du village et on avait rejoint le petit groupe de cavaliers d'escorte. On se remit aussitôt en selle pour éviter une poursuite des gens de Gallo Paté, qui, réveillés et prévenus par le chef, pouvaient essayer de reprendre le prisonnier, et l'on ne s'arrêta que deux heures plus tard, après le passage d'un marigot. Hommes et bêtes, rompus par la fatigue, avaient le plus grand besoin d'un instant de repos et d'un peu de nourriture ».

Un autre incident l'appela bientôt à quelque quatre-vingts kilomètres en amont du fleuve, à Serpoli, où les Ouled Hamat, tribu des Maures Bracknas qui reconnaissaient le protectorat français, avaient pillé un chaland de commerce et blessé les cinq hommes de l'équipage. Son premier acte fut de mettre la main sur un fils du roi des Bracknas et sur six princes de sa famille, qu'il garda comme otages et gages de soumission pendant son enquête et jusqu'à ce que l'affaire eût été réglée à sa satisfaction...

Il était à Serpoli lorsqu'il apprit la mort de son oncle, Amédée Jeandet.

... Ce coup m'a été des plus pénibles, écrit-il le 25 juillet... Vous savez combien j'aimais mon oncle, et la pensée que je ne le retrouverai plus au retour m'est extrêmement douloureuse... Je n'oublierai jamais avec quel élan d'âme, avec quel dévouement fraternel, il nous aidait à soigner mon père pendant sa dangereuse maladie... Je vais, aussitôt rentré à Podor, écrire à mes pauvres cousines. M'associer à leur douleur est tout ce que je puis faire. Quelle consolation, du reste, peut-on donner lorsque le cœur vient d'être brisé par la perte d'un être chéri ? Le temps et la résignation sont des mots ; on aime toujours ce que l'on a aimé, et il est des pertes dont on ne se console pas...

Ces quelques mots, si émouvants et qui pénètrent si avant dans les retraites cachées du cœur, la pauvre mère restée sans époux et sans fils se les répète chaque jour, et ce lui est une douceur dans son infortune que de pouvoir, en intime communion avec ses chers morts, exprimer par les paroles mêmes de son enfant sa douleur inapaisable de l'avoir perdu.

L'oncle Amédée Jeandet ne laissait pas que des filles ; il laissait un fils, jeune homme intelligent, mais qui ne semblait pas en voie de se créer un bien brillant avenir. On verra bientôt qu'Abel Jeandet ne se contenta pas de pleurer avec ses cousines, mais qu'il tendit à son cousin une main fraternelle et l'aida de son mieux.

Dans une des dernières lettres qui précédèrent son « départ pour France », datée du 7 août, il explique qu'il a laissé passer un courrier sans écrire, bien que ce fût sa fête et qu'il eût reçu les deux lettres de ses parents qui la lui souhaitaient, parce qu'il s'était luxé le pouce — il ne dit pas comment — et qu'il voulait avoir retrouvé toute la dextérité de ce doigt qui tient et dirige la plume. « J'aurais eu beau vous dire et vous redire : — simple foulure sans importance ! Ah ! bien, oui ! si l'écriture n'avait pas été régulière, je vois d'ici maman chérie se mettre martel en tête, et le père, malgré ses efforts pour la rassurer, se trouver peut-être lui-même gagné par ses craintes. »

Le 21, il prie ses parents de ne plus lui écrire à partir du 5 septembre, car il est probable que leurs lettres ne le trouveraient plus. Décidément le grand moment approche. Le gouverneur vient de le mander à Saint-Louis pour lui offrir le gouverne-

ment général du Cayor, du N'Guick et du N'Diambour. Mais il
faudrait s'installer, ce qui retarderait encore le départ. Il refuse
donc, pour le moment du moins, car il a la promesse qu'à son
retour cet immense gouvernement lui sera confié. A Podor, il a
pour remplaçant provisoire le Dr Rabère, et il quitte le fort pour
une dernière mission. Le 11 septembre, cette mission terminée,
il est à Guédé, à 35 kilomètres de Podor, où il s'arrêtera quelques
jours pour procéder à l'interrogatoire de quatre ou cinq individus compromis dans l'affaire de Paté Gallo, interrogatoire dont
le Président du tribunal de Saint-Louis l'a chargé. A ce moment
il prévoit qu'il pourra partir de Saint-Louis le 26 et arriver à
Verdun le 8 ou le 9 octobre. Sinon, il partira le 6 octobre et
arrivera le 18 ou le 19.

Mais ses désirs, cette fois encore, allaient plus vite que la réalité. Il ne put revenir à Saint-Louis que le 30 ; il lui fallait encore
entrer à l'hôpital et passer devant le conseil de santé, pour obtenir un congé de convalescence, qu'il savait qu'on ne lui refuse-
rait pas en souvenir de sa fièvre bilieuse de naguère, et surtout
parce que tout le monde avait à cœur de lui être agréable.
C'était chose importante : le congé administratif ordinaire ne
lui aurait donné que deux mois, tandis que le congé de convalescence lui en donnait trois, et pouvait être renouvelé avec la
solde de France.

Cependant Mme Jeandet, d'autant plus alarmée et impatiente que la fin de sa longue attente approchait, écrivait au
député du Sénégal M. Alfred Gasconi, pour le prier de s'enqué-
rir si tant de retards successifs ne cachaient pas une maladie ou
une blessure. Le 21 octobre, le député lui répondait : « Je viens
de recevoir aujourd'hui même des nouvelles de votre cher fils
par le Gouverneur. Il quitte Podor et doit être à Saint-Louis,
s'apprêtant à venir en France. Vous le verrez bientôt, en bonne
santé, j'espère. »

Il s'en fallut de peu que le fait ne démentît cette espérance, poliment formulée. Entré bien portant à l'hôpital, le 2 octobre, Jeandet y fut pris d'accès de fièvre violents. Ils lui durèrent plus de trois semaines, de sorte que ce n'était plus un certificat de complaisance qu'il réclamait. Enfin, le 29, il pouvait écrire à ses « bien chers amis » :

Depuis cinq jours tout est fini. J'ai passé le conseil de santé et j'ai un congé de convalescence de trois mois. Je quitterai Saint-Louis le 5 novembre, m'embarquerai le 10 à Dakar, sur *le Niger*, serai le 18 à Bordeaux et le 20, à 4 heures et demie du soir, dans vos bras. Préparez mon nid ; l'oiseau viendra bientôt s'y abriter et redormir près de vous le bon sommeil des jours heureux

Le 13 novembre, un télégramme de Lisbonne arrivait à Verdun, en annonçant un autre de Bordeaux, qui parvint le 18, ainsi conçu : « Affaires réglées. Pars train onze heures. »

On devine l'agitation, où l'inquiétude l'emporte encore sur la joie, qui s'empara du père et de la mère et ne les quitta pas durant ces quelques jours. « Le matin, dit Mme Jeandet, j'aurais voulu être au soir ; la nuit, j'attendais avec impatience le matin ».

Elle a retracé la scène de la réunion, sur le quai du chemin de fer, en des termes d'une émotion et d'une vérité que l'on sent délicieusement venir du cœur et que nous ne pouvons mieux faire que de reproduire.

« Le 20 novembre, bien avant l'heure de l'arrivée du train, nous étions, le père et moi, à la gare. Nous ne pouvions rester en place. Malgré le froid humide et pénétrant, nous regardions sans cesse sur la voie. Il nous semblait par là faire accélérer le mouvement de la machine et arriver plus vite le convoi qui nous ramenait notre bien aimé fils. A ma joie se mêlaient des terreurs folles, que je n'osais communiquer, mais qui envahissait mon pauvre cœur maternel. S'il n'était pas dans le train ! S'il lui était arrivé un accident en route ! Si le train avait déraillé ! Si j'allais le voir descendre malade, épuisé par deux ans de colonies, n'ayant plus que le souffle !... Malgré le vent glacial, je sentais la sueur et l'angoisse perler à la racine de mes cheveux. J'avais la gorge serrée au point de ne pouvoir prononcer une parole. Il faut avoir passé par de semblables émotions pour les comprendre.

« Enfin, à 4 heures 40 minutes, le train entre en gare. Nous nous précipitons à la portière des wagons. Rien ! rien ! toujours rien ! Nous nous regardons atterrés. Mais une voix chère et bien connue, partant d'un compartiment de première classe en tête du train, se fait entendre. — « Par ici, chers amis, me voilà ! » Et nous voyons s'élancer, gracieux, souple et bien portant, notre Abel adoré qui se jette dans nos bras et que nous couvrons de baisers. Je ne pouvais encore croire à mon bonheur. Je remerciais Dieu du fond de mon âme, et les saints du Paradis, que j'avais tant priés pour l'heureux voyage du cher bien aimé ! Quoi ! ce n'était pas un rêve ! Il était là, près de moi ! Je serrais son bras sous le mien ! Et puis quelle belle santé, quelle force, quelle ardeur ! On aurait dit, non qu'il venait de faire une longue et pénible campagne au Sénégal, mais une petite partie de plaisir dans nos environs. Ses fatigues n'avaient laissé aucune trace ; il était aussi jeune qu'au départ.

« — Enfin ! lui dis-je en franchissant le seuil de notre vieille maison. Je te tiens, je te garde, tu ne nous quitteras plus. — Chère mère, cher père, nous répondit-il, j'aime mieux vous dire tout de suite la vérité. Si, je retournerai. Je le dois, il le faut. Mais nous reparlerons de cela plus tard. Soyons tout au plaisir du retour et du revoir.

CHAPITRE VI

La réunion à Verdun. — Joie de famille. — Anecdotes. —Promotion. —
Nouvelles du Sénégal. — Nouveau départ.

« Je n'entrerai pas dans le détail de ces derniers jours de bonheur de notre existence. Nous ne pouvions nous quitter. Que les journées étaient courtes, mon Dieu ! On prolongeait longtemps les veillées, il est vrai, puis on allait reconduire l'enfant dans sa chambre, on l'embrassait, on se souhaitait bonne nuit... Nous n'avions pas plus tôt fait quelques pas de retraite que nous l'entendions accourir ; il avait encore quelque chose à nous dire. Il revenait nous embrasser afin de mieux dormir ! Tout était prétexte pour nous séparer le plus tard possible.

« Dans nos longues causeries, Abel nous racontait une foule d'épisodes de sa vie à demi sauvage, qui n'avaient pas trouvé place dans ses lettres, ou qu'il avait cru devoir nous cacher, dans la crainte de nous alarmer. J'en ai gardé un précieux souvenir. Il avait la parole facile, chaude, vibrante ; il mettait beaucoup d'entrain dans ses narrations ; la moindre chose dite par lui acquérait un charme particulier. »

Qui s'en étonnerait ? C'est une mère qui l'écoute et qui l'apprécie. Sa plume est trop inhabile pour essayer de redire ces anecdotes, ajoute-t-elle. Le joli tableau qui précède n'est pas pour nous persuader que sa modestie n'est pas exagérée. D'ailleurs elle n'a pu se tenir ; elle a rempli tout un cahier de ces chères réminiscences. Nous userons de notre privilège de biographe pour y puiser largement.

Sans avoir la passion de la chasse, Abel Jeandet, comme tous les bons tireurs, n'était pas insensible au plaisir d'un beau coup de fusil. Nous l'avons vu sortir de bon matin, quand il était à Podor, et rapporter du gibier pour sa table et pour la cuisine de ses hommes. En une autre occasion, il tue deux caïmans dont son escorte se régale.

C'était sur ces « gros lézards » qu'il avait exercé la première fois son adresse en Afrique. Dans une excursion de chasse qu'il fit dès les premiers jours de son arrivée à Saint-Louis avec le capitaine Minet, alors directeur des affaires politiques, et le lieutenant des spahis sénégalais Schaber, après sept heures de cheval qui l'avaient fort endommagé, car il n'était pas encore endurci à ces rudes chevauchées, il avait aperçu deux beaux alligators paresseusement étendus sur un bas-fond du fleuve, et il en avait visé un. L'eau se teignit de sang ; mais les deux monstres plongèrent et le blessé non plus que l'autre ne reparut. Il est probable, explique-t-il, que la balle, au lieu de pénétrer droit dans l'œil, seul point vulnérable, avait biaisé et brisé seulement la cavité orbitaire. Ce n'en était pas moins un beau coup de fusils et ses compagnons l'en félicitèrent fort.

Mais la chasse par excellence, celle qui met le mieux en jeu le courage, le sang-froid, la vigueur et l'habileté du chasseur, c'est la chasse au lion. Tout a été dit, et même répété, sur le lion. Que de voyageurs auraient pu s'épargner des descriptions souvent pénibles par un simple renvoi au *Buffon de la Jeunesse* ! Il n'en est pas moins vrai que tous les animaux se taisent à sa voix et lui cèdent la place. On cite des traits nombreux de sa générosité ou de son indifférence. Que ce soit l'une ou l'autre, Jeandet, une fois, en profita. Un jour qu'il se dirigeait seul vers un point de rendez-vous convenu avec son ami le Dr Rabère, il rencontra un de ces terribles fauves couché à la lisière d'un bois de fromagers. Son premier mouvement fut de retourner respectueusement sur ses pas et de faire un détour ; mais il s'aperçut que le lion le regardait fixement. S'il tournait le dos, l'animal s'élancerait sûrement derrière lui et l'issue de la rencontre dans de telles conditions n'était guère douteuse. Jean- det, téméraire par prudence, continua donc d'avancer, le doigt à tout hasard sur la détente de son fusil dont la charge n'était pas calculée pour un gibier de cette taille, et les yeux rivés sur les yeux du lion. Celui-ci était repu, sans doute, et ne deman- dait qu'à digérer tranquillement, car, sans attendre que l'homme passât à sa portée, il se leva, s'étira en bâillant et s'enfonça len- tement dans la forêt.

Une autre fois, l'entrevue fut plus mouvementée et bien près d'être tragique. « Je crois, Dieu me pardonne, disait le Com- mandant, que c'est la seule occasion de ma vie où j'ai eu vrai- ment peur. » Pendant son séjour à Podor, le chef d'un village assez éloigné lui envoya son fils, enfant d'une douzaine d'années, le prévenir que sa présence était nécessaire pour régler certains différends. Il fit aussitôt seller un de ses chevaux et partit sans escorte, car il allait chez un chef ami, dans un pays ami. Le che- val qu'il montait était une magnifique bête de race, nommée Diandolor, qu'il avait amenée du N'Diambour et dont il avait pu apprécier l'ardeur et l'intrépidité dans la campagne du Ripp. Ayant dévoré un certain nombre de kilomètres au galop avec l'enfant en croupe, il mit sa monture au pas pour la laisser souf- fler, ce dont le gamin profita pour descendre et jouer le long du chemin.

« Tout à coup, — ici nous le laissons parler lui-même, — l'enfant poussa un cri : —« Commandant, le lion ! », en accou- rant à moi de toute la vitesse de ses petites jambes. Au moment où je me baissais pour l'aider à remonter, mon cheval, qui s'était mis à trembler de tout son corps, poussa un hennissement rauque, pointa des oreilles et partit comme l'éclair. J'avais eu le temps de saisir le pauvre petit, mais non celui de le mettre en croupe, et je n'étais plus maître de mon cheval, complètement emballé. D'une main je tenais donc l'enfant suspendu, de l'autre la bride. Je comprenais que si Diandolor venait à s'abattre, nous étions perdus.

« Dans cette terrible position, je ne pouvais faire usage de mes armes ; le salut était dans la rapidité de la fuite, et je sentais, sans pouvoir me retourner pour m'en assurer, à l'épouvante de Diandolor qui sautait tous les obstacles qu'il rencontrait, brousse, fossés, ravins et trous, que le lion gagnait du terrain. Pour comble d'inquiétude, je m'apercevais que ma main qui soutenait l'enfant commençait à se raidir, à se crisper, à se paralyser même au point de me faire craindre à chaque instant de lâcher mon précieux fardeau, d'autant plus que son *boubou*, par lequel je le tenais suspendu, se déchirait peu à peu sous le poids du corps et dans les secousses imprimées par les bonds désordonnés du cheval. — « Tâche de me saisir par la cuisse !», lui disais-je. Il venait enfin d'y parvenir, lorsque j'entendis de grands cris suivis de coups de feu, et j'entrevis, dans ma course vertigineuse, des hommes armés courant en sens inverse, puis de grands feux, puis les premières cases du village. Le chef, venant au-devant de moi avec un certain nombre de ses hommes, avait aperçu le danger ; il s'était précipité à notre secours, nous étions sauvés ! Il était temps. Le lion n'était plus qu'à une faible distance ; mon cheval tombait épuisé, l'enfant s'était évanoui, et moi... eh bien ! moi, j'étais pâle comme un mort, couvert de sueur et frissonnant, et il me fallut un puissant effort d'énergie pour faire bonne contenance au milieu de ces hommes dont j'étais le chef et qui ne devaient surprendre en moi aucune trace de faiblesse. N'étais-je pas le Commandant? n'étais-je pas Français ?

« Vous devez comprendre, mes chers amis, la cause de ma

frayeur, c'est que le danger était derrière moi et non en face; c'est qu'il m'était impossible de faire usage de mes armes, c'est que je craignais de lâcher l'enfant que j'aurais été impuissant à défendre, n'étant plus maître de mon cheval, puis ce que je redoutais surtout, car Dieu sait ce qui me passait par la tête dans ces inoubliables instants, c'était de trouver, sous les dents du lion, une mort sans gloire et sans utilité pour mon pays. »

Non seulement Abel Jeandet, comme nous avons eu l'occasion de le montrer plusieurs fois, avait une culture et des goûts littéraires assez rares chez un administrateur, colonial ou non, mais il était extrêmement sensible aux spectacles et aux harmonies de la nature et s'élevait à la poésie en en parlant. Écoutez-le décrire son réveil sur cette terre sauvage, après qu'il s'était endormi aux terribles accents du lion rugissant seul dans le désert. Il ouvrait les yeux au son d'une musique mélodieuse et douce. « C'était la prière du matin de tous ces hommes primitifs, l'invocation à Dieu, sous la protection duquel ils mettaient la journée qui commençait.

« Rien n'était touchant, émouvant même, comme cette prière chantée, qui se répétait de village en village comme un écho. Que de retours sur mon pays, que de réflexions mélancoliques et de pénibles comparaisons j'ai souvent faits alors, à cette première heure du jour ! Combien de chrétiens, me demandais-je, ont oublié leur Créateur et n'ont jamais une pensée pour les choses immatérielles ! L'observance du culte est telle, parmi les populations indigènes du Sénégal, que les chevaux mêmes sont dressés à connaître l'heure de la prière. La première fois que je partis en expédition, accompagné de quelques centaines d'hommes, mon cheval tout à coup s'arrêta, ainsi que ceux de tous mes cavaliers. — « Qu'y a-t-il ? Que se passe-t-il ? » demandai-je à un chef qui était près de moi. — « Commandant, me répondit-il, c'est l'heure du *Salam*. Les hommes vont, avec ta permission, mettre pied à terre pour prier. Je descendis de mon cheval comme les autres, m'agenouillai, moi aussi, devant mon Dieu, et je crois que je n'ai jamais prié avec autant de dévotion et d'ardeur ».

Nous avons eu, au cours de ces pages, maintes preuves de la sympathie qu'Abel Jeandet ressentait pour les noirs, ces grands enfants avides de justice, qui feraient rarement le mal, si, au lieu de ne songer qu'à profiter d'eux, on voulait, avec désintéressement, prendre la peine de les diriger bien. Il était payé de retour, et chacun s'ingéniait à le lui montrer. Il aimait à nous conter, dit Mme Jeandet, comment on le recevait dans le village, lorsqu'il le prenait pour but de sa promenade du soir. C'est l'heure où l'on se réjouit bruyamment autour des cases. A son approche, les chants et les danses cessaient ; on voulait le saluer, l'entourer, lui faire honneur. Mais lui, d'un signe, engageait ces braves gens à reprendre leurs jeux. Il s'asseyait à l'entrée d'une paillote, pour les voir et les entendre. Alors c'étaient des concerts, des ballets où chanteurs et chanteuses, danseurs et danseuses faisaient à l'envi montre de leur talent. On dansait pour lui, on chantait pour lui. Il savait les remercier par un mot bienveillant, un compliment, une poignée de main. Il acceptait avec plaisir la calebasse de lait qu'on lui offrait comme rafraîchissement, goûtait au couscoussou préparé par les vieilles femmes, distribuait aux enfants, qui se pressaient en criant : *Touti ! touti !* (Petit ! petit !), des bonbons, des friandises, des sous, dont il avait rempli ses poches à leur intention. Il était remercié, acclamé, reconduit avec des manifestations d'affection et de joie, et il rentrait, le cœur content, heureux d'avoir fait des heureux.

Sachant l'influence qu'exercent sur l'imagination populaire les spectacles et l'apparat, et combien les nègres particulièrement en sont amateurs, le commandant Jeandet ne voulut pas laisser passer le 14 juillet sans le fêter dignement à Podor. Il demanda par télégramme quelle somme était allouée pour la célébration de la fête nationale. La réponse fut que le Gouverneur n'allouait rien. C'était peu, mais Abel Jeandet résolut de fournir le reste. Avec le concours enthousiaste des vingt hommes de sa garnison et le bon vouloir empressé des indigènes, des guirlandes de verdure, des arcs de triomphe décorèrent le fort, qui se pavoisa de tous ses drapeaux; un grand banquet, auquel le gibier et le bétail de la garnison fournirent les plats de résistance, fut servi sur une longue table dressée en plein air. Jeandet présidait, assisté du lieutenant et du chirurgien major. La garnison, mêlée aux chefs et aux notables indigènes, formait un nombre respectable de convives, et la cave du fort eut à fournir un sérieux contingent de brocs et de bouteilles. Après le repas, qui se termina aux lueurs de lanternes vénitiennes venues de Saint-Louis aux frais du Commandant, un feu d'artifice, de même origine et payé sur les mêmes fonds, porta au comble l'admiration et la joie de l'assistance.

Pendant que les fusées, soleils et chandelles romaines éblouissaient les yeux des noirs, leur bouche et leur estomac se délectaient des reliefs du festin, que Jeandet leur avait fait distribuer. Mme Jeandet les représente « s'associant à la fête nationale par leurs chants et leurs danses au son des tam-tams, charmés, entraînés, pour ne pas dire *enivrés* ».

Le bruit de ces magnificences et de ces splendeurs parvint à Saint-Louis, qui en fut surpris et émerveillé, en même temps qu'un peu jaloux. On peut croire qu'il ne manquait pas d'Européens, dans les bureaux et dans les comptoirs du chef-lieu, qui, ne sachant traiter les nègres qu'avec une impérieuse et avide brutalité, ne comprenaient pas qu'on pût se faire aimer d'eux. Ceux-là n'étaient pas loin d'en vouloir au jeune Commandant d'un succès qui les scandalisait parce qu'ils se sentaient incapables de l'obtenir.

C'est que Jeandet apportait, dans ses relations avec les noirs, non seulement un parfait esprit de justice, mais un sentiment de chaude cordialité que les blancs n'ont pas toujours, il s'en faut de beaucoup, vis-à-vis les uns des autres. Cette nature généreuse, toujours prête à rendre service, faisait de Jeandet le plus sûr des amis et le meilleur des camarades. Il y joignait une indifférence pour l'argent dont on abusa plus d'une fois. Jamais appel à sa bourse ne restait sans réponse, et il aimait mieux se mettre dans l'embarras que d'y laisser autrui. Ses parents s'en inquiétaient ; ils auraient voulu lui voir un peu de cet esprit de prévoyance et d'épargne si fort, et après tout si respectable et si utile, dans les vieilles familles françaises. Sa mère lui faisait parfois de doux reproches à ce sujet ; elle lui écrivit un jour : « Vraiment, mon pauvre ami, tu sèmes ton argent comme si ta poche était percée ». Accusation grave, dont il se défendit avec une bonne humeur relevée de dignité : « Non, chérie ; je n'ai pas la poche percée, mais j'ai la main ouverte. »

Cette facilité ne l'empêchait pas d'être ferme ; mais l'obéissance à ses ordres, qu'il exigeait entière et prompte, en était rendue plus agréable, et les noirs qui le connaissaient évitaient, moins par crainte que par une sorte de reconnaissance affectueuse, de mériter ses reproches ou d'exciter sa colère, car, s'il avait l'indulgence des forts, il n'était pas exempt de leurs mouvements de vivacité. « Vous allez voir de quel bois je me chauffe ! » s'écriait-il en ces moments-là. Et les bons noirs, effarés devant ce présage de la tempête, se répétaient les uns aux autres : « Tu sais, Jeandet y a bon bois, aujourd'hui ! »

Nous avons parlé plusieurs fois des relations amicales qu'il entretenait, de Podor, avec le chef ou roi des Maures Bracknas, Sidi Ely. Les Bracknas étaient alors soumis à notre influence, liés à nous par des traités, mais n'étaient ni nos protégés, ni nos sujets. Sidi Ely, prodigue de protestations d'amitié pour la France et de fidélité à ses engagements, était surtout avide d'argent. Il en avait reçu de certains gros traitants de la colonie, pour faciliter leur trafic sur le fleuve dont il commandait le cours en un point important, et pour en écarter ceux qui ne faisaient pas partie de cette sorte de syndicat ou *trust* illicite. Les traités l'obligeaient à garantir à tous les sujets ou alliés français la liberté du commerce sur le fleuve, et, en fait, il l'entravait en n'y admettant que ceux qui lui en avaient acheté le monopole par des présents.

Le commandant Jeandet, désireux de mettre fin à un état de choses inique et non moins préjudiciable aux intérêts généraux de la colonie qu'à ceux d'un grand nombre de particuliers, dont les marchandises et les caravanes ne pouvaient traverser en sécurité le pays de Bracknas, était allé, un beau matin, rendre visite à son grand ami Sidi Ely. Il fut accueilli avec de bruyantes marques de joie. Le roi lui donna le divertissement d'une chasse au lion et, pour confirmer et étendre l'influence commerciale française, l'emmena dans une tribu amie, sur les confins du Sahara. En même temps il donnait à son hôte toutes les assurances qu'il exécuterait strictement les traités désormais. Il n'avait pas grand mérite à le faire, puisqu'il était en possession des présents et qu'il redoutait son voisin de Podor, plus encore qu'il ne l'aimait. Ainsi s'appliquait dans un coin de l'Afrique le vieux proverbe picard que nous a transmis La Fontaine :

> *Tel cuide engeigner autrui,*
> *Qui souvent s'engeigne lui-même.*

Pendant son séjour au milieu de cette tribu saharienne, où le roi des Bracknas l'avait conduit en grande pompe, accompagné de toute sa suite, le Commandant remarqua la beauté de la fille du chef et en fit compliment à celui-ci, qui lui dit aussitôt : — « La veux-tu pour femme ? Tu me donneras mille bœufs et tu l'emmèneras ». — « Hélas ! fit le Commandant ; je ne suis pas assez riche. Je ne pourrais même pas t'en donner cinq cents ». — Mais le chef pensait qu'un troupeau de bœufs était peu de chose au prix de l'alliance avec le chef blanc de Podor, le « sultan juste », — car les indigènes commençaient à l'appeler du même nom qui jadis, en Égypte, fut donné à Desaix. — « Eh bien ! reprit-il, prends-là pour deux cents ! » — Le Commandant, courtois et prudent, se déclara au comble de ses vœux ; mais il lui fallait, s'empressa-t-il d'expliquer, retourner dans son gouvernement, où l'appelaient de graves et pressantes affaires. Dès qu'il serait libre de donner suite à leurs projets, il ne manquerait pas de revenir avec ses bœufs prendre livraison de la *diguenne* — ainsi s'appellent les vierges dans le Sahara. Mais il savait bien qu'il ne serait jamais libre.

En attendant et au moment où il allait partir avec son escorte de Maures Bracknas, il s'aperçut qu'il n'avait plus son portefeuille, souvenir de France auquel il tenait d'autant plus qu'il y gardait les dernières lettres reçues de Verdun. Comme il le cherchait, il le vit dans les mains d'un des fils du chef, qui n'eut pas l'air de comprendre qu'un futur beau-frère pût vouloir le priver d'un si curieux jouet. Abel Jeandet en appela à l'autorité du père de famille doublée de l'autorité du chef de la tribu, et un joli dialogue s'engagea entre le roi maure et le commandant français : — « Que veux-tu ! fit avec résignation le vénérable monarque. Ils sont tous si voleurs ! Ils me prennent tout ce que j'ai. — Possible. Ça, c'est ton affaire. Mais moi, je tiens à mon portefeuille, et je le veux! riposta Jeandet, péremptoire. — Si tu crois que c'est facile de le lui faire rendre ! Il n'y a qu'un moyen, c'est de lui faire couper la tête. Veux-tu que je lui fasse couper la tête ? — Que veux-tu que j'en fasse, de sa tête ? Qu'il la garde, mais qu'il me rende mon portefeuille ! — Ah ! ma foi ! arrange-toi avec lui, alors ; je n'y peux rien. » Et le vieux chef rentra tranquillement sous sa tente. Jeandet revint vers le voleur ; mais il ne fut pas long à se convaincre qu'il n'aurait son portefeuille qu'en le rachetant. Le jeune Saharien se montra, d'ailleurs, conciliant et consentit à le troquer contre un beau couteau.

Ce voyage, qui fut agrémenté au retour par un coup de simoun où toute la caravane pensa être ensevelie et étouffée sous le sable tourbillonnant, laissa une profonde impression dans l'esprit de Jeandet. Il vit la possibilité de traverser pacifiquement tout le désert en se faisant recommander de tribu en tribu, et en décidant les principaux chefs à se joindre à lui pour aller à Paris saluer le grand chef des Français. Sidi Ely, que ce projet enthousiasmait sincèrement, formerait, avec le chef saharien qui ambitionnait d'avoir le Commandant pour gendre, le noyau d'un cortège qui irait ainsi grossissant, de tribu amie en tribu amie, jusqu'à notre province d'Alger. « C'est moi, disait Abel à ses parents en leur exposant ce plan simple et hardi, c'est moi qui voudrais faire, avec tous mes sauvages, une fameuse et curieuse escorte au Président Carnot, pour son 14 juillet ! On recevrait grandement tous ces gens-là ; on leur offrirait des cadeaux ; ils s'assureraient par leurs yeux de la grandeur et de la puissance de la France, et ils repartiraient avec des ingénieurs, qui étudieraient le pays en vue d'établir une voie ferrée que les chefs indigènes seraient certainement les premiers à demander pour pouvoir facilement retourner à Paris. Et ainsi nous serions maîtres du désert, c'est-à-dire de l'Afrique et de ses richesses. »

Ce n'était pas là une idée en l'air. On a retrouvé, dans les papiers du Commandant, tout un plan soigneusement étudié, avec le tracé de la route à suivre, le nombre des chameaux et le détail des provisions jugés nécessaires, la liste des chefs bien disposés et des chefs hésitants ou hostiles, des lettres d'introduction et de recommandation auprès d'eux, et aussi cette lettre, sans date, du député du Sénégal, auquel il avait soumis son dessein :

> Mon cher Monsieur Jeandet,
>
> J'ai bien réfléchi, et peut-être trop longtemps, puisque ma réponse est bien tardive, au projet dont vous voulez bien me faire part.
>
> Une traversée du Sénégal en Algérie ou au Maroc par le désert est bien difficile et demande une longue préparation qu'il vous est, naturellement, impossible de faire. Je crois que votre projet aurait beaucoup plus de chances plus tard, soit en partant d'Algérie vers le Sénégal quand vos compagnons auront vu l'Exposition [1], la France, sa puissance, que vous aurez l'appui du Gouvernement et quelques subventions ; soit plus tard, en venant du Sénégal en France. Je crois le premier itinéraire, d'Algérie au Sénégal, le meilleur, le plus facile, et vous pourriez dans ce cas passer par Tombouctou. Tel est mon sentiment. J'aurais bien voulu causer avec vous sur ce sujet.
>
> Bien à vous,
>
> Alfred GASCONI.

Des encouragements de ce genre n'étaient pas faits pour hâter l'exécution d'une tentative qui, si elle eût réussi, eût relié amicalement, par la seule force de la persuasion amenant l'entente des intérêts, toutes les populations noires qui vivent entre les deux grands pays colonisés de notre empire africain. Quant aux chances de réussite, elles étaient toutes attachées à la personna-

---

1. Il semble qu'il ait, en consultant M. Gasconi, manifesté le désir de faire coïncider l'exécution de son plan avec l'exposition de 1889.

lité de Jeandet, à l'ascendant qu'il exerçait sur les noirs, à la réputation de bravoure et de loyauté qu'il s'était acquise autour de lui, et qui, de bouche en bouche, de voisin à voisin, se propageait au loin sur les deux rives du Sénégal et du Niger.

. La France a depuis réalisé une bonne part du rêve grandiose de Jeandet. Un chemin de fer va aujourd'hui de Kayes à Koulikoro, et il y a, ou il va y avoir, un service régulier de bateau à vapeur entre Koulikoro et Tombouctou, la ville naguère mystérieuse et redoutable, où la revue des troupes françaises le 14 juillet se passe maintenant avec la même solennité, toutes proportions gardées, qu'en notre bois de Boulogne. Mais de quels sacrifices de vie humaines et d'or n'a-t-on pas payé la possibilité d'arriver à ce résultat.

Il est permis de regretter, même en présence des magnifiques travaux de la Mission hydrographique du Niger, si énergiquement et habilement conduite par le lieutenant de vaisseau Le Blévec, qu'Abel Jeandet n'ait eu ni le temps ni les moyens d'appliquer sur un large champ sa politique, dont il avait déjà, dans une sphère restreinte, tiré si bon parti, et qui consistait à amener les indigènes à identifier leurs intérêts avec ceux de la France, à éprouver le besoin et le désir du progrès et à s'en faire eux-mêmes les agents.

Mais ces regrets seraient condamnés à être stériles, s'ils ne comportaient un enseignement et un exemple. Les exprimer, c'est recommander cette politique, dont plus d'un administrateur a entrevu plus ou moins nettement les vertus, mais qu'aucun n'a eu, jusqu'ici, la volonté ou le pouvoir de suivre décidément. Il n'y faut pourtant que trois choses : de l'intelligence, de l'application, et beaucoup de cœur. Il faut aussi, hâtons-nous de le dire, n'être pas gêné par la métropole.

Cependant le temps passait et le congé approchait de sa fin. La

famille Jeandet avait eu la joie de fêter en commun la promotion d'Abel à la première classe de son grade, distinction
demandée pour lui par ses chefs, avec d'autres dont nous avons
parlé et qu'il ne put attendre assez longtemps. Les témoignages
de sympathie et les félicitations qu'il reçut à cette occasion du
Sénégal ne furent pas moindres que ceux de ses amis de France.
On trouvera à la fin de cet ouvrage quelques-unes des lettres de
ses anciens administrés, qui intéresseront par les particularités
de leur rédaction autant que par les faits qu'elles relatent et les
sentiments qu'elles expriment, mais qui ralentiraient outre
mesure ce récit si on les y intercalait.

Il avait, du reste, été régulièrement tenu au courant des affaires
de la colonie par ses amis de Saint-Louis et du Fouta Toro. Un
interprète indigène de 1re classe, qui l'avait accompagné dans son
expédition contre Ali Boury, lui avait écrit, dans son style de
nègre instruit, que, le 9 novembre, un inspecteur était venu au
bureau des affaires indigènes à 2 heures de l'après-midi, et n'en
était sorti qu'à 9 heures du soir, et qu'après son départ, « le
commis dudit bureau ayant voulu se suicider, a tiré un coup de
revolver à sa personne chez lui, près de l'oreille, mais malheureusement il n'est pas mort sur le coup, on l'a fait rentrer immédiatement à l'hôpital. » Il ajoutait qu'il y avait sur cette affaire
« beaucoup de parti pris », et, dans une autre lettre, que le nouveau gouverneur, Clément Thomas, « semble un homme qui
nous faut », ainsi que le directeur des affaires politiques, M. Tautin, « qui est un homme intelligent, sachant bien diriger la
politique du pays, car il a constamment suivi votre chemin. »

Ces nouvelles, un peu confuses sous la plume de l'interprète
Ahmet Fall, devenaient plus claires, racontées par les camarades qu'avait Jeandet dans les bureaux du Gouvernement. Il y
avait eu, aux affaires indigènes, des détournements de fonds à

l'aide de faux dans les écritures ; l'enquête avait été conduite de telle façon qu'on n'avait pas découvert la vérité ; le jeune commis qui avait reçu un coup de revolver ne se l'était pas tiré lui-même ; mais si la rumeur publique désignait les coupables, on était décidé à ne pas l'entendre. On craignait, sans doute, « des révélations mettant en jeu certaines individualités », et l'affaire fut abandonnée. Il y eut cependant un résultat : Tautin, le directeur politique, supprima provisoirement le bureau des affaires indigènes, dont le chef se trouva réduit à la position d'administrateur sans fonctions. Nous ne le nommerons pas, n'ayant aucun bien à en dire. Deux ans près, lorsque le Fouto Toro, ce pays où Jeandet avait fait si bien accepter et aimer la règle française, se mit en pleine révolte, c'était ce même personnage qui en avait le commandement.

On se rappelle qu'une des plus graves et des plus délicates négociations menées à bien par Abel Jeandet avait été la déposition du Sam Toro, ou roi du Toro Sidirk, que ses exactions rendaient odieux à son peuple, et l'élévation d'un nouveau Lam Amady Notago. Le chef déposé avait à Saint-Louis — la chose paraît hors de doute — des protecteurs intéressés et puissants, qui n'avaient pas vu sans dépit disparaître, avec son autorité, une des meilleures sources de leurs bénéfices. Se sentant encouragé et soutenu, Sidirk n'avait cessé de s'agiter, de réclamer et d'intriguer contre son remplaçant. L'absence de Jeandet lui donnait le champ libre. Il en profita. Il vint à Saint-Louis avec tout un arsenal d'accusations contre Amady Notago, faisant agir ses amis, ses parents de la ville, amenant du Toro des mécontents qu'il avait suscités. L'interprète Abdoulaye Kane ne laissait rien ignorer de toutes ces démarches à l'ancien Commandant du Toro. L'affaire finit, d'ailleurs, cette fois, comme elle devait finir. L'administrateur Noirot, collègue et camarade d'Abel, le lui écrivit en ces termes :

... J'ai passé huit jours à Podor, avec le Dr Rabère, qui te remplace provisoirement. J'ai vu le Lam Toro. Ce que nous avons parlé de toi ! En partant pour Saint-Louis j'ai emmené le Lam, qui a été reçu par le Gouverneur avec canon et troupes. Le Lam ne pouvait plus parler, tant il était ému. Il est enchanté... Sidirk enfoncé. Question des impôts réglée suivant toute justice, ainsi que tu l'avais réglée toi-même. Bref, le Lam Amady Notago est reparti avec une autorité bien affermie...

On comprend facilement l'ardeur avec laquelle le Lam désirait le retour de son ami, « l'intelligent, l'honorable, le bienfaisant, l'honnête, l'incritiquable fils de deux respectables père et mère, Monsieur Jeandet, que Dieu allonge ses jours ! » Non seulement il lui écrivait lettres sur lettres, vantant les bienfaits de son administration et le suppliant de revenir ; mais il adressait ses missives à toutes les autorités, jusqu'au ministre, demandant partout, d'une façon à la fois comique et touchante, qu'on lui rendît son Jeandet.

Abel n'était pas homme à ne pas reconnaître et entretenir, de loin comme de près, une telle affection, pour intéressée qu'elle pût être. Il adressa de Verdun au Lam Toro une curieuse réponse, écrite dans le style et à la portée de son correspondant. Nous la citons dans l'appendice.

Nous aurions passé plus rapidement sur ces relations que Jeandet entretenait de Verdun avec le Sénégal, si les nouvelles que lui apportait sa correspondance et que nous avons signalées ne mettaient en évidence le vice profond dont souffrait alors — puissent les choses avoir changé ! — notre colonie, à savoir la corruption. Le commerce avec les indigènes, l'entreprise et l'exécution des travaux publics, la répartition et la levée des impôts, taxes et corvées, la nomination, dans les villages indigènes et ailleurs, aux fonctions ne relevant pas directement de la métropole, — le fléau s'étendait à tout, exploitait tout. Nous avons vu que les bureaux mêmes du Gouvernement à Saint-Louis n'en étaient pas indemnes. Et l'eussent-ils été, que l'Administration n'en eût pas moins servi, en bien des cas inconciemment et contre sa volonté la plus nette, d'instrument à ceux qui l'enserraient de leurs influences et de leurs intrigues intéressées. Le Gouverneur le plus intègre et le plus animé de l'esprit de justice, les administrateurs les plus probes et les plus vigilants ne pouvaient complètement échapper à ces trames ; quand ils avaient pris telle ou telle décision, après enquête et étude aprofondies, certains de n'avoir obéi qu'à des considérations d'équité et d'intérêt général, ils s'apercevaient souvent, trop tard pour en arrêter ou en réparer les effets iniques et néfastes, qu'ils n'avaient travaillé qu'au profit de certains intérêts particuliers.

Jeandet s'était montré l'adversaire vigoureux, habile et insaisissable de cet état de choses. Partout où il avait passé, il avait rompu les fils des machinations et mis en déroute les machinateurs. On n'avait pu ni le circonvenir, ni l'acheter. Ce rôle, qu'il avait d'abord joué d'instinct, simplement parce qu'il mettait une intelligence claire et une énergie junévile au service de son honnêteté foncière et native, il s'en était rendu pleinement compte précisément dans cette affaire du Lam Toro, où il avait subi l'affront d'avoir à refuser des présents. Dès lors ce rôle l'avait passionné. Il y avait trouvé, outre le contentement de lui-même dans un noble et utile emploi de ses facultés, l'approbation de ses chefs, l'estime de ses camarades et une popularité faite d'affection et de respect, telle qu'un blanc en acquit rarement parmi les noirs.

Cela ne s'était pas fait sans qu'il se créât des ennemis. Il avait trop de finesse et de sang-froid pour l'ignorer. Mais ces ennemis, qu'il avait réduits à la situation de coquins démasqués ou en danger de l'être, se faisaient d'autant plus humbles et obséquieux. Comme le piqueur qui tient ses chiens en laisse jusqu'au moment de la curée, ils retenaient leur haine en s'évertuant dans l'ombre à faire naître l'occasion de l'assouvir. Le Commandant ne se permettait pas, sur ce point, de pénétrer au delà des apparences ; il s'aveuglait, de propos délibéré, sur une éventualité que son bon sens lui présentait comme indubitable et sur laquelle ses amis et ses parents appelaient avec sollicitude son attention.

« Bah! disait-il à ceux-ci. Que craignez-vous pour moi ? Ne voyez-vous pas comme je suis solide, comme je suis bâti ? Quant à un guet-apens, qui pourrait penser à me le tendre. Je n'ai jamais fait de mal, au contraire, j'ai toujours fait autant de bien que j'ai pu. Je suis aimé et estimé là-bas. Si j'ai des ennemis, je l'ignore et ne m'en soucie. Ils n'oseraient me toucher. Celui qui me toucherait serait perdu.

« Oui, murmurait le Dr Jeandet mal persuadé ; mais la perte de ton ennemi ne te rendrait pas la vie. Tu raisonnes comme le duc de Guise à Blois, mon enfant. »

Ni le père ni la mère n'insistaient, malgré leurs angoisses. Ils savaient trop que leur fils, non plus qu'eux, ne fuirait pas le devoir devant l'image du danger.

Il semble bien que ce danger n'apparût pas, dès cette époque, à l'état de vision lointaine et vague à ses amis du Sénégal. L'un d'eux, qui avait été son secrétaire aux Affaires politiques, M. Genèbre, lui écrivait : « Depuis votre départ, la moitié de mon être est comme paralysé ; il me semble que j'ai un bras et une jambe de moins. » Mais il ajoutait ces paroles, que l'événement a rendues singulièrement prophétiques et qui étaient évidemment dictées par quelque chose de plus précis qu'un pressentiment : « Vous êtes heureux d'être entre vos vieux et chers parents. Ne revenez jamais ici. Lorsqu'on a le bonheur de vivre avec les siens, on ne doit pas le sacrifier, surtout pour aller au milieu de sauvages... Je ne puis vous en dire plus... »

De tels avis devaient être plus clairs pour Abel Jeandet qu'ils ne le sont pour nous ; si on les lui formulait ainsi, c'est qu'on savait qu'il pouvait lire entre les lignes. Il partit donc les yeux ouverts, et il eût été bien inutile de tenter rien de plus pour le retenir. Il allait où il se sentait appelé par la certitude de rendre des services à la France et d'acquérir de l'honneur. « Au Sénégal, disait-il, non sans raison, je suis quelqu'un, et je fais quelque chose. »

Il partit donc, retournant à son œuvre, le 2 mars 1889. Sa mère, que le chagrin de cette séparation nouvelle rendait malade et qui venait de passer une nuit de fièvre, ne se sentit pas capable de l'accompagner à la gare, et le docteur l'y conduisit en s'appuyant à son bras. La pauvre mère eut pourtant la force de monter jusqu'au haut de la maison, où, par la fenêtre d'une mansarde, elle put voir le départ du train et échanger pendant quelques minutes avec son fils tous les adieux et tous les souhaits que peuvent contenir les plis d'un mouchoir.

CHAPITRE VII

Retour au Sénégal. — Important commandement. — Chez les Maures Bracknas. — Commandant de cercle et directeur des Affaires politiques. — Arrivée d'Amédée Jeandet. — Mission au Djoloff. — Traité avec le Bourba. — Abel Jeandet commandant du Cayor. — La philosophie du commandant. — Les routes du Cayor.

Abel Jeandet s'embarqua le 5 mars 1889 à Bordeaux sur *le Portugal*, qui emmenait cinquante et un passagers, et mouilla à

1. On lira avec attendrissement dans l'Appendice les lignes où Mme Jeandet consigna plus tard le souvenir de son émotion.

Dakar dans la nuit du 12 au 13, après une traversée exceptionnellement rapide. Le lendemain, il était à Saint-Louis.

« Mon arrivée, écrivait-il dans la première lettre qu'il envoya
à ses parents (15 mars), connue aussitôt par la dépêche officielle
qui en faisait mention, m'a valu tout le long de ma route, pendant la journée du 14, de grandes joies, car partout les noirs
accouraient, heureux de revoir le commandant Jeandet, et s'in-
formaient de vous. » Des lettres l'attendaient de ses amis de
Podor, du Fouta Toro et du pays des Maures Bracknas, lui souhai-
tant la bienvenue, exprimant en termes énergiques et touchants
le désir, ou plutôt le besoin de le voir reprendre son poste parmi
eux. Les traitants établis à demeure à Podor, qui savaient par expérience les différents sens que peut prendre le double principe
de la liberté du commerce et de l'égalité des droits, suivant les
différents administrateurs, adressèrent sans tarder un télégramme
à un des notables. commerçants de Saint-Louis, M. Raymond
Martin, le priant de faire immédiatement de pressantes démarches
auprès du Gouverneur, pour qu'on leur renvoyât le commandant
Jeandet. Ces démarches furent faites en conscience, mais le
Gouverneur déclara nettement qu'il avait absolument besoin de
Jeandet à Saint-Louis et qu'il ne le lâcherait pas[1].

1. Voici en quels termes M. Raymond Martin rendit compte de sa mission
à Jeandet :

« Mon cher Monsieur Jeandet.

« Je vous envoie en communication un télégramme qui vous donnera une fois
« de plus la preuve que vos anciens administrés de Podor ont conservé un
« excellent souvenir de leur commandant. J'ai fait ce matin la démarche
« auprès du gouverneur, je lui ai communiqué la dépêche du commerce de
« Podor qui vous réclame. Je lui ai dit de plus *beaucoup de mal de vous*. Je n'ai
« malheureusement pas été assez bon avocat. Le gouverneur a absolument
« besoin de vous ici et ne veut pas vous lâcher. Je le comprends d'ailleurs ;
« celui qui supporte le lourd fardeau de la responsabilité a besoin d'avoir
« auprès de lui des hommes intelligents et dévoués ; il ne pouvait mieux choisir.

« R. MARTIN. »

C'est ce que lui avaient dit ses collègues et amis qui l'attendaient au débarquement : « On t'a, on te garde. »

D'un autre côté les Peuhls, populations pastorales et peu stables mais qui sont, à cause de leurs troupeaux, un facteur très important de la prospérité de certaines régions, se montraient de nouveau mécontents, et l'on n'ignorait pas qu'ils se préparaient à émigrer en masse dans le Nioro. On se rappelait que Jeandet avait déjà réussi à enrayer un mouvement d'émigration semblable. Il était l'homme de la situation. Il n'y avait, d'ailleurs, pas de temps à perdre, ces exodes se produisant toujours au moment de l'hivernage.

Le gouverneur lui exposa tout de suite l'état des choses ; il vanta sa popularité qui lui donnait l'autorité nécessaire pour mettre de l'ordre dans une population nombreuse, composée d'éléments divers et disparates, mais où dominent trois races principales qu'il connaissait admirablement : les Djoloffs, les Maures et les Peulhs ; il lui dit ce qu'on attendait de lui, faisant valoir qu'on lui donnait un poste de confiance parce qu'on savait bien, ici et en plus haut lieu, qu'on pouvait compter sur son dévouement. Bref, le gouverneur lui taillait un « cercle » qui comprenait, avec la ville de Saint-Louis et sa banlieue, le N'Diambour, le N'Guick et Merina Diop, de sorte que son commandement s'étendait de Thiès et du rivage de la mer jusqu'aux portes de Dagana et au pays djoloff.

Il est difficile de donner une idée exacte de la besogne écrasante qu'il acceptait. Mais une lettre qu'il écrivait à ses parents, du fort de Louga, le 7 avril 1889, fera du moins comprendre sa bonne humeur et son activité. Il est, dit-il, tout ragaillardi de se retrouver dans le pays où il a fait ses premières preuves, au milieu de ses braves guerriers, et de s'entendre appeler *Sandel* à chaque instant du jour.

...Je suis arrivé ici le 4, à neuf heures du matin. Le lendemain, à trois heures, je partais pour Sakal et M'Bérolé, chez Madio Thoro, le chef supérieur du N'Guick, celui qui est le père du petit Birahim, dont vous avez la photographie. Le 6, je poussais à M'Pal et je revenais le soir à Louga, afin de m'y trouver ce matin même, pour serrer la main de l'excellent inspecteur Picanon, qui rentre en France par le même courrier qui vous porte cette lettre.... Ce soir je repartirai pour N' Diague; puis, demain encore, en route! Je serai à Louga le 10 au matin, pour en repartir le 11 pour Saint-Louis où j'arriverai le 12. Toutes ces allées et venues, qui me rappellent ma vie active et me retapent au vieux soleil d'Afrique, sont nécessitées par le passage du Gouverneur qui est descendu le 3 à Dakar par l'aviso de l'État *La Mésange*, et qui remontera le 11 par train spécial, pour qu'on lui présente les chefs et les notables du deuxième arrondissement du Cayor, du N'Diambour et du N' Guick.

Or, administrateur du N' Diambour, du N' Guick et de Saint-Louis, je suis parti pour avertir mes chefs, les émoustiller, veiller à leur costume et à leur armement ; pour faire installer et décorer deux pavillons, l'un à Louga, l'autre à M' Pal, points de mon commandement où s'arrêtera le Gouverneur. Je bats aussi un peu la brousse pour me faire voir à tous ces braves gens, auxquels cela fait plaisir, puis pour en convier partie à Louga, ceux du N' Diambour, partie à M'Pal, ceux du N' Guick, du canton de M' Pal et du canton de Toubé, pour le 10 courant ; ce qui fera que le Gouverneur, au lieu d'avoir le lendemain, 11 avril, un défilé sec de quelques centaines de chefs et de notables, aura, à chacun des deux postes désignés comme lieux d'arrêt, deux ou trois mille fusils pour lui faire honneur.. et à moi aussi, qui aurai mis, sans bruit et sans secousses, une jolie petite armée de six mille hommes en mouvement... Tout cela ne se fait pas sans quelque fatigue, et je suis loin de ma vie de chanoine de Verdun ; mais je me retrouve dans mon élément. Je vous trace ces lignes au bureau télégraphique ; il est à peine sept heures du matin et j'ai déjà cinquante bonshommes qui m'attendent pour palabrer...

Quelques jours après, il raconte comment se passa la visite du gouverneur et ce qu'il advint de tant de beaux préparatifs.

Saint-Louis, 13 avril 1889.

Chers parents bien-aimés,

Je suis rentré hier soir à 6 heures, par le train spécial qui ramenait le gouverneur. Les réceptions que je lui ai faites à Louga et à M' Pal l'ont fort enthousiasmé. De l'aveu de tous, ce fut ce qu'il y eut de mieux sur toute la ligne. Je lui ai fait passer près de six mille hommes sous les yeux, défilant dans des charges fantastiques.

Pour moi je n'ai pas eu l'avantage de pouvoir me montrer, un gredin de canasson, qu'on avait mis à ma disposition, m'ayant jeté par terre mercredi soir. Je m'étais légèrement foulé le bras gauche, ce qui m'interdit pour quelques jours encore tout exercice cavalcadeur. Si j'avais amené un de mes chevaux cela ne me serait pas arrivé.

Au retour dans le train spécial, nous étions le Bour N' Diampour, son chef supérieur des Peulhs, le général de sa cavalerie, l'interprète Madiokhor, avec le gouverneur, le colonel, le capitaine d'état-major, le secrétaire général, l'ingénieur en chef de la ligne, la musique militaire et moi. Je pense que l'*Officiel* de la colonie en parlera; si oui, je vous l'adresserai ¹.

Mon ami Tautain quitte les affaires politiques pour se rendre à Porto Novo, où de Beckman n'a pas réussi. Ce pauvre Beckman a été, pendant cinq jours, prisonnier du roi Gléglé à Ouida, dans le Dahomey. Heureusement que l'amiral Brown de Colstoun croisait non loin de là et du côté de Grand Popo avec la division de l'Atlantique; il est arrivé rapidement sur les lieux et a pu tirer Beckman de son mauvais pas, et cela sans coup férir.

Le départ de Tautain me contrarie fort. Le Gouverneur avait bien envie de me remettre aux affaires politiques, mais j'ai refusé, lui faisant comprendre que, tant que la Direction ne serait pas sérieusement constituée, le poste était intenable. En effet, le Directeur titulaire, M. Balot, est en France et n'a pas paru aux affaires politiques depuis fort longtemps. Tautain était Directeur par intérim. Si je le remplaçais

---

1. Le *Journal officiel du Sénégal* donna, en effet, dans son numéro du 25 avril 1889, le compte rendu de la tournée du Gouverneur dans le 2ᵉ arrondissement. La description qu'il fait du passage à Louga et à M'Pal montre que le commandant Jeandet, loin d'exagérer rien, reste plutôt au-dessous de la vérité.

je serais aussi par intérim, et comme Tautain est censé aller à Porto Novo en mission, il conserve son titre. Nous serions donc deux directeurs par intérim et un directeur en titre. Cela n'aurait pas le sens commun. Le Gouverneur le comprend fort bien, aussi pousse-t-il ferme à la reconstitution du bureau des affaires indigènes. Je verrai à me débrouiller lorsque cela sera fait.

Notre vénérable évêque, Mgr Picarda, est mort à Thiès. Il a succombé aux suites d'ulcères dont il souffrait depuis longtemps. C'est de notre compatriote, le Père Tisserand, dont je vous ai souvent entretenus, que je tiens ces détails. Il paraît qu'étant missionnaire en Cochinchine, le Père Picarda avait été blessé aux jambes, et, depuis ce temps lointain, il ne se serait jamais rétabli. La mort de cet homme de bien est une grande perte pour le clergé colonial.

Je ne sais si je vous ai annoncé la mort de mes camarades et collègues Guilhon, Commandant de Boké, et Massenet, Commandant de Saldé, l'un de 1re, l'autre de 4e classe. L'année commence mal et la série est à la noire. Guilhon était à la veille d'avoir sa retraite, comme Grener, mort l'an passé. C'était un vaillant. Pour Massenet, qu'on m'a dit être le fils du grand compositeur, il était tout jeune, 28 ans environ. Je ne l'avais vu que deux fois, mais nous nous entendions fort bien ensemble.

Pour ce qui me concerne, je me porte parfaitement, et je vous assure que je n'ai pas le temps de m'ennuyer. Indépendamment des nombreuses questions courantes, j'ai sur le chantier des projets de décrets qui vont toucher aux grosses questions de la réglementation de la propriété indigène. De plus, je palabre fort avec les chefs qui défilent sous mes yeux, afin de les tâter et de connaître leur degré d'intelligence, d'énergie et de fidélité. Tout cela m'intéresse au plus haut point...

Ses lettres de cette époque, souvent abondantes en détails personnels et en effusions intimes, ne donnent que des renseignements très succincts sur la nature de ses différentes missions. Au commencement de mai, il est chez ses vieux amis les Maures Bracknas, lesquels sont en guerre avec les Maures Trarzas. Au retour il écrit à Verdun cette courte note : « Je suis tombé au milieu des coups de fusil ; j'ai tout pacifié. Le Gouverneur est si content qu'il me demande un rapport pour le Ministre, afin de me faire avoir une lettre de satisfaction. » Nous n'en saurions pas davantage si un explorateur, Léon Fabert, qui se trouvait alors en ces parages, n'en avait parlé dans un article publié quelque temps après la mort du commandant.

« Le Sénégal, dit-il, a dû être mis sens dessus dessous par la mort tragique de Jeandet, car la popularité de ce brave et vaillant garçon était extraordinaire.

« J'étais avec lui, quand il vint, à Pâques, en mission spéciale à Podor, son ancien cercle... Il y avait eu déclaration de guerre des Trarzas aux Bracknas. Comme je voyageais chez ces derniers, je connus la déclaration aussitôt qu'elle se produisit. J'expédiai à Podor un homme monté sur un chameau, et mon message, moyennant une marche forcée, arriva assez tôt pour que M. Pagès pût télégraphier à Saint-Louis ce grave incident. Les guerres entre les Maures sont un épouvantail pour le commerce du Sénégal, car elles arrêtent forcément le trafic de la gomme. C'est ainsi qu'on envoya Jeandet à Dagana et à Podor avec mission d'arrêter le conflit. Nous nous retrouvâmes ainsi au chef-lieu du cercle, lui, sorte de plénipotentiaire, moi, lui amenant le roi des Bracknas, Sidi Ely, dont j'étais déjà devenu l'ami.

« Jeandet arrangea parfaitement les choses, car il était habile et fort écouté. Le dernier soir de son séjour, les femmes de Podor lui donnèrent un *tam-tam* au bord du fleuve. Rien de curieux, de gracieux et d'étrangement sauvage comme ces *tam-tams* de circonstance, où les femmes chantent à l'unisson et fort bien, ma foi ! les louanges du héros de la fête en s'accompagnant d'un battement de mains rythmique.

« Le bon Jeandet rayonnait de joie.

« — Rendez-nous Jeandet ! disait la fin de la chanson, dans une invocation au Boroum N'Dar [1].

« Femmes de Podor, on vous a rendu Jeandet. Qu'est-ce qu'un de vos frères en a fait ? »

Dans ce même article, qui fut publié dans le *Gil Blas* et reproduit par le *Salut public*, Léon Fabert trace un portrait du Commandant qui vaut la peine d'être conservé. « Jeandet était un homme de robuste stature, très brun, le teint coloré, à qui sa moustache et sa barbe en fer à cheval donnaient l'air d'un solide chasseur à pied. Sous les verres de son lorgnon s'allongeait, vif et gai, un bon regard qui donnait à l'homme un cachet sympathique. Et le naturel était en parfaite harmonie avec l'aspect. Jeandet était intrépide et franc, — franc au point de crier sur les toits ses opinions, alors même qu'elles n'étaient point d'une parfaite orthodoxie politique. C'est ainsi qu'aux élections de 1889, Jeandet, tout fonctionnaire qu'il fût, sauta un jour à la tribune d'une réunion électorale à laquelle il assistait, et fit un *speech* aussi catégorique que pittoresque en faveur d'un candidat dont il était l'ami.

« Son autorité sur les noirs était exceptionnelle, et, de fait, c'était justice qu'ils le chérissent, car il les aimait profondément.

« — Vous verrez, lui disais-je quelquefois, vous serez gouverneur du Sénégal. »

« Et Jeandet, avec le bon rire d'un lieutenant à qui l'on prédit qu'il commandera son corps d'armée, répondait avec conviction : — Certainement ! »

La balle d'un coquin coupa court à une ambition qu'il avait bien le droit de nourrir en son cœur. Peut-être cela valut-il mieux pour lui que de voir sa carrière traversée et brisée, comme il serait fatalement advenu à un certain moment, par des politi-

---

1. Nom que les indigènes donnaient au gouverneur de Saint-Louis.

ciens pour qui toute indépendance était un danger et qui traitaient la fidélité d'un fonctionnaire à sa foi religieuse comme une trahison.

Après une mission dans le Baol, qu'il ne fait que mentionner dans une lettre à ses parents (14 mai), et seulement après coup, « parce qu'il y avait quelque danger », il leur annonce qu'il prévoit des négociations prochaines et importantes avec le Bourba ou roi des Djoloffs, Ali Boury, qui n'a confiance qu'en sa parole, et qui lui a envoyé deux messages pressants pour qu'il vienne régler à l'amiable avec lui les affaires qui s'embrouillent fort[1]. Mais auparavant il dut aller dans le N'Diambour juger plusieurs affaires de vol et d'assassinat, dans le Cayor pour enquêter au sujet d'une usurpation de terrain, 400 hectares environ arrachés par la force à un chef indigène, et enfin dans le N'Guick pour délimiter la frontière entre le N'Guick Merina et le N'Diambour.

C'est au début de cette triple tâche qu'il écrivait cette lettre si pleine de délicate et vraie tendresse :

N'Diague, 20 mai 1889.

Mes chers bons parents aimés,

Vous voyez que je ne chôme pas de besogne... Je comptais entreprendre ma mission dans le Djoloff avant l'hivernage ; mais j'ai dû la reculer par suite d'un mariage qu'Ali Boury va contracter dans le Baol. Sa passion et son désir de possession battant leur plein, j'ai des chances de voir s'accroître les dispositions sympathiques du Bourba. J'ai préféré avoir un peu plus de peine, et tomber sur un homme heureux plutôt que sur un prince préoccupé.

1. Voici le passage le plus caractéristique et le plus curieux de ces lettres :... « Sache que je suis satisfait de toi, et je te remercie beaucoup. C'est pour cette raison que je te prends pour mon ami et te place pour mon protecteur. En outre je désirais à m'assister avec toi dans un même endroit pour nous causer. Mais le nombre d'ouvrages que j'ai m'empêche de cela. Alors je t'écris cette

Je vais en partie répondre aux questions de ma Lalita, que j'admire
dans son affection et sa sollicitude de mère. Et d'abord, je suis ravi de
vous savoir enfin en bonne santé. Jouissez de votre jardin, humez le
printemps, faites-vous une bonne vie à deux, et laissez faire et dire,
sans vous occuper des jaloux et des malveillants. Rien ne peut empêcher que nous ne soyons de braves gens, ayant toujours rendu tous
les services qu'il nous a été possible de rendre. Tant pis pour les
ingrats ! Si vous saviez le peu de cas que je fais de ces gens-là...! Que
maman aille à l'Exposition ; qu'elle ne prétexte pas un motif d'économie. Je lui envoie par M. Fabert, explorateur qui retourne en France,
la somme nécessaire à son voyage. Je désire même qu'elle se rende
au Havre et à Honfleur, faire le pèlerinage à Notre-Dame de Grâce,
qu'elle a envie de faire depuis longtemps[1]. Pendant ce temps, papa ira
rendre visite à la famille de Broissia, au château de Neublans, où il
est toujours si bien accueilli ; puis il attendra maman à Dijon, chez
son cher et vieil ami, Joseph Garnier[2]. Tout cela sera parfait, et j'en
serai ravi...

A son retour à Saint-Louis, il trouva deux nouvelles qui
l'émurent fort l'une et l'autre, quoique différemment. Le Gouverneur l'obligea à reprendre la direction des affaires politiques,
tout en gardant son vaste gouvernement, et un cousin à lui,
Amédée Jeandet, fils de l'oncle Amédée Jeandet, qu'il aimait tant
et dont nous avons enregistré la mort, lui écrivait qu'il allait
arriver au Sénégal.

Il avait vu avec plaisir, vers la fin de son congé, à Verdun, ce
cousin germain, de quatre ans plus jeune que lui, qui avait été
sous-officier en Algérie dans un régiment de hussards. Très bon

lettre pour t'en faire part, combien de l'estime que je t'aime dans mon cœur.
J'avais bien des nombreux amis avant toi, mais tu es le plus sincère dans mon
cœur. C'est à cause de ça que je t'écris cette lettre, pour te rendre connaissance de l'amitié sincère que je te porte. Car si quelqu'un aime un ami, il
devrait le lui montrer pendant sa vie, c'est-à-dire avant sa mort. Je te répète que
je t'aime ; c'est pour cela que je te le dis. »

1. Voir dans l'Appendice le récit que Mᵐᵉ Jeandet a écrit de ce voyage.
2. Conservateur des Archives de la Côte-d'Or.

cavalier, il aurait pu se faire une carrière au régiment ; mais il avait préféré le quitter pour acheter une propriété et la faire valoir. Il se maria et perdit sa femme au bout de deux ans. Il s'était fait cultivateur sans connaître grand'chose à la culture, de sorte qu'à mesure qu'il acquérait de l'expérience, il perdait de l'argent. Se lassant d'un tel résultat, il vendit sa propriété et accepta une place de régisseur dans un grand domaine d'Algérie. Il avait obtenu quinze jours de liberté pour venir voir son cousin Abel. Dès ce moment, l'idée d'aller tenter la fortune sous les yeux de son aîné au Sénégal, s'empara de lui. Tout le monde s'efforça, dans la famille, de lui faire comprendre qu'il aurait grand tort de lâcher la proie pour l'ombre et on finit par le persuader de retourner à son poste de régisseur, provisoirement du moins, Abel lui ayant promis de l'appeler, le cas échéant. Mais cette sage résolution ne tint pas ; il ne résista pas long-temps à la violence de son désir, et il s'embarqua.

Le commandant le reçut très affectueusement et s'occupa tout de suite de lui, comme le raconte la lettre suivante, datée du 15 juin :

Bien chers amis,

Je reçois ce matin votre bonne dernière lettre. L'affaire d'Amédée, dont je vous entretenais, est réglée en ce sens qu'il est arrivé... Je l'ai présenté au Gouverneur. J'ai été content de lui et de la franchise de son allure. Je l'ai fait attacher à la direction des affaires politiques, dont je suis le chef. Il loge à la maison de passage des officiers, pension-naires et assimilés, maison où se trouve mon bureau des affaires indi-gènes, où je me rends tous les jours... Il m'a dit en m'embrassant : — « Je n'ai plus que toi. Tu soutiens l'honneur de la famille. Je viens te demander des conseils et des occasions. » Ce sont de bonnes paroles. Je lui ai dit ce que j'attendais de lui ; je lui ai exprimé *fra-ternellement* ma *volonté*, et il sait que quand *je veux*, je veux bien.

Abel Jeandel.   8

Je ne puis vous écrire longuement. D'une part, je prépare mon .expédition toute pacifique du Djoloff, et travaille au projet de traité avec le Bourba; d'un autre côté, nous avons de grosses affaires en Mellacorée avec les Anglais et leurs alliés. Tout cela a été conduit d'une façon déplorable et par à-coups. Mon excellent ami, le commandant du cercle de Beuty, grièvement blessé d'un coup de sabre, est peut-être mort à l'heure où je vous écris. Ce serait une perte réelle, Forrichon étant d'un tempérament d'action et d'initiative. Je le regretterais profondément, comme camarade et comme français [1]. Or il faut manœuvrer sec en ce temps d'Exposition où les yeux sont détournés de ce qui se passe. Les Anglais le savent, et ils sapent, et ils avancent à coups de *banknotes*, d'émissaires ou d'alliés. C'est une lutte de ruse. Je vais m'efforcer de ruser pour gagner du temps; c'est le point capital. Mais il faut cinq jours pour recevoir à Saint-Louis des nouvelles de Beuty. Donnez donc des ordres ! C'est vouloir paralyser le Commandant et laisser échapper l'un des trois cheveux de l'occasion. Il faudrait que je sois là-bas, et je ne puis pas être partout. A Porto Novo, la situation nous échappe. Heureusement que Tautain est là. Réussira-t-il? Avec son intelligence, je l'espère. Au revoir, chers bons amis.

Votre ABEL.

Au mois de juin, Abel Jeandet envoya à sa mère, pour fêter l'anniversaire de sa naissance, une épingle, une paire de boucles d'oreilles et une bague, le tout « en or pur de Galam, et fait par les forgerons du pays ». Au commencement de juillet, il était enfin à Yang-Yang, capitale du Djoloff, d'où est datée (6 juillet) la lettre suivante :

> Bien chers parents aimés,

Je vous écris de la capitale du Djoloff, où je me trouve depuis cinq jours. Décidément je commence à croire que, sous l'apparence de n'avoir pour désir que de vivre en paix à l'ombre du vieux coq de l'humble clocher de Verdun, les Jeandet sont de purs vagabonds : il y a juste quatre-vingts ans aujourd'hui que François Jeandet tombait

1. Forrichon survécut à sa blessure; il fut massacré par une bande de noirs fanatiques le 21 mai 1891.

blessé aux portes de Vienne, et son petit-fils, François-Abel Jeandet, voit de sa case le *tata* de guerre du fameux Ali Boury ! *Sic volucre fata.*

Hier soir, à 10 heures, je reçus vos deux lettres et les journaux. Amédée les avait adressés au roi du N'Guick Merina Diop, avec prière de me les faire tenir. Celui-ci m'a expédié tout mon courrier par chameau coureur, mettant à peine deux jours à parcourir les trois cents et quelques kilomètres qui séparent M'Barélé de Yang Yang... J'ai été fort bien reçu par Ali Boury. Le jour de mon arrivée, je l'ai trouvé venant au-devant de moi avec environ 2.000 hommes et 40 ou 50 tam-tams de combat. Cela faisait contraste avec ma troupe, à moi : nous étions quatre hommes sans armes. Ali m'a logé chez son premier ministre. Tous les jours il me fait tuer un bœuf et plusieurs moutons, aussi je fais force largesses et ne garde pour moi et mes hommes que le nécessaire. Tous les jours également le Bourba vient me saluer matin et soir. Avant-hier il m'a fait visiter en détail l'intérieur de son *tata* de guerre, grand témoignage de confiance et d'amitié. Je suis le troisième blanc qui vient à Yang Yang. Le premier fut Brouazec, capitaine de frégate, mort en 1862 consul de France à Sierra Leone ; le deuxième, le capitaine Monteil, auteur de la carte qui porte son nom. J'ai poussé jusqu'à Kol Kol, sur la route du Bambouck. Je suis le seul, avec Monteil, qui y soit allé. Mais tout cela constitue la bagatelle de la porte. Le point important c'est que, ce matin même, j'ai obtenu d'Ali Boury qu'il accepte le traité que je lui apportais à signer. Ce traité, c'est moi-même qui l'ai fait. Il est en neuf articles, dont je vous enverrai copie lorsque j'aurai le temps[1]. Les points les plus importants sont qu'il place son pays sous le protectorat de la France, qu'il s'engage à n'entreprendre aucune guerre ou expédition sans l'autorisation du Gouverneur, à protéger le commerce et à faire respecter nos négociants et traitants, à ne recevoir dans ses États que des Français, enfin à nous fournir un contingent dans toute expédition que nous entreprendrons contre n'importe quel roi du Sénégal. Tout cela ne s'est pas fait sans fatigue, ni parfois sans discussions mouvementées ; mais c'est fait et accepté de bonne foi. Maintenant je commence une

---

1. Voir l'Appendice.

nouvelle négociation : je voudrais emmener à Saint-Louis le fils et
héritier du Bourba, pour le faire élever à l'École des otages, avec
d'autres jeunes princes sénégalais, fils de rois et de grands chefs. C'est
une grosse partie que j'engage. Réussirai-je ? En tout cas, j'ai conscience de faire beaucoup pour mon pays. Pour le reste... il en sera
ce qu'il pourra. Les vraies récompenses, je les trouve dans l'estime
et l'affection de tous ces gens simples et énergiques qui croient en
moi...

Pendant plusieurs mois, la correspondance de Jeandet ne consiste qu'en de brefs billets qui n'ont d'intérêt que pour ceux
auxquels ils étaient adressés. La multiplicité et l'énormité de ses
travaux lui laissaient à peine le temps d'envoyer à ses parents les
assurances de tendresse qui étaient un besoin pour lui non moins
que pour eux. D'un autre côté le travail de bureau et le séjour
de Saint-Louis, qui lui avaient déjà été funestes, le rendirent de
nouveau malade, et il évitait avec soin d'écrire tout ce qui pouvait inquiéter ceux qui l'aimaient. Il faut aller jusqu'au 6 octobre
pour trouver une longue lettre où, ayant abandonné la direction
des affaires politiques et se trouvant plus de loisir et de santé, il
s'étend avec complaisance sur ce qu'il a fait ainsi que sur sa
situation présente. Cette lettre est datée de Tivavouane, dans le
Cayor.

... Enfin maintenant, grâce à Dieu, me voici tranquille. Depuis le
28 du mois dernier je suis à Tivavouane, et j'ai pris la résidence du
Cayor. Le Gouverneur y a ajouté le commandement du N'Diambour
et du N'Guick Mérina Diop, ce qui fait que j'occupe sans contredit le
poste le plus important du Sénégal. Je vous avais laissé pressentir
que je ne demeurerais plus longtemps aux Affaires politiques, où
j'usais ma santé et mon intelligence. Je les ai quittées ; c'est aujour-
d'hui un fait accompli. J'étais au bout de mon rouleau. Du 26 août
au 14 septembre, j'avais eu une rechute ; j'avais dû entrer à l'hôpital.
Pendant mon séjour dans cet asile de la souffrance, j'ai été fort bien

soigné par cet excellent Dr Doué, chef du service de santé au Sénégal, le grand *Boroum Garap* (maître des remèdes), ainsi que le nomment les noirs. C'est le lait qui m'a remis sur pied. Pendant dix jours, je n'ai pas pris autre chose que trois litres de lait bouilli par vingt-quatre heures. Le 16, à peine guéri, je dus partir pour Dagana par un bateau de commerce qui remorquait des chalands. Nous étions entassés 400 là-dessus; pour comble de bonheur, nous subîmes en route une tornade qui nous désempara ; la fièvre me reprit et, le troisième jour, j'arrivai éreinté à ma destination. Je fus obligé, quoique malade, de procéder à une enquête des plus longues et des plus délicates, et je rentrai à Saint-Louis par un cotre à voile, dans de très mauvaises conditions de santé. C'est le 23, à mon retour, que le Gouverneur, le Cayor étant libre par suite du départ pour France de mon collègue de Keroman, malade, me laissa le choix entre les Affaires politiques et ce poste. Je le pris avec gratitude, et, depuis mon arrivée, je me suis porté comme le Pont Neuf.

Je suis on ne peut plus satisfait. Je me mettrai en course le 12 de ce mois pour visiter mes provinces. Du 12 au 16 je verrai les chefs des provinces de Méké et de Sagniokor; du 19 au 22, les deux provinces de M'Boul ; du 26 au 29, la province de Guéoul. Le 1er novembre, je partirai pour le N'Diambour et le N'Guick, où je demeurerai jusqu'au 9 ; le 12, je ferai la province du Guet et les camps peuhls du Cayor. Cela me mènera jusqu'au 18 novembre. Puis je me reposerai.

Vous voyez que cette fin de mois et le commencement de l'autre vont être bien occupés. Mais je voyagerai dans d'excellentes conditions, au milieu de populations tranquilles et soumises, où je serai aussi en sûreté qu'au milieu de vous. Puis, comme je vous le disais plus haut, ma santé est complètement rétablie et, des épreuves passées il ne me reste que le souvenir. Je suis solide et d'attaque. Pour ce faire, il a fallu huit jours de brousse. Décidément je suis un homme des bois.

A Tivavouane, je suis bien installé. J'ai pour moi seul une grande maison. Cette maison contient quatre grandes pièces, une vérandah, une salle de bain, un grand terrain clos de toutes parts ; je vais y faire un jardin. J'ai, de plus, un poulailler et 42 poules, ce qui me permet de manger des poulets en sauce blanche, qui ne valent pas ceux de ma chère maman, mais que, l'appétit aidant, je trouve néanmoins fort bons. Bref, je suis bien, et, étant placé sur la ligne du chemin de fer, j'aurai toute facilité pour vous écrire avec la presque certitude que mes lettres vous parviendront.

Voici pour ce qui me concerne personnellement. Pour ce qui regarde Amédée, c'est un bon garçon, qui marche comme un homme désireux d'arriver. Malheureusement il a été bien éprouvé ; le Sénégal n'est pas l'Algérie et le pauvre enfant l'a connu à ses dépens. Aujourd'hui il se remonte, mais je pense qu'il sera nécessaire qu'il aille en France l'année prochaine avant l'hivernage. Depuis mon arrivée à Tivavouane, j'ai reçu trois lettres de lui. Je le verrai dans le N'Diambour lors de ma première tournée...

En effet, Amédée Jeandet n'était plus, déjà depuis quelque temps, dans les bureaux de Saint-Louis. Lorsque Abel était revenu du pays djoloff, porteur du traité dont nous avons parlé, son premier souci fut de faire profiter la colonie de la clause qui permettait aux Français, et aux Français seulement, d'établir des comptoirs à Yang Yang et dans le reste du royaume. Il demanda à divers traitants s'ils ne seraient pas disposés à établir un commerce direct avec le Djoloff en portant leurs marchandises à Yang Yang. Tous, cédant à des raisons dont le moins qu'on puisse dire est qu'elles n'étaient guère à leur honneur, tergiversèrent ou se récusèrent nettement. C'est alors qu'en désespoir de cause, Abel songea à son cousin. Celui-ci se morfondait dans son petit emploi aux Affaires politiques, et voyait avec terreur l'arrivée d'un nouveau directeur qui n'aurait pas pour lui les ménagements qu'avait Abel. Il a raconté, dans une longue lettre à un de ses beaux-frères (4 nov. 1889), ce nouvel avatar dû « à celui qui fait tout pour lui, qui le traite comme un frère » et qui veut que lui, Amédée, le considère comme tel. Nous y prendrons les détails de cet épisode si intimement lié à la vie du Commandant, en les dégageant de la rédaction un peu verbeuse du commerçant improvisé.

Amédée fut enchanté de la perspective de fonder un comptoir à Yang Yang. Mais il fallait des marchandises à offrir aux indigènes, et il n'avait ni argent ni crédit pour en acheter. Abel heureusement avait pour lui, et il lui fit livrer par une maison de Saint-Louis pour 2.000 fr. de marchandises propres aux trafics avec ces sauvages. Le Commandant l'accompagna, lui et ses ballots, jusqu'à Louga, sur la ligne du chemin de fer. Là, le Bour N'Diambour, Ibrahima Diaye, mit vingt-deux chameaux et quelques guerriers à la disposition d'Amédée, qui emmenait deux garçons ou domestiques noirs engagés à Saint-Louis. Ceux-ci, comme leur maître et les guerriers, étaient à cheval. Après six jours de route dans un pays presque désert, en faisant de huit à dix heures de cheval par jour, ils arrivèrent à Yang Yang. Amédée remit au Bourba Ali Boury une lettre qui lui assura un bon accueil. Ses marchandises s'écoulèrent assez rapidement, mais l'absence de numéraire l'obligeait à un véritable commerce d'échange et à recevoir en paiement des bœufs, des moutons, de l'or et de l'argent bruts. Au bout de dix semaines, il ne lui restait presque rien à vendre, et il avait consommé toute sa provision de biscuit depuis un mois déjà, de sorte qu'il en était réduit au couscoussou au mil indigènes. Il quitta donc le Djoloff, pour aller renouveler son stock. Il emmenait 12 bœufs ou vaches, 36 moutons et 150 gros d'or du pays, laissant derrière lui beaucoup de créances non recouvrées. Le voyage fut rude. Lorsqu'il atteignit enfin Saint-Louis avec ses bêtes, il était dans un état pitoyable, miné par la fièvre, abattu plus encore au moral qu'au physique. Abel était au chef-lieu, très fatigué lui-même et se disposant à quitter la direction des Affaires politiques. Il parvint, après quinze jours de soins, par ses paroles, par sa gaieté, par la contagion de l'énergie qu'il ne cessait de déployer, à remonter moralement et physiquement le malade désemparé. Les deux cousins décidèrent qu'Amédée se rapprocherait du Commandant et s'établirait dans son Cercle. Il avait montré la voie du Djoloff et y avait amorcé le commerce; on ne pouvait lui demander de s'isoler si loin indéfiniment. A d'autres maintenant de l'imiter et de cultiver le terrain qu'il avait courageusement déblayé. Notons en passant que nul ne l'imita et qu'on ne sut pas faire sortir du traité conclu grâce à l'énergique habileté de Jeandet les avantages considérables qui y étaient contenus.

Après mûres réflexions, ils choisirent pour y créer un comptoir le village de N'Diaye, centre de toutes les caravanes et de tout le commerce du N'Diambour, à 40 kilomètres de Louga et à une journée de chemin de fer de Saint-Louis. Le commandant profita de certaines affaires qui demandaient sa présence dans cette partie de son gouvernement pour accompagner son cousin et présider à son installation. Amédée eut là, grâce à la bonne volonté empressée du Bour, tout dévoué à Jeandet, une grande case carrée, « dans le genre, dit-il, des chaumières de nos plus pauvres villages de France », pour lui servir de magasin, et trois ou quatre cases rondes pour lui et ses garçons, le tout très bien entouré d'une haie solide qui lui permettait d'avoir des volailles. Mais, avant de s'installer définitivement, il lui fallait aller à Yang Yang, pour faire rentrer ce qu'on lui devait et prendre le peu qu'il y avait laissé. Abel l'accompagna jusqu'à la frontière par le gros village de Koki et le camp peuhl de Bafas, où ils souffrirent beaucoup de la chaleur et de la soif, l'eau y étant boueuse et salée. Ils se séparèrent là. Le reste du voyage d'Amédée se fit sans encombre; il régla rapidement ses affaires à sa satisfaction, et eut même à se défendre contre les bontés d'Ali Boury qui voulait absolument lui faire présent d'un cheval. Fidèle aux instructions du Commandant, Amédée refusa le cheval avec la même obstination que le Bourba le lui offrait et finit par couper court à l'insistance du roi des Djoloffs en déclarant fièrement que les Jeandet ne recevaient pas de cadeaux. De retour à N'Diaye, il alla voir son cousin à Tivavouane, comme nous l'apprend ce fragment de lettre.

Tivavouane, 18 novembre 1889.

Chers bons amis,

… Il est six heures du matin et je vous écris ces lignes par un temps de vendanges, oui, un vrai temps de vendanges, qui me rappelle celles que nous allions faire dans notre vigne de Bragny, du temps de notre pauvre grand'mère. Çe phénomène est extrêmement curieux et, d'après les dires de mon interprète, fort rare; en tout cas il me réjouit par les souvenirs qu'il évoque, souvenirs de jeunesse, les meilleurs de tous.

Me voici à peu près installé; ma grande chambre prend tournure et je commence à me sentir chez moi. Ceci va me donner courage et je vais me remettre sérieusement à mes notes. Je prévois que j'aurai le temps, et je compte m'y atteler aussitôt après ma tournée dans le Cayor. Celle-ci sera un peu retardée, il est vrai, car je suis obligé d'aller d'abord dans le N'Diambour, dont le territoire a été violé par le chef du Oualo, qui a failli y laisser sa peau et celle de ses cavaliers. D'où enquête urgente, pour laquelle, à moins de contre-ordre de Saint-Louis, je partirai après-demain matin…

J'ai eu pendant deux jours la visite d'Amédée, retour du Djoloff. Je l'ai trouvé remis entièrement. Je continue à en être content. Il est demeuré 48 heures à Saint-Louis avec Maithelard, le secrétaire des Affaires politiques. A propos de Maithelard, je glisse ci-inclus deux mots reçus de lui. Vous y verrez que le Gouverneur me laisse toute latitude dans mes manœuvres, ce qui prouve la confiance qu'il a en moi, et qu'il ne m'en veut pas d'avoir quitté la direction des Affaires politiques… Vous y verrez encore que mon rapport sur le traité du Djoloff n'est parti que par le courrier d'hier, quand je le croyais expédié en France depuis longtemps. Vous y verrez enfin que le *Boroum* demande pour moi au Ministre une lettre de félicitations. Or, si elle est accordée, ce que j'espère, c'est un rude pas pour la croix, le premier et le plus sérieux qui puisse être, et cela, je le dis avec orgueil, sans intrigue, sans brigue, sans demande, sans rien ! J'en suis heureux et fier. Jeandet suis, Jeandet resterai, Jeandet mourrai !

La lettre de Maithelard contient aussi l'annonce de quelques décès. Que Lalita chérie ne s'effraye pas ! Ce n'est pas le Sénégal qui en est cause, mais l'extrême jeunesse des hommes qu'on livre à son climat. Nous venons de recevoir en plein hivernage 100 hommes d'infanterie de marine qui ont 22 à 23 ans. C'est un meurtre. Sarothe, commis à l'intérieur, était aussi tout jeune ; je le connaissais peu. Quant à Thierry, aide-commissaire de marine, c'était un de mes bons amis. Vous devez comprendre combien je suis affligé de sa mort ; depuis trois mois son temps de Sénégal était achevé ; il ne fut pas relevé. C'est une fatalité, et une faute grave qui incombe aux bureaux du Ministère...

La lettre suivante, datée du 12 novembre, nous donne d'intéressantes indications sur la santé morale du Commandant. Il commence par expliquer que si ses parents reçoivent rarement des nouvelles de lui, ce n'est point parce qu'il n'écrit pas aussi souvent, mais parce que ses lettres n'arrivent pas aussi régulièrement que lorqu'elles partaient d'une escale. « A chaque instant, dit-il, nos courriers piétons sont attaqués et dévalisés par les noirs, qui espèrent trouver des objets d'or ou d'argent dans les correspondances, et les pauvres petites lettres attendues par les familles sont jetées dans un coin de la brousse. A moins que ce ne soit le porteur lui-même qui, après s'être livré à ce petit travail, s'éclipse sans retour. »

Il passe de là à un sujet qui lui tenait fort au cœur, sans doute, mais qui excitait encore davantage les désirs à la fois tendres et légitimes de ses parents.

Ce que vous me dites de l'avalanche de croix, de distinctions et d'avancements, jetés à tort et à travers, à propos ou plutôt à l'occasion de l'Exposition, ne m'a pas surpris. Je suis seulement peiné de voir de pareils honneurs tomber non seulement sur des nullités, ce qui serait déjà déplorable, mais, d'après ce que vous m'apprenez, sur des Mandrins. Bien certainement ceux qui les décorent ne les connaissent pas. Tout se donne, le plus souvent, à l'intrigue, à la faveur; et les braves gens se contentent de faire leur devoir et ne demandent rien.

Vade retro ! Je ne bois pas à cette fontaine. Je ferai mon chemin tout seul. Nous sommes jeunes tous les trois, toi, père aimé, par le cœur et l'esprit, toi, Lalita chérie, par le nombre des années, et, j'en remercie Dieu, moi, par ma force, mon courage, mon amour et ma foi. Laissons tomber les croix et les faveurs sans même tourner la tête !... C'est de la haute sagesse, et depuis que je m'applique à la connaissance de l'*âme* de l'évangile, je deviens philosophe (rien de Jean-Jacques ni de Voltaire !). Je ne suis pas fataliste, ce qui équivaudrait à être idiot; mais je suis un homme soumis à la volonté de Dieu. Plus je vais et plus je m'instruis, plus je me trouve ignorant et plus je songe que ce monde ne vaut guère la peine que nous nous donnons pour y tenir une place, et quelle place !... Je crois, le diable m'emporte ! que moi, vieux Bourguignon de race, *franc Barozai*, je mourrai sage, pieux et chantant matines ! Elles tuent certainemet bien mieux le *ver* moral que le petit vin de Bragny, ce ver *intuable* qui a conduit tant de Verdunois à *la Levée des prés* [1] !

Le même sujet revient dans sa correspondance quelques jours avant sa mort, après la campagne glorieuse faite contre Ali Boury avec le Colonel Dodds, à l'issue de laquelle le Colonel avait demandé comme une « récompense personnelle » la croix pour Jeandet. Il en parle avec moins de détachement et non sans quelque amertume, et les nobles réflexions par lesquelles il termine prennent, à distance, un accent plus douloureux dans sa fierté.

1. Le cimetière de Verdun-sur-le-Doubs.

Grand Aéré, 4 août 1890.

... Vous me connaissez, chers parents, vous savez que ce n'est ni par intérêt, ni pour un ruban rouge que je risque ma vie ; c'est pour ma patrie et pour l'honneur de mon nom. Mais là, vrai ! je suis victime d'une injustice. Le 14 juillet, jour des *averses* de croix, est arrivé sans réparer l'oubli inqualifiable dont j'ai lieu de m'étonner. Cependant j'ai la conscience de faire beaucoup pour mon pays. Quoi qu'il en soit, je n'aurai pas perdu mon année. J'aurai vécu de la vraie vie : imprévu de chaque jour, existence aventureuse, périls conjurés, fatigues supportées courageusement, missions difficiles bien conduites, faits d'armes couronnés de succès, regrets du foyer, accroissement de confiance en moi-même, espérance du retour dans la mère patrie et d'un repos bien gagné, soif intense de vos baisers, j'ai conquis tout cela..... Je suis plus homme, plus Français, plus chrétien, et, s'il se peut, encore plus aimant.

Pendant cette période, Jeandet, dont le temps entre ses missions n'est plus absorbé par les paperasseries des bureaux, met dans ses lettres bien des renseignements intéressants sur le pays, sur son histoire et sur les mœurs des habitants. Le Cercle dont il avait le commandement était borné au Nord par la banlieue de Saint-Louis, à l'Est par le Oualo, le désert de Bounoun et le Djoloff, au Sud par le Baol, à l'Ouest par l'Océan Atlantique. Cela formait le plus grand et le plus peuplé des territoires du Sénégal. La ligne du chemin de fer de Dakar-Saint-Louis le traversait alors sur une longueur de 148 kilomètres, desservant neuf escales : Sakal, dans le N'Guick Merina, Louga dans le N'Diambour, N'Gumbo Gueoul, Kebemer, N'Dande, Kelle, N'Gaye Méké, Pire-Gouraye et Tivavouane dans le Cayor. A toutes ces escales on faisait un gros trafic, mais la plus importante était Tivavouane qui comptait dix-neuf négociants blancs et quarante-sept traitants noirs, représentant toutes les maisons de commerce du Sénégal. L'année précédente, on y avait traité pour près de quatre millions d'affaires.

Ce Tivavouane est situé dans la province de Saguiokor; il est entouré de forêts. Il s'appelait autrefois N'Guiguis et était la capitale du royaume de Cayor, bien que les *damels* ou rois du pays n'y aient jamais fait leur demeure habituelle. Ces *damels* étaient des chefs puissants qui soutinrent pendant dix-sept ans la lutte contre nous. Mais laissons la parole au Commandant Jeandet (lettre du 17 nov. 1889):

... C'est à 250 mètres de ma maison, proche d'un baobab, que j'aperçois de mes fenêtres, que le dernier des *damels*, Samba Laobé Fall, fut tué au mois d'octobre 1886. La légende ici veut que ce ne soit point par un sous-lieutenant de spahis, qui fut décoré, mais par un spahi noir dont le nom est oublié et qui n'est plus connu que sous la vague domination de héros de Tivavouane. Bien entendu, je laisse la légende pour ce qu'elle vaut... C'est encore à 5 kilomètres de Tivavouane que se trouve le fameux marigot de M'Baba, sur les bords duquel tout nouveau *damel* devait pendant sept jours camper avec son armée, et où il devait se plonger sept fois avant d'être reconnu définitivement par ses peuples. Je suis peut-être, à part ceux auxquels je l'ai dit, le seul blanc du Sénégal qui connaisse cette particularité. Je m'applique à apprendre l'histoire vraie de ce pays, qui, avec quelques centaines de mille francs et un homme énergique et intelligent à sa tête, pourrait rapporter des millions à la France.....

Dix jours après, Abel Jeandet faisait sa première tournée de Commandant du Cercle dans cette région qu'il n'avait encore jamais visitée, et il écrivait, d'un village appelé N'Diompi (27 nov.) :

...Ce pays ressemble beaucoup au N'Diambour, mais en diffère cependant par les ondulations plus accentuées et plus nombreuses du terrain et par une végétation plus puissante. Hier, j'ai palabré avec les chefs de la province de M' Boul I ; à huit heures aujourd'hui, second palabré avec ceux de M' Boul II. Ce soir, je quitterai N'Diompi, où je suis dévoré de puces, punaises et moustiques, pour aller coucher à mi-route de Sagata, où je serai après-demain matin. J'y verrai les chefs du Guet et les chefs peuhls du Cayor. ...Le moment est du reste des plus propices pour voyager ; si les journées sont toujours chaudes, les nuits sont plus que fraîches, 10°, pas davantage, en moyenne, et cette température à laquelle nous autres, Sénégalais, ne sommes pas habitués, nous fait passer sous la peau plus d'un petit frisson qui n'est pas sans charme.

Comme nouvelles du pays, nous sommes, ou mieux ils sont, à Saint-Louis, en pleine crise, suite des violences électorales. Le maire a été révoqué, le conseil municipal dissous, les élections renvoyées en avril. Le Conseil général, ou du moins la majorité a protesté ; on attend la cassation de cette protestation. De plus, le nouvel évêque est arrivé, ainsi que le Général-Inspecteur. Voici bien des sujets de potin. J'apprends tout cela de bric et de broc, et je me réjouis de ne pas me trouver dans ce milieu qui supporte les contre-coups de ce qui se passe en France...

Depuis que je suis en route, je n'ai pas de nouvelles d'Amédée. Je pense en trouver à Tivavouane à mon retour. Je vais lui écrire de s'arranger de manière à venir passer le jour de l'an près de moi. Je suis bien sûr que le pauvre enfant n'y manquera pas. Il a une vie triste, et s'ennuie dans le N' Diambour. Je l'encouragerai et lui remonterai le moral. Je prends mon rôle de frère aîné et de tuteur au sérieux.

La lettre suivante (Tivavouane, 19 décembre) indique sans y insister que la tournée dans le Guet n'alla pas sans encombre, que le Commandant y courut de grands dangers. Des marabouts, excités par Ahmadou Bemba, « prêcheur de guerre sainte », cherchaient à soulever les populations contre le chef blanc. Quelques-uns étaient suivis de plusieurs centaines de fanatiques: « Malgré mon caractère pacifique, dit simplement Jeandet, j'ai dû faire flamber les repaires de quatre ou cinq de ces bandits, dont je me suis, du reste, emparé, les retenant, eux les coupables, et renvoyant les égarés. »

En arrivant à Tivavouane, il reçut une délégation des notables du Fouta Toro, l'invitant instamment à venir leur donner un roi. En effet l'excellent *Lam* qu'il leur avait choisi naguère à la place du perfide Sidirk, son ami Amady Notago était mort à la fin de novembre, probablement empoisonné. « Crime politique », dit Jeandet. Et il ajoute : « Ceci entre nous, puisque je n'ai pas de preuves; mais je connais des misérables qui, dans leurs propres intérêts, sont capables de tout. »

Flatté de se voir ainsi transformé une seconde fois en « Warwick au petit pied », il ne put que répondre que cela dépendait de la volonté du gouverneur. Mais à ses parents il avoue que, bien qu'il soit très bien dans le Cayor, il accepterait ce changement tout de même, si on le lui proposait, d'abord par patriotisme, « pour empêcher certaines gens alliés au parti anti-français qui existe au Sénégal, de mettre le désordre dans un pays qu'il a pacifié et de le dominer de nouveau, mais aussi parce qu'il « se complait dans ce rôle de raccommodeur de pots cassés ».

La destinée d'Abel Jeandet est tout entière dans cette affaire du Toro. Tout le reste n'est qu'une succession d'épisodes, les uns brillants, les autres sombres, tous hautement honorables pour lui. Mais nous sommes ici au nœud même du drame, et une logique invisible, mais implacable, ne tardera pas à en déterminer le tragique dénouement.

Cependant Jeandet avait conçu pour le Cayor un projet de la plus haute importance au point de vue civilisateur, stratégique et commercial. Il s'agissait de créer des routes qui, d'abord, relieraient par des lignes droites, les grands villages les uns aux autres et dont le réseau se compléterait peu à peu par des raccords reliant les grands villages aux petits. Cette entreprise, que per-

sonne n'avait encore tentée et à laquelle le budget colonial n'avait
point de fonds à consacrer, il s'y jeta sans autres ressources que
sa volonté, sans autre appui que la confiance et l'affection qu'il
inspirait aux chefs noirs. Il eut, le 25 janvier 1890, un « colos-
sal palabre » à Gambo Guéoul, où tous ces chefs étaient convoqués. Il leur exposa son projet et les avantages qu'ils en retire-
raient. Un de ses amis, le contrôleur des .contributions directes
de Saint-Louis, M. Buquet, qui connaissait sa famille, écrivait le
26 au Dr Jeandet : « Abel a pleinement réussi dans son entreprise... Ce palabre s'est terminé, moi présent, par un grand défilé
des guerriers. Plus de 4.000 hommes à cheval ou à pied étaient
réunis. Le coup d'œil était magnifique et des plus pittoresques,
et donnait une preuve nouvelle de l'influence bienfaisante que
votre cher fils a su acquérir sur ces populations encore sauvages
et peu habituées à être traitées en hommes libres et non en
esclaves par les chefs blancs. »

De son côté, Amédée donnait des détails intéressants sur cette
manifestation. Nous reproduisons en partie sa lettre du 31 janvier, écrite à N'Diagne :

...Le 23 janvier j'étais réveillé à minuit par un envoyé d'Abel qui
me faisait dire de me rendre immédiatement auprès de lui.

Il n'y avait pas de lettre ; j'étais très inquiet et sur le champ je mon-
tai à cheval rejoindre Abel qui était en tournée à Gomba-Gueoul,
c'est-à-dire à environ 60 kilomètres de moi ! J'ai dévoré l'espace et en
moins de sept heures j'étais auprès de lui. Je l'ai trouvé tranquillement
installé au milieu de son camp... Abel avait avec lui des forces considérables, près de 3.000 cavaliers du Cayor. Le Bour Diambour appre-
nant qu'Abel se trouvait sur les frontières, l'avait immédiatement
rejoint avec une escorte seulement. Le 25 au soir nous passions la
revue de tous les camps, accompagnés de l'interprète de Damba War,
chef supérieur du Cayor, et de Gankal, général de cavalerie du Bour.
Les noirs occupaient huit camps, séparés de 5 à 600 mètres chacun.
C'était véritablement un joli coup d'œil de voir ces guerriers noirs veil-

ler auprès des feux, le fusil entre les jambes. Nous nous faisions reconnaître et de suite les tam-tams, les Griots réunissaient leurs accords plus ou moins discordants pour chanter les louanges de leur chef et du Commandant Jeandet. Abel montait son intrépide et fidèle Aïssa, qui s'est très bien comportée pendant cette revue nocturne.

Cependant, le réseau de routes et chemins projeté par Jeandet s'exécutait : une lettre de lui l'annonce.

...Mes chemins commencent à se dessiner. D'après les renseignements qui me parviennent, j'ai déjà environ 80 kilomètres de routes de 30 pieds de large achevés. Pour obtenir un résultat appréciable, il m'en faudra bien 800 ; c'est une affaire de deux mois à peine... Sur les à-côtés des routes, je ferai, de deux mètres en deux mètres, planter des ricins, ce qui aura le double avantage de fournir de l'ombre aux voyageurs et surtout, au moment où le Ministère encourage par des primes importantes la culture de cette plante au Sénégal, d'indiquer les zones qui lui sont le plus favorables. Mes plantations, devenues en quelque sorte des sondages de terrain effectués sur la totalité de l'ancien Cayor, éviteront les tâtonnements, les déboires, les mécomptes, et désigneront presque mathématiquement les portions du sol dans lesquelles la culture de l'arbuste sera rémunératrice et productive.

Je vous dirai que Saint-Louis a déjà eu vent de ma tentative et s'en occupe, je devrais, pour quelques envieux, écrire s'en inquiète. Les voyageurs blancs des trains, apercevant ces travailleurs indigènes occupés le long de certaines parties du parcours de la ligne, voyant de loin en loin des tronçons déblayés, traversant lougans, brousses et forêts, se sont informés. Ils ont appris que c'étaient les routes de *Sandel* ! Cela s'est dit, répété. Bref on vient me regarder, un peu comme un phénomène. — Combien cela coûtera-il ? me demande-t-on. — Rien. — Comment ferez-vous ? — Regardez ! — Réussirez-vous ? — Je le veux ; donc c'est fait.

Et mon travail marche.

Avant-hier, M. Dagobert Dupuis, conseiller général de passage à Tivavouane, tout en me félicitant chaudement, me disait : — Mais. ces gens-là ne savent pas manier la bêche ; qui leur apprendra ?

Je lui répondis en riant et en montrant mes biceps : — Moi, et ça n'est pas en beurre fondu !

Abel Jeandet.

MM. Clermont, maire de Rufisque, Beziat, conseiller privé, Guilla
bert, ingénieur, et bien d'autres sont venus me voir et m'ont encouragé.

C'est qu'en effet l'immense portée d'un tel effort était évident
pour tous. Le député Alfred Gasconi lui écrivit en le félicitant :
« Créer des routes est la première et la plus importante des
œuvres de colonisation que vous puissiez faire. Les conditions
dans lesquelles vous les exécutez sont exceptionnelles, pour ne pas
dire uniques, et, ce travail accompli, vous serez digne de toutes
les récompenses. »

Cette idée géniale, qui eût changé la face de la contrée et
centuplé la richesse de notre colonie si les événements, en appelant Jeandet hors du Cayor pour n'y plus revenir, n'en avaient
interrompu l'exécution dès le début, fut peut-être la conception
la plus grandiose du Commandant ; mais il en eut beaucoup
d'autres, toutes marquées au double coin de la hardiesse et du
bon sens, toutes dénotant la connaissance des hommes et des
choses et une aptitude singulière à en tirer le meilleur parti. Nous
avons déjà parlé de son plan de pénétration pacifique dans le
Sahara, dont l'exécution aurait établi sans coup férir des relations
continues et incalculablement profitables entre le Sénégal et l'Algérie. Nous trouvons, dans une lettre du 2 mars, une autre
application, sur un point de détail, cette fois, de cet esprit ingé-
nieusement pratique.

Il causait, raconte-t-il, avec un conseiller général, de la déci-
cision que le Conseil général de Saint-Louis venait de prendre,
de ramener de 45.000 à 30.000 fr. les *coutumes* payées aux rois
maures qui protègent les caravanes apportant la gomme dans le
fleuve, et tous deux prévoyaient que, de ce fait, le commerce de
la colonie et de la métropole allait subir des pertes considérables. C'était, disait le conseiller général, un gros sujet de

préoccupations pour les négociants de Saint-Louis. Jeandet n'y contredisait pas ; il trouvait la mesure maladroite. — Qu'on touche à cette rente, qu'on la supprime même, je ne demande pas mieux, disait-il ; car en la payant, nous avons l'air de nous reconnaître dans une espèce de vassalité vis-à-vis de ces fantômes de monarques. Mais il faut être assez fort pour pouvoir le faire ; car si nous sommes ensuite obligés de mettre les pouces, qu'adviendra-t-il de notre prestige ? Et qu'est-ce que cette économie de 15.000 francs, dont le bénéfice est déjà plus que mangé par la nécessité où l'on se met d'avoir à toutes les escales des vapeurs en station et armés, pour contenir la mauvaise humeur de ces rois pillards ?

— Eh ! reprit le conseiller général ; à notre place qu'auriez-vous fait, grand politique ? — C'est bien simple ; mais auparavant deux questions. Combien coûte à Saint-Louis la pièce de guinée [1] ?

(Les rentes ou *coutumes* se paient en guinée.)

— Six francs cinquante.

— Où les payez-vous ?

— A Dagana, à Podor, à Saldé et à Matam.

— A Dagana la pièce vaut 7 francs, 10 fr. à Podor, 12 à Saldé et 15 à Matam. C'est donc 4.500 pièces à 10 fr. en moyenne. Eh bien ! que le Conseil décide et crie bien haut que, malgré l'extrême pénurie de ses ressources, il entend ne pas toucher aux *coutumes* des rois maures, et qu'il tient les 4.500 pièces de guinée à leur disposition à Saint-Louis, où elles leur seront remises à eux en personne ou à leurs fils. De cette façon, le roi qui vient toucher sa *coutume* dans la capitale de nos possessions est obligé

---

1. Pièce de toile qui sert de valeur représentative dans une grande partie de l'Afrique.

de présenter ses respects au Gouverneur et, au lieu de faire figure de suzerain recevant un tribut, n'est plus qu'un vassal qui s'incline et fait acte de soumission. D'un autre côté, ces 4.500 pièces, prises à Saint-Louis, ne vous coûtent que 29.000 et quelques francs, et voilà votre économie réalisée !

« Là-dessus, gros coup de poing sur la table, et exclamation : — Tonnerre ! personne n'a pensé à cela. Je vais en parler tout de suite. » — Jeandet le regarda en souriant et lui dit : — « Faites, s'il vous convient. » Ce sourire n'était-il pas sceptique, et l'enthousiasme du Conseiller général fut-il durable et communicatif ? Le temps manqua au Commandant pour nous en informer, ainsi que de ses vues particulières sur le Soudan et sur les affaires du Dahomey. à propos desquelles il avait « tout un plan ». — « Je sais bien que si j'étais mon maître, disait-il à ce sujet, je partirais, et, sans qu'il en coûte un soldat ni un dollar à la France, le roi Gléglé serait vite *ad patres* ou soumis. A la vérité, je risquerais ma peau, mais... » comme il la risquait tous les jours, il n'aurait mis à la partie que son enjeu ordinaire.

Que son plan contre Gléglé ne fût pas mauvais, on est autorisé à le croire par la manière dont il allait en exécuter un autre contre le *teigne* ou roi du Baol, qui envahissait le Cayor.

Mais avant de faire le récit de cet exploit, qui ouvre une période de brillants faits de guerre, la dernière de la vie de Jeandet, nous croyons devoir citer un fragment d'une lettre où il démontre à sa mère, de plus en plus inquiète et impatiente de le voir en France à l'abri du danger, qu'il ne peut vraiment pas renoncer à sa carrière d'administrateur colonial pour des fonctions dans la mère-patrie. On y verra une fois de plus et en même temps, sa noblesse d'âme, sa fermeté, sa tendresse et son bon sens. Il est difficile de lire ces lignes jusqu'au bout sans être véritablement ému.

Tivavouane (15 mars 1890) :

...C'est une grosse affaire d'abandonner à mon âge une carrière dans laquelle je fais honorablement mon chemin, et cela sans motifs sérieux, pour entrer dans une autre. Cette autre ne peut guère être que l'administration préfectorale, où j'ai fait mes débuts en qualité de chef de cabinet de préfets. Mais alors, les services que j'ai rendus dans les colonies me seraient-ils comptés par un autre Ministère qui, en somme, ne me connaît pas et ne me doit rien ? Pour faire valoir mes services, il faudra prier mes chefs actuels de les relater ; le feront-ils avec impartialité si ma détermination les blesse ? Puis il faudra chercher des protecteurs pour appuyer ma demande. A cela vous me répondrez que nous avons des amis puissants, bienveillants, désireux de vous être utiles. Je ne l'ignore pas ; mais si vous saviez combien cela répugne à mon caractère de me transformer en solliciteur ? A ce propos ma chère maman m'écrit : « Si tu ne demandes rien, tu n'obtiendras rien, et tu seras gouverneur à cinquante ans. » Qu'elle se rassure, la chérie ! je ne serai peut-être jamais gouverneur, mais si je dois l'être je le serai certainement bien avant.

Pour revenir à nos moutons, c'est-à-dire à ma rentrée dans l'administration préfectorale, certes ma nomination aurait pour vous et pour moi un grand avantage, notre rapprochement. *Mais c'est tout.* Sera-ce une satisfaction réelle d'amour-propre ? Le premier déboire viendra de ma nomination même ; beaucoup de *bons petits camarades* ne manqueront pas de dire que, si j'avais été capable, on ne m'aurait pas retiré la position que j'occupais au Sénégal pour m'en confier une moindre en France ou en Algérie, et qu'encore je ne dois qu'à mes protections. Puis la politique, des députés, des sénateurs, que je n'estimerais peut-être pas, dont les opinions seront peut-être contraires à mes principes, et dont je serai le valet ! Des journalistes aux abois, qui feront pour moi ce qu'ils font pour tous, qui me déchireront ! Ces chutes de ministère, qui t'angoisseront, chère maman, chaque fois, pour ma position ! Et tant de choses encore ?...

Pourquoi donc changer toujours, quitter la proie pour l'ombre, vouloir que tout vienne à la fois, être impatient de la vie, lorsque la vie, en somme, est bonne matériellement et utile moralement ? Je vous le dis comme je le pense, je quitterais à regret ce pays *où je suis quelqu'un et où je fais quelque chose*, pour une carrière où mon caractère indépendant, mes opinions politiques profondément transformées sur bien des points, mes allures, mes habitudes me seront autant d'obstacles à l'avancement.

Au revoir, mes chers amis. Ces explications données, faites ce que vous voudrez ; je n'ai point de volonté contre vous, moi qui suis parfois si volontaire ! Et puis, n'ayant pas fait, au début de ma carrière, ce que vous désiriez que je fisse, l'un ou l'autre, ce m'est peut-être une punition de Dieu de ne pouvoir aujourd'hui, malgré mes efforts, vous contenter entièrement.

Je vous aime et je vous embrasse bien tendrement.

Votre ABEL.

CHAPITRE VIII

LA DERNIÈRE ÉTAPE

Jeandet fait prisonnier le roi du Baol. — La guerre du Djoloff. — Mission dans le Fouta Toro et le Bosséah. — Bombardement de Kaïdi. — En route pour le Bosséah. — Au grand Aéré. — Assassinat du Commandant. — Les assassins châtiés. — Audacieuses menées de leurs amis ou complices. — Assassinat d'Amédée Jeandet. — Honneurs rendus à la mémoire du Commandant. — Le monument de Podor.

Au moment où le Commandant du Cayor s'en faisait aussi l'agent-voyer en chef et étonnait toute la colonie en trouvant dans les villages noirs tant de terrassiers improvisés, mais pleins d'entrain, le roi, ou *teigne* du Baol, vaste pays limitrophe, faisait brusquement irruption sur le territoire des anciens *damels*, brûlant les cases et enlevant les bestiaux. Le Gouverneur, avisé aussitôt, dépêcha à Jeandet l'ordre de lever les contingents du Cayor et du N'Diambour, pour repousser l'envahisseur et protéger la frontière.

L'ordre arriva le 18 mars. En moins de 48 heures, Jeandet avait rassemblé 6.000 guerriers indigènes, que le *teigne* n'avait pas attendus, et qui suffisaient à garder la frontière de son côté. Mais le Commandant voulait quelque chose de mieux. Prenant avec lui une trentaine de ses meilleurs cavaliers, il s'élança sur les traces du roi du Baol en retraite. Après une chevauchée de vingt-neuf heures, par une température torride, il arrive comme un ouragan dans le camp du *teigne* et lui déclare qu'il est son prisonnier, lui et toute sa troupe. Le *teigne*, à l'apparition inattendue de Jeandet, ne songea même pas à résister, et se laissa emmener avec les 55 cavaliers et les 150 fantassins qu'il avait avec lui jusqu'à Tivavouane, sans qu'il y eût un coup de fusil de tiré, six jours après l'ordre d'entrée en campagne.

Cette prouesse, digne des légendes de chevalerie, ne pacifiait cependant pas entièrement le Baol. Les deux favoris auxquels le *teigne* laissait toute l'autorité, Tialao, son frère, et Diaffé, son neveu, restaient en armes et recrutaient des partisans. Le Commandant savait que leur haine pour les blancs faisait d'eux des boute-feux perpétuels, et que la tranquillité ne se rétablirait point qu'ils ne fussent écrasés. Dès qu'il eut mis ses prisonniers en sûreté, à Tivavouane, il entra donc dans le Baol avec un détachement de guerriers du Cayor. Il atteignit d'abord Diaffé, qu'il défit. Tialao, qui avait gagné le Niani avec un certain nombre de cavaliers, lui donna plus de peine. Il le poursuivit jusqu'à 300 kilomètres de Tivavouane. Ce ne fut qu'au bout de neuf jours d'une espèce de chasse à courre, et après cinq combats, qu'il le vainquit définitivement et le tua (26 avril).

Amédée accompagnait son cousin dans cette expédition. Il s'y conduisit vaillamment. En une occasion, n'ayant avec eux deux que quatre cavaliers, ils attaquèrent une troupe de 80 guerriers du Baol, et les mirent en fuite en faisant onze prisonniers.

Le Gouverneur ne voulut ni annexer cette conquête à la colonie, ni rétablir l'ancien *teigne*, qui n'avait que trop montré le cas que l'on pouvait faire de sa bonne foi. Il fit procéder à l'élection d'un nouveau *teigne*, dans un grand palabre convoqué par le capitaine de Willers, qui avait été envoyé au Baol avec un détachement de spahis, pour y maintenir l'ordre après les victoires de Jeandet. Le *teigne* élu fut Thanor, chef appartenant à la famille royale, et qui avait su s'insinuer dans les bonnes grâces du Boroum. Abel Jeandet n'avait voulu prendre aucune part à cette élection pour deux raisons : la première, c'est qu'il avait la certitude que Thanor était le meurtrier de son ami, le lieutenant Minet ; la seconde, c'est qu'il le savait détesté dans le Baol.

Tout cela est jeté pêle-mêle dans un billet du 15 avril, où sa plume va sur le papier de la même allure que son cheval dans la brousse :

         Amis bien aimés,

Figurez-vous des chevauchées, des randonnées, des espions à dépister ou à lancer, des courriers à expédier, des convois de vivres à organiser ! Vous comprenez que je ne puis vous écrire, ni vous dire ce qui se fait ici... Feu partout ! Priez pour moi, car je passe au travers de tant de dangers, que je ne sais comment j'en sors, — et j'ai besoin du secours de vos prières. J'ai pris le roi du Baol à moi seul. J'ai poursuivi, vaincu et tué ses deux lieutenants. J'ai reçu un coup de coutelas à la cuisse ; il est en voie de guérison. J'ai écrit au Gouverneur, à propos de l'élection de Thanor comme *teigne* du Baol, élection que je désapprouve. Vous savez qu'homme d'honneur, je dis toujours la vérité, dût-elle me nuire. Je suis débordé, accablé, mais bien portant. En vrai, je gagne mille fois ma croix.

        Je vous aime.

           Votre ABEL.

Tandis que Jeandet griffonnait fiévreusement cette lettre pour Verdun, le Directeur des Affaires politiques lui adressait ce télégramme : « Le Gouverneur, désireux de vous récompenser, vous prie de lui dire quelle proposition vous préférez ». La délicatesse de ce procédé toucha vivement le Commandant qui, comme on s'en doute bien, répondit que ce qu'il préférait, c'était d'être de nouveau proposé pour la croix.

Une longue lettre, écrite le 5 mai, pendant une courte période de calme qui suivit cette glorieuse expédition du Baol, s'y rattache étroitement, et est aussi d'un intérêt singulier par le jour qu'elle jette sur l'état social des noirs du Sénégal, leurs divers caractères ethniques et les services ou les obstacles que notre colonie peut attendre d'eux. Nous en citons les parties essentielles.

... Ce qui vient de se passer dans le Baol était en germe depuis longtemps. Pour bien saisir les tenants et les aboutissants de l'affaire, trois choses sont nécessaires : 1º la connaissance de la constitution politique du pays ; 2º celle de ses relations avec nous ; 3º la connaissance enfin des faits et des autres causes qui ont motivé notre intervention...

Depuis 1883, nous avions avec le Baol un traité de paix et d'alliance dans lequel il était spécifié d'une part que le *teigne* protégerait notre commerce et autoriserait, moyennant un droit déterminé, l'installation de nos traitants dans son royaume ; d'autre part, qu'il continuerait à être le maître chez lui, et dirigerait son peuple d'après les mœurs et coutumes du pays.

Ce pays ne se gouverne pas tout à fait comme ses voisins. Sa constitution est absolument féodale. Il y a une famille royale, celle des Fall, parmi les membres de laquelle le *teigne* est toujours choisi, le frère succédant au frère, ou le neveu à l'oncle. Autour du *teigne* et de ses héritiers se groupent sept ou huit grands feudataires, pourvus de titres et d'attributions qui correspondent assez bien aux attributions de nos différents ministères, tels que le *Maître de la porte*, chef chargé de renseigner le roi sur tout qui se fait, se dit, entre ou sort de son empire, ministre de l'Intérieur et préfet de police à la fois ; le *Maître de la poudre*, ou ministre de la guerre ; le *Maître de la cavalerie*, quelque chose comme le généralissime, car c'est un fait à noter que le roi ne commande pas en chef et ne combat jamais qu'au milieu de son infanterie, laquelle est presque entièrement formée de ses captifs de case ; et — chose qui va renverser toutes les idées de ces Messieurs de Paris, qui parlent des captifs comme un aveugle des couleurs, — ces soldats sont d'une fidélité inébranlable, même devant la mort. Chacun de ces grands feudataires est le chef d'une province dont, comme celle du trône pour le roi, la possession se transmet par héritage brisé, de frère à frère, ou d'oncle à neveu.

Au-dessous, des chefs de moindre importance pour les cantons ; enfin la masse du peuple dans les villages sous la direction d'un chef de village, qui est l'homme du chef de canton, comme le chef de canton est l'homme du haut feudataire, qui est lui-même l'homme du roi.

Toutes les chefferies, hautes ou basses, sont réservées aux *diambors*, ou hommes libres, sans lesquels ou en dehors desquels rien ne se traite ni ne se fait. Dès la circoncision, les jeunes *diambors* ont le droit d'assister aux palabres, afin de s'instruire et d'acquérir, au contact des anciens, les connaissances nécessaires à la direction des affaires que leur position sociale peut les appeler à manier ; mais ils n'ont aucune voix, même consultative, dans les assemblées, petites ou grandes, avant qu'ils ne soient chefs de famille et qu'ils n'aient été, au moins une fois, en expédition de guerre...

— Mais, me direz-vous, voilà une caste entièrement fermée. — Non ; on y entre comme dans la noblesse en France, autrefois, par le courage et la fortune. Une guerre éclate ; tout ce qui est désigné sous le nom de *badolo*, la vile multitude de M. Thiers, se terre et laisse la caste des guerriers, les *diambors*, mener le différend. Mais ces guerriers ont des suivants, qui sont *badolos* ; et parmi ces *badolos*, il en est que les émotions du champ de bataille, l'espoir du pillage, la haine ou l'amour, quelqu'une enfin des grandes passions humaines, fait agir et transforme. Dans ces conditions, un *badolo*, au lieu de demeurer aux bagages, *croche* la queue du cheval de son maître et tous deux, cavalier et fantassin, entrent d'un élan fantastique dans la phalange ennemie. Le *badolo* n'a que son poignard pour arme ; comme costume, un lambeau de guinée ; comme amulettes, deux où trois morceaux de bois retenus par des cordes, que sa femme, sa sœur, sa mère ou sa fiancée, a fait consacrer par la salive d'un marabout. Il est frotté d'huile d'arachides et glisse comme la couleuvre hors de l'étreinte de l'adversaire ; son *gobard* (poignard) coupe les jarrets des chevaux, s'enfonce dans leur ventre, pendant qu'il clame le nom du guerrier auquel il s'est attaché en y joignant le sien, encore inconnu. Le combat achevé, il rentre avec son maître, blessé comme lui, plus que lui presque toujours. Et son maître le présente au roi en disant : — « Je te donne cet homme, qui aujourd'hui est devenu mon frère ; tu as deux fils ». — Dès lors, le *badolo* est un guerrier, un *diambor*. Il a fourni sa première étape.

Quand la fortune est adverse et le soleil voilé par la brume de la défaite, le *badolo* revient seul du combat, chargé de la selle de son maître. Rapporter la selle, c'est, dans ce pays, ce qu'était jadis, à Sparte, rapporter le bouclier, et le *badolo* qui a sauvé ainsi le renom de courage de son maître, est par cela même sacré guerrier. Sa mère entend les griots chanter ses hauts faits ; elle le voit devenu *diambor* et assistant au conseil. Il s'est montré capable de défendre son pays et son peuple ; qui donc lui contesterait le droit de prendre part aux délibérations des anciens ?

Pour arriver par la fortune, il n'y a guère qu'un moyen, et il est beaucoup moins direct. Un *badolo* quitte son village, court les pays voisins, fréquente les blancs, vend et revend, petitement d'abord, les denrées en usage, fait tous les métiers, tâte de tout, amasse, entasse et revient. Il achète des troupeaux, s'entoure de nombreux captifs, agrandit ses cases, donne des cadeaux aux chefs et aux notables, fait étalage de ses richesses, enfin jette son dévolu sur une fille libre, de bonne famille, mais pauvre. Il donne une dot considérable et l'épouse. *Badolo* il est, *badolo* il demeurera ; mais le fils qu'il aura de cette femme libre sera *diambor*.

Ainsi se recrute la caste dirigeante ; elle est constituée solidement, car elle émane de la bravoure et de la richesse, et elle se rajeunit sans cesse par l'apport de ces deux éléments, bases de toute société forte.

Ce que je viens d'exposer est identique pour tout le pays noir de la Sénégambie : Djoloffs, Toucouleurs, Peuhls, Bambaros, Sarakolé,

Soninké, Malinké, etc. Mais le Baol présentait ceci de spécial que sa population était presque entièrement composée de *tiedos*. Retenez bien ce nom ; dans cinquante ans d'ici, il ne représentera plus qu'un souvenir, *par notre faute,* et c'est la grande erreur politique de nos gouverneurs du Sénégal. J'en excepte trois : Faidherbe, Canard, Brière de l'Isle, tous trois militaires. *Cedat armis toga !* Hélas !...

Qu'est-ce donc qu'un *tiedo* ? Le *tiedo* est l'indigène franc et vrai de race noire. Nos fusils ont tué ses pères et les ont vaincus : il garde le souvenir et le respect des vaincus. Les grandes invasions maures l'ont subjugué, lui ont arraché ses fils et ses femmes ; mais il continue ses courses aventureuses dans le pays maure pour, après un siècle, enlever à l'ennemi héréditaire le *ponrogne* (descendant de captif djoloff et de maure), qui conserve dans ses veines une goutte du sang des aïeux. Les marabouts prêcheurs de guerre sainte, les grands *talibés* ont passé sur lui, sur sa terre, sa famille, ses villages, sans le marquer de leur empreinte. Il ne s'est jamais plié à l'étroite loi religieuse et politique du Prophète. Il croit en un Dieu, mais il ne supporte aucun joug. Libre il est né, libre il meurt, et gaiement, toujours debout, bravant l'ennemi et lui jetant, avec une dernière insulte, une dernière volée de poudre et de fer. Le *tiedo* ne connaît que le pillage, la razzia, l'attaque, — forte race qui chante, rit et BOIT. Soumis, il est allié fidèle, exprime ses regrets du temps passé où il pouvait chaque jour aspirer la poudre, mais se plie à nos usages. Vivant dans son pays, sous son roi, avec la promesse qu'on respectera son territoire, ses coutumes et ses mœurs, il n'y peut tenir, se répand de temps à autre en vastes chevauchées, rafle des troupeaux, tue les bergers, risquant toujours loyalement sa vie.

Ce sont ces hommes que, sans nous donner la peine d'apprendre à les connaître, au mépris des traités, au mépris aussi du bon sens qui devrait nous rappeler que notre piètre civilisation a mis quinze siècles à se former, nous prétendons refaire du jour au lendemain. Ce sont ces natures sauvages, mais en somme dévouées lorsqu'elles se sont données, que nous voudrions refondre dans notre moule banal de civilisés décadents. Dans cette œuvre de *déformation,* nous sommes poussés par qui ? Par le marabout, notre seul et grand ennemi au Sénégal comme dans toute terre musulmane. Je soulignais plus haut d'un triple trait le mot boire. Oui, le *tiedo* « boit » ; oui, il se moque des momeries de l'Islam. Il garde ses coutumes, adore sa liberté, nous gêne souvent, nous sert toujours, et accourt à nos colonnes chaque fois que l'on parle bataille. De là la haine du marabout fanatique, rampant, plat, traître, qui nous accable de ses protestations de dévouement et dont le travail souterrain tend à nous rendre le *tiedo* suspect et à nous l'aliéner de manière à provoquer sa destruction. Aveugles qui ne comprenons pas que le *tiedo* est le seul appui sur lequel nous puissions compter, la seule barrière qui existe entre nous et les instigateurs du grand mouvement musulman qui doit jeter le monde noir de l'Afrique sur les blancs et les engloutir sous cette vague effroyable de deux millions de sauvages fanatisés...

Le Commandant se proposait sans doute, après avoir ainsi exposé la constitution du Baol et, par la même occasion, de tout le monde noir dans l'Ouest africain, de traiter les deux autres points énumérés au commencement de sa lettre, mais les événements ne lui en laissèrent pas le temps. Le Bourba du Djoloff, Ali Boury, depuis qu'il n'était plus sous l'influence directe de Jeandet, oubliait le traité signé un an auparavant, dont la ratification, du reste, ne lui était jamais parvenue ; et brusquement, il nous déclara la guerre.

Le 16 mai, le Commandant du Cayor, qui devait appuyer, par une marche de flanc, la colonne principale sous les ordres du colonel Dodds, était à Caldou avec ses troupes noires, et prenait des dispositions pour couper au Bourba la route du désert de Ferlo. La colonne du colonel se composait de 435 hommes d'infanterie blanche, avec huit canons. L'objectif commun était Yang Yang, la capitale du pays ennemi. Le 18, Dodds et deux officiers d'état-major vinrent au camp de Caldou passer en revue les guerriers du Cayor. Le Colonel complimenta chaudement Jeandet sur la tenue de ses hommes. Nous trouvons, dans une lettre du 31, écrite à Yang Yang, un récit succinct de cette campagne.

... C'est le 21 de ce mois qu'avec l'élite du Cayor et un escadron de spahis, je quittai Caldou pour marcher en avant, après avoir pris les ordres du colonel Dodds, commandant supérieur des troupes et commandant de la colonne expéditionnaire. Je formai, ce même jour, mon ordre de marche qui devait, — à moins de dispositions immédiates à prendre sous le feu, par suite de manœuvres soudaines et impossibles à prévoir de la part de l'ennemi, — demeurer mon ordre de bataille ; et je le fis très simple, et identique pour toute attaque franchement dessinée, les contingents ne pouvant comprendre que des choses simples et des manœuvres se rapprochant le plus possible de leur propre manière de combattre. Donc, le 21, de Caldou à Tiamen, 22 kilomètres ; le 22, de Tiamen à N'Daven et de N'Daven à Dandium, 43 kilom. ; le 23, de N'Dandium à M'Bahiem, 31 kilom. ; le 24, de M'Bahiem à Tiavoli et Tieng, à 10 kilom. en arrière de Yang Yang, sur la ligne du triangle Siguières et Kol Kol, pour couper la ligne de retraite du Bourba, 51 kilom. Ce jour-là, je suis arrivé sur mes positions à midi ; j'étais parti à 2 heures du matin. J'avais été rejoint en route par les contingents du N'Diambour, du N'Guick Merina et du Oualo. Le Colonel, à qui l'escadron de spahis s'était rallié, fut obligé, à cause de son infanterie, de faire halte. Il est arrivé en vue de Yang Yang, à 5 heures du soir. Lors de notre arrivée, Yang Yang était évacué, les cases du *tata* brûlées, tous les villages déserts...

Le Bourba était en pleine fuite. Prévenu, dans la matinée, par un de ses batteurs d'estrade, qu'il avait fait halte de l'autre côté de Yang Yang, Jeandet, laissant le gros de sa colonne en arrière, s'élança sur ses traces avec 1.200 chevaux, espérant le surprendre ; mais le nuage de poussière que soulevait cette cavalerie dans un pays nu signala son approche, et lorsqu'il arriva sur le lieu du campement, il ne trouva que quelques chevaux et quelques traînards. A la nuit les cavaliers du N'Diambour, lancés plus avant, rencontrèrent l'arrière-garde de l'ennemi, lui tuèrent quelques hommes, en perdirent deux, et rentrèrent avec 150 ou

200 bœufs, des femmes, des enfants que le Commandant ins-
talla dans les villages abandonnés. Mais reprenons son récit :

... Le 25, je me rapproche de Yang Yang. A 10 heures 1/2, au
moment où nous nous mettons à table, le feu prend au quartier d'infanterie ; il se propage malgré nos efforts ; de toutes parts les cartouches éclatent. On évacue les quartiers de l'artillerie et de la cavalerie. Un incendiaire est signalé ; on l'arrête, on le fusille sur place.
Le Colonel pense que c'est l'annonce d'une attaque prochaine. Je l'informe que, dès le début du sinistre et dans la prévision d'un coup de
main, j'ai préparé mon monde, et que chacun est à son poste... A
4 heures, je fais desseller et descends moi-même de cheval.

Au camp du Colonel, plusieurs cas d'insolation, dont un seul mortel. C'est un sergent-major qui est la victime. On l'enterre, et c'est
par le corps de ce brave que nous prenons possession de la terre djoloff.

A 9 heures, le Bour N'Diambour m'annonce qu'une quarantaine
d'hommes à lui et du Oualo ont trouvé environ 2.000 bœufs d'Ali
Boury renfermé dans un *sanié*, sorte de fortification faite de troncs
d'arbres. Ils ont attaqué, et ont perdu 15 hommes et 8 chevaux.
Parmi les morts, Birahima Labla, un bon chef. Les défenseurs, au
nombre d'environ 300, ont perdu, de leur côté, une cinquantaine
d'hommes, mais ont maintenu leur position. Je pars, et razzie le troupeau après avoir détruit le sanié. J'ai eu grand'peine à empêcher
l'égorgement des vaincus.

Le 26, nous partons pour Siguières, évacué la veille par le Bourba,
qui a incendié les cases et bouché les puits. Journée sans eau. On
souffre gaiement. 42 kilomètres.

Le 27, nous arrivons à Ouarkhor ; 17 kilom. ; de l'eau.

Le 29, nous sommes à N'Dundié, dans le Ferlo Fouta ; 41 kilom.
Pas d'eau, nous vivons sur les peaux de bouc.

Le 30, retour à Yang Yang ; nomination, en qualité de Bourba, de
Samba Laobé Penda. Et voilà !... Je vous aime de tout mon cœur.

Avant de quitter Tivavouane, j'ai fait entrer Amédée en qualité
d'employé à la Compagnie française de l'Afrique occidentale. Le
pauvre garçon ne pouvait plus rester à N'Diague, où il s'ennuyait à

mourir, disait-il, et où il ne faisait pas de brillantes affaires. J'espère qu'il saura se tenir dans la place qu'il occupe à présent et où il a d'assez bons appointements. Vous voyez, chers amis, que malgré mes nombreux travaux, je n'oublie pas la famille. Je tâche de parer à tout.

Cette expédition du Djoloff, dont on fit à peine mention en France en la présentant comme « une simple opération de gendarmerie », ne se fit pas sans de grandes fatigues. Jeandet, à son habitude, n'y insiste guère. Mais on en aura une idée assez juste en lisant la relation d'un soldat de la colonne Dodds, le sergent Theveniaux :

« Le 18 mai, dit-il, la marche devient pénible, le pied enfonce dans le sable ; on décharge les soldats de leurs sacs, qu'on place sur les chameaux. Le 19 mai, l'eau est rationnée ; elle est noire, mauvaise et sent les œufs pourris. Le 20, on souffre de la soif ; les chameliers vendent un bidon d'eau de 2 à 3 francs. Le 22, le sable devient de plus en plus mouvant et la marche plus pénible. Le 23 mai, on fournit environ 20 chameaux par compagnie ; les hommes font une partie de l'étape à pied, l'autre à chameau. Les hommes sont exténués, ils tombent de fatigue. Les officiers ne se soutiennent que par leur énergie. Le sergent-major Fèvre tombe mort, frappé d'insolation. Le capitaine Marmet, frappé aussi d'insolation, tombe de son cheval, mais il reprend connaissance... »

Un autre sous-officier, le brigadier de spahis Barberot, écrit à propos de Jeandet : « Il savait manier ses noirs et les prendre de telle façon qu'ils faisaient des courses impossibles pour apporter un peu d'eau des marigots, afin d'étancher la soif du pauvre soldat. Tous les spahis lui doivent une grande reconnaissance... Je l'ai vu donner la ration d'eau qui lui était destinée, bien qu'il mourût de soif comme les autres, à deux pauvres soldats tourmentés par la fièvre. En un mot, c'était le père et l'ami du soldat. »

Cet escadron de spahis, qui avait ainsi appris à connaître et à aimer Jeandet, resta dans le Djoloff, après le départ du colonel Dodds, pour prévenir un retour offensif possible de la part d'Ali Boury. De son côté, le commandant du Cayor ne rentra pas immédiatement à Tivavouane. Il dut procéder à la réorganisation du pays et prendre les mesures nécessaires pour lier solidement à nos intérêts le nouveau Bourba. C'est pendant cette période que se place l'épisode relaté dans une correspondance de Saint-Louis au journal *Le Temps*, datée du 21 juin. Nous reproduisons les termes mêmes du correspondant sénégalais :

« L'escadron de spahis, qui était resté dans le Djoloff, vient de se distinguer. Ayant appris qu'Ali Boury construisait un *tata* sur la frontière de Ferlo, il a traversé en cinquante-six heures le désert — ce désert où quelques jours auparavant Ali Boury avait laissé la plupart de ses hommes morts de soif, — et a détruit le *tata* commencé. Ali Boury, prévenu à temps, a de nouveau réussi à prendre la fuite.

« Cette manifestation paraîtra insignifiante. Elle n'en a pas moins produit un grand effet sur les noirs, sur Ali Boury lui-même, et aura un grand retentissement. *Jamais un Européen n'avait traversé ce désert*, où l'on ne trouve pas une goutte d'eau. Avoir réussi sans perte d'homme et avoir mis cinquante-six heures pour aller et revenir, paraît extraordinaire aux habitants du pays. »

L'escadron de spahis fit là une chose unique, c'est entendu. Mais il n'eut pas spontanément et collectivement l'idée d'un tel exploit. Il suivit un chef ; et ce chef, dont le correspondant de Saint-Louis n'a pas l'air de soupçonner l'existence, c'était Jeandet.

Sa conduite, cependant, était connue de tous. Le colonel Dodds déclarait officiellement que M. Jeandet avait « rempli sa mission avec une rare intelligence et une grande énergie », et il ajoutait : « Je considérerai comme une récompense personnelle celle que je demande pour lui, la croix de la Légion d'honneur » (16 juin 1890). Le gouverneur Clément Thomas, rappelant l'expédition du Baol et sa proposition antérieure, appuyait « tout particulièrement » la proposition du colonel commandant supérieur des troupes expéditionnaires du Djoloff, dans ses notes officielles d'où nous extrayons ces lignes : « Par sa vive intelligence, son adresse, l'ardeur avec laquelle il prend en main la cause de ses administrés, il s'est fait adorer des indigènes du Cayor et du N'Diambour, au grand profit de notre influence dans ces pays. » En même temps il lui adressait directement une lettre de félicitation conçue dans les termes les plus flatteurs [1].

On pouvait croire que le commandant, enfin de retour à Tivavouane, allait jouir d'un peu de calme jusqu'au moment où il prendrait le paquebot pour la France. Ce moment, si ardemment attendu à Verdun, avait été fixé au mois d'août d'abord, puis en septembre. Mme Jeandet, redoutant d'avoir encore à souffrir des contre-temps et des retards, avait écrit au Gouverneur son inquiétude et son désir de mère, et M. Clément Thomas, en la rassurant et en lui disant la haute estime en laquelle il tenait le commandant, finissait ainsi sa réponse : « En ce qui concerne la rentrée en France en congé de convalescence de votre fils, cela n'offre aucune difficulté. M. Abel Jeandet n'a qu'à m'adresser une demande à l'effet d'être autorisé à passer devant le Conseil de Santé, et, cette formalité remplie, je lui délivrerai immédiatement un congé de convalescence de trois mois.

Tout était donc prévu et réglé. Encore quelques mois de patience, et ils étaient sûrs d'être réunis, c'est-à-dire d'être heureux.

1. Voir à l'appendice, p. 186.

Sur ces entrefaites, le Directeur des affaires politiques, Tautain, écrivait à son ami Jeandet (19 juin) que les affaires du Toro, par la faute de l'administrateur qui commandait à Podor, allaient de mal en pis, et que, si lui, Jeandet, consentait à quitter pour quelque temps le Cayor, il n'y avait guère que lui en qui on pût avoir confiance et qui fût capable de réparer les bévues d'un administrateur qui n'avait pu tenir ni aux affaires indigènes, ni dans la banlieue de Saint-Louis, et qui, malgré son incapacité notoire et les soupçons qui planaient sur lui, retombait toujours sur ses pieds. Il est vrai qu'il passait pour l'instrument de mulâtres très connus à Saint-Louis pour être hostiles aux idées et aux intérêts français. On répugne à croire que ce pût être là une des causes de son immunité.

Les mouvements du Baol et du Djoloff n'étaient que des manifestations particulières d'un esprit général de révolte et de lutte dont était agité le monde noir. Dès le commencement du mois de juin, le commandant Jeandet avait noté dans le Guet une sourde fermentation, excitée, comme toujours, par les marabouts, auxquels les traitants mulâtres donnaient leur appui. Il se produisait de nombreuses émigrations. Beaucoup de Toucouleurs, des hommes armés de fusils, quittaient le pays ostensiblement. Jeandet avait dénoncé ces mouvements à Saint-Louis; il y voyait des préparatifs concertés pour une attaque contre nos possessions, et il demandait qu'on agît énergiquement contre les principaux chefs Abdoul Boubakar, Mamadou son fils, Ali Boury et quelques autres. Il avait même offert de mener à bien cette opération de police, « à la douce », avec ses cavaliers du Cayor. Il ne pouvait donc pas se récuser lorsqu'on lui demandait de prévenir l'insurrection et de rétablir l'ordre dans le Toro Fouta.

Ce fut le 16 juillet que, de Saint-Louis, où il était fêté par le Gouverneur, l'Évêque, le Colonel et tous les amis qu'il s'était faits, il annonça à ses parents qu'il allait être « chargé d'une mission politique pour le Fouta », avant son départ pour France, qui restait toujours fixé pour septembre.

Sa première lettre datée de Podor est du 23. Elle contient, ainsi que les suivantes, un tableau animé et suffisamment complet de son existence à cette époque.

... Le 9 au soir, j'arrivais à la gare où j'étais reçu par cet excellent Buquet et par Aubry Lecomte qui, avec Tautain, est à la direction des Affaires politiques. Tautain qui, la veille, avait vu mourir son quatrième enfant et dont la jeune femme était plus malade de sa douleur que des suites de son accouchement, n'avait pu les accompagner....

J'eus bientôt par Aubry l'explication de la situation. En deux mots, voici. Les opérations du Soudan, qui nous ont mis aux prises avec Amadou Skeikou, lequel dispose d'une force guerrière considérable et d'une puissance religieuse plus considérable encore, car il s'intitule et est réellement le chef des croyants de cette immense partie de l'Afrique, — ces opérations qui, bien que toutes à notre avantage, ne l'ont pas véritablement entamé et nous ont coûté bien du sang généreux, — je ne parle pas de l'or, — ont eu pour unique résultat de surexciter les passions religieuses dans tout le pays toucouleur qui s'étend de Ségou à Podor. A Saint-Louis même, pour vous donner un aperçu de la surexcitation des esprits, les affiches annonçant nos succès sont déchirées aussitôt. Dans le Guet, province du Dayor, pareil fait s'étant produit après la prise de Ségou, j'y suis allé, je me suis emparé du marabout coupable et j'ai brûlé sa case : l'exemple a suffi.

Or il faut, pour le Fouta Toro, le Lao, le Bosséah, le Damga, le Fouta Ferlo, les Maures Bracknas et Dowichs, une main et une tête. Le Gouverneur m'a choisi. Ce m'est un grand honneur, dont je lui suis bien reconnaissant.

Le soir même de mon arrivée, en rentrant chez Aubry avec Buquet, et bien qu'en tenue de voyage, ayant vu de la lumière au Gouvernement, je dis à Buquet : — Attends-moi une minute; je vais saluer le Boroum. — Je le trouvai avec Bancal et Malliomé, capitaines de spahis;

ce dernier officier d'ordonnance, et Gélot, son chef de secrétariat. Je le saluai. Il me tendit les deux mains. — Ah ! mon cher Jeandet, vous voilà ! toujours solide au poste ! — Un peu fatigué, Gouverneur, mais toujours à vos ordres. — Je le sais, mon cher ami ; aussi j'abuse peut-être, car je vous envoie là où je ne pouvais ni ne voulais envoyer personne autre que vous. — Alors, Gouverneur, je ne suis plus fatigué. Quand prendrai-je vos instructions ? — Mon cher ami, faites-moi le plaisir de prendre d'abord un verre de Champagne. Demain, vous viendrez déjeuner avec moi ; votre couvert sera toujours mis. Pour les instructions vous n'en recevrez pas ; vous aurez carte blanche...

Je vis, bien entendu, Tautain et causai longuement avec lui. De tous les renseignements recueillis soit à Saint-Louis, soit ici depuis mon retour, il résulte que notre pauvre Fouta n'est plus dans notre main. Je me mets à la besogne et j'espère avoir refait le pays d'ici la fin d'août. Je partirai alors pour France ; j'ai promesse du Gouverneur. Du reste, ma mission est toute pacifique et de palabres. Vous pouvez donc, chers parents bien-aimés, dormir sur vos deux oreilles.

Mon départ et mon arrivée ont donné lieu à deux manifestations des plus touchantes. Le 8 au soir, les négociants et les traitants blancs de Tivavouane m'ont offert un punch d'adieu, auquel assistait Amédée. Le 9, au moment de mon départ, tous étaient à la gare, ainsi que les traitants noirs et de couleur, pour me serrer la main et m'exprimer leurs regrets. Depuis mon arrivée à Podor, je ne puis sortir des députations et des *tam-tams*. Cela me touche profondément.

Tous mes chefs du Cayor, du N'Diambour et du N'Guick sont venus à Saint-Louis demander au Gouverneur mon maintien dans leur pays. Il était épaté.

Mille baisers. Je vous aime. Votre

ABEL.

Godéré près Bomba (Lao), ce 29 juillet 1890.

Amis bien aimés,

J'ai déjà fait de la besogne. Comme je vous l'ai dit, les événements du Soudan et du Djoloff ont profondément troublé le pays toucouleur. Le Damga, le Bosséah où Ali Boury et Abdoul Boubakar, roi du

Bosséah, tiennent encore la campagne, les Aleybés, les Irlabés nous échappaient entièrement. Dans le Fouta Toro nous n'avions pas, il y a huit jours, cent guerriers dévoués. Le roi du Lao seul nous était franchement sympathique, mais il demeurait avec ses seuls hommes de case, isolé au milieu de son peuple hésitant ou hostile...

J'ai pris les grands moyens en me transportant au centre de l'insurrection et en appelant à moi les chefs et les rois. Déjà je puis considérer le Toro comme entièrement rallié; il en est de même de la puissante tribu des Aleybés... Mais j'ai dû agir vigoureusement et prendre de ma propre autorité bien des mesures radicales qui, je me hâte de le dire, ont reçu l'entière approbation du chef-lieu. Une grande dépêche officielle du Gouverneur, dépêche chiffrée répondant à un pli très important que je lui avais adressé, se termine, en clair, par ces mots :

« Vous félicite du travail fait, qui prouve une fois de plus combien on peut compter sur votre intelligence et votre dévouement. »

Dans ce travail que j'ai accompli, les points les plus importants sont :

1º La suppression de la royauté représentée par le Lam Toro, successeur inepte de ce brave Amady Notago, décédé;

2º La transformation du Fouta Toro et des Aleybés en une confédération de chefs alliés, mais indépendants les uns des autres, avec toutefois des « coutumes » absolument identiques pour l'ensemble des chefs et de leurs pays, afin d'avoir partout même poids et même mesue ;

3º Acceptation par eux tous d'un léger tribut payé à la France, ce qui place le pays sous notre dépendance, les rivalités entre les chefs noirs nous étant un sûr garant qu'aucun d'eux ne pourra rien tenter contre nous ; ils se surveilleront mutuellement : — diviser pour régner;

4º La promesse d'un entier concours dans le cas où une action de guerre serait nécessaire dans le Bosséah ou le Damga.

5º Poussant Saint-Louis et m'élevant contre les demi-mesures et la temporisation, qui ne pouvait qu'enhardir nos ennemis, j'ai obtenu le bombardement de Kaïdi, opéré hier, 28 juillet, par l'aviso *La Cigale*, avec grandes pertes pour Abdoul Boubakar et Ali Boury, qui en avaient fait leur centre d'opération. Ces deux rois fuient actuellement chez les Maures Dowichs, et chaque jour plusieurs de leurs guerriers viennent me demander l'*aman*, que j'accorde généreusement.

6º Enfin, les Irlabés, bien travaillés, commencent à se rapprocher sérieusement de nous.

Cela ne se fait point sans quelques fatigues, mais je les supporte gaillardement en pensant au résultat que j'obtiens...

Nous trouvons dans une lettre de la même époque, adressée à son ami Buquet, un commentaire intéressant de cette vague allusion à « quelques fatigues ». Jeandet pouvait dire à un camarade ce qu'il se serait bien gardé de raconter aux deux chers vieillards dont l'inquiétude n'avait pas besoin d'aliment.

... Tes journaux ont été les bien reçus, ainsi que les deux volumes des *Annales* qui font mes délices, d'autant que, depuis quelques jours, je suis très souffrant et que le temps serait d'une désespérante longueur si je n'avais quelque régal littéraire à savourer. Un léger embarras gastrique avec tendance prononcée aux vomissements, fièvre peu intense, mais continue, inappétence, soif extrême, céphalalgie, langue saburrale, tous ces symptômes m'ont fait craindre un instant quelque chose de grave. Tout est à peu près rentré dans l'ordre aujourd'hui. Je ne suis point vaillant, mais je ne suis plus abruti, ce qui est un gain.

Cette indisposition, arrivée comme mars en carême, me contrariait d'autant plus que j'avais fort à faire. Je crois en avoir pigé le germe en allant à Aéré. J'ai dû me mettre deux fois à la nage pour traverser, au retour, des marigots qu'à l'aller j'avais franchis presque à pied sec. Tu me connais, je hais les impedimenta. Donc, comme vêtements de rechange, *amoul dara* ! Là-dessus une tornade par une nuit relativement fraîche. Je suis demeuré sans un poil de sec pendant plus de trente heures. Et voilà !

... Dis à Tautain que tout va bien. Il n'y a plus qu'un léger point noir entre les Aleybés et les Ouadalbés, à propos d'une délimitation de territoire. J'arrangerai cela à l'amiable, j'en ai la certitude. Alors le Toro sera dans nos mains...

L'administrateur qui partageait alors avec Tautain la direction des affaires politiques écrivait à Jeandet en date du 6 août :

« Vous avez eu raison, décidément ; le bombardement de Kaïdi
a fait très bon effet... Une dépêche de Saldé, de ce matin, annonce
encore la désertion de 60 hommes d'Ali Boury, dont 24 *griots*.
Les griots, c'est comme les rats ; quand le navire doit sombrer,
on prétend qu'ils décampent tous. Espérons que la barque qui
porte la fortune d'Ali Boury et d'Abdoul Boubakar n'est pas
loin d'aller tutoyer le fond de la mer ! Vous aurez, mon cher
ami, contribué pour une bonne part à la saborder. »

Les succès obtenus étaient donc considérables et déjà féconds
en conséquences heureuses [1]. Mais tant que les agitateurs principaux, trop fanatisés ou trop compromis pour pouvoir venir à
résipiscence, ou y être reçus, n'étaient pas pris et détruits, tant
qu'ils tenaient la campagne, quelque réduites que fussent leurs
forces ou éloigné leur centre de résistance, rien de ce qui venait
d'être fait n'était définitivement acquis ; on avait changé le
désordre en ordre instable, sujet à des troubles dont subsistaient
encore les ferments. C'était bien le sentiment de Jeandet, comme
on le voit dans ces quelques lignes d'une lettre qu'il écrivait de
Podor, le 16 août, à son cousin Amédée :

... Les nouvelles se résument dans la prière adressée par les notables
du Djoloff de les recevoir à merci. Tous les jours ces fendeurs arrivent
par un, par deux, par bandes. C'est Omar Diane qui a porté leur sup-
plique à Saint-Louis. Quant aux autres, Ali Boury, Penda, Makoure
Dia, Maïp Diap, etc., ils sont près de Saldé. Codey a été tué au bombardement de Kaïdi, en se sauvant. Ali Boury, avec sept cavaliers,
s'est enfui vers Ahmadou Cheïkou. Abdoul tient seul la campagne. Il
est à deux journées de marche de Kaïdi avec Sidi Ahmet, à un point
nommé Gauki Eyba, rive maure. J'espère que nous irons l'y piger...

---

1. Kaïdi est devenu un centre important de colonisation. C'est la clef du
haut fleuve. Dès le premier moment, Jeandet prit des mesures pour l'occuper
solidement et le faire fortifier. On n'eut, en cela comme en beaucoup d'autres
choses, qu'à suivre l'impulsion donnée par lui.

On semblait, en effet, en haut lieu, décidé à ne pas s'arrêter en chemin et à poursuivre l'ennemi jusqu'à ce qu'il fût vraiment hors d'état de nuire. Jeandet se tenait prêt à tout événement. Il avait demandé à Demba War, le président de l'assemblée des chefs du Cayor, de lui envoyer quelques guerriers de choix, pour associer son ancienne province à son action présente dans le Fouta, et aussi, il est permis de le penser, pour avoir autour de lui un petit noyau d'hommes dévoués dont il partagerait les dangers, mais qui le garderaient des embûches possibles ; car, comme le lui écrivait naguère un des gros traitants blancs de Tivavouane, M. H. Messirel, le Toucouleur, au contraire des noirs du Cayor, « est faux, méchant, hypocrite et vindicatif ».

Cette garde du corps, partie de Tivavouane le 21 août, arriva, par petites étapes, au rendez-vous, qui était le village d'Aéré, le 3 septembre ; elle ne trouva plus à garder qu'un cadavre.

Le 25 août, le commandant de Podor recevait, des Affaires politiques, une dépêche avec la mention « extrêmement urgent », et ainsi conçue :

« Ibra et Ismaïla ont passé le fleuve le 24 avec leurs guerriers pour cerner Abdoul de concert avec Colonel. Mais je viens d'apprendre que jeunes gens villages bords Sénégal passeraient fleuve pour secourir Abdoul... Je crois qu'il serait utile de préparer une bonne petite colonne Aleybé Toro, qui rejoindrait sous votre commandement... Quand cela pourrait-il être prêt ? »

Le commandant Jeandet répondit aussitôt : « Colonne sera réunie le 30 au grand village d'Aéré. Je partirai ce soir. Prière me télégraphier aujourd'hui même et me donner instructions sur ce que devrai faire aussitôt que je serai prêt à marcher. »

Les instructions demandées ne vinrent pas. Néanmoins, dès le 26, Jeandet était à Grand Aéré avec sa colonne, attendant toujours des ordres. Le 29, il reçut un télégramme tellement incompréhensible, qu'on est conduit à penser que la dépêche originale du Gouvernement avait été interceptée et interpolée en route par un des *alliés* qu'Ali Boury et Abdoul Bakar, au dire de l'officier de marine Boyert [1], avaient en trop grand nombre à Saint-Louis.

Pendant ces quelques jours d'attente, le commandant Jeandet, mal remis de ses dernières fièvres, à la veille de s'engager dans une expédition peut-être longue, en plein pays sauvage, où le climat, les miasmes du sol, l'épuisement physique n'étaient pas moins à redouter que les coups des ennemis, se sentant déjà obscurément entouré d'intentions hostiles, profita de ce répit pour écrire à ses parents et à son cousin Amédée. Dans la première lettre, que nous avons déjà citée en partie, il manifeste comme toujours une joyeuse et vaillante confiance ; il en exagère même l'expression, trahissant ainsi le doute et l'effort. Dans l'autre, il cache à peine ses pressentiments et fait avec une sérénité grave ses recommandations suprêmes.

Grand Aéré, 4 h. 1/2 du soir, le 30 août 1890.

Amis bien aimés,

Par suite de mes courses, j'ai reçu à trois jours de distance vos deux dernières lettres. Ne soyez jamais chiches de cette nourriture de l'âme, car elle me soutient, elle m'est nécessaire au milieu de mon existence si remplie, si aventureuse que je ne sais plus si je suis un simple mortel ou un héros de roman. Ce qui me fait supposer que mes fibres sont encore bien humaines et que je demeure un citoyen de notre pauvre planète, c'est que je bois, mange, chevauche, fatigue comme le plus heureux des hommes. Puis, *je pense, donc je suis*. Cette pensée, je me hâte de le dire, vous l'occupez chaque jour, et chaque jour je sens se

1. Lettre du 24 juillet 1890.

raccourcir le temps de la séparation. J'ai encore un coup de collier à donner, et je suis en route pour cela. Je vais rejoindre le Colonel, qui me désire pour pacifier le Bosséah. Notre base est Kaïdi. Tout cela sera terminé dans une quinzaine. Il me faudra de quinze à vingt jours pour liquider mes affaires, et je vous arriverai.

Si le prochain courrier ne vous portait pas de lettre, ne soyez pas inquiets ; ici les communications sont à peu près coupées. Mais *je me porterai toujours bien*.

J'étais, en effet, de la marche dans le désert de Ferlo, à la tête de 150 cavaliers d'élite et de 50 spahis. On n'avait jamais osé le tenter.

Vous savez que le Gouverneur part. Ce m'est un grand chagrin. Il avait pour moi de l'estime ; il n'y avait pas d'affaire dont je ne fusse, et quand quelque chose craquait, j'étais chargé d'en recoller les morceaux. Lui parti, qui se souviendra de mes services ? Qui tiendra la main à ce que les promesses de récompenses méritées qui m'ont été faites, ne restent pas sans effet ?...

Aéré, 31 août 1890.

Mon cher ami,

Je suis au Grand Aéré avec 450 hommes du Tòro et des Aleybés. Je n'attends plus que les derniers ordres du Gouverneur pour aller, à la tête de cette petite colonne, rejoindre le colonel *Dodds* dans le Bosséah. Tautain m'a télégraphié que je serais sérieusement engagé. Je le souhaite. La campagne sera difficile dans ce pays couvert d'eau. Mais j'espère m'en tirer à mon honneur.

J'ai envoyé hier deux mots chez moi. Je parle d'une mission toute pacifique et parais très rassuré. Écris à Verdun dans le même sens, sans trop insister, afin de ne pas de nouveau inquiéter mes pauvres parents.

Si les affaires marchent bien, je compte en avoir fini vers la fin du prochain mois.

Il est probable qu'une fois dans l'intérieur, je ne pourrai pas t'écrire. Ne t'inquiète pas outre mesure de ce silence. Je ne vais pas mal et, quoique fatigué, je me sens en état, à moins d'imprévu, de tenir quelque temps encore. Je te regrette, mon cher Amédée ; je suis seul avec des guerriers et des chefs dont quelques-uns ne me paraissent pas bien sûrs. Mais les exigences de la vie ne nous permettent pas, hélas ! de faire ce que l'un et l'autre nous voudrions [1].

Au revoir ; travaille bien, bon courage, bonne santé ! Je t'embrasse comme je t'aime, de tout mon cœur. Ton cousin, ton frère et ton meilleur ami.

ABEL.

P.-S. — Tautain est un vrai camarade ; il a l'attention, dans chacune de ses dépêches officielles, de s'inquiéter de ma santé. N'oublie pas ce témoignage d'affection dans tes rapports avec lui. Pour ceux que tu auras avec mon successeur P..., ils devront être *très mesurés*. C'est un homme dont il faut se défier.

Pour accentuer le caractère testamentaire de cette lettre écrite au crayon, le commandant y avait enfermé un papier, écrit au crayon également, et portant ce titre : « État de ma situation à

---

1. Dans une lettre écrite par Amédée après la mort de son cousin (18 sept. 1890), nous trouverons cet intéressant passage : « Le jour de son départ de Tivavouane, quittant un Cercle où il était adoré de tous, je l'accompagnai à Piré, où je devais descendre. Le train arrivé à la station était déjà en marche que nous nous tenions encore embrassés, pleurant tous deux comme des enfants. C'était vraiment un pressentiment que nous ne devions plus nous revoir ; car bien souvent Abel avait eu des missions tout aussi dangereuses à remplir ; il partait toujours gaiement, plein d'entrain ; ce qui faisait que moi-même je n'étais pas tourmenté de le voir partir. Je me disais : « Il s'en sortira bien ! » Mais cette fois-ci, ce n'était plus ça. Le pauvre ami me tenait les deux mains et me serrait à me broyer, et il me regardait avec ses yeux si bons et pleins de franchise. — « Courage ! courage ! » me disait-il.

Revenus à la réalité, nous nous aperçûmes que le train avait pris toute sa vitesse. Je voulus sauter, il m'en empêcha. — « Malheureux ! Tu veux donc te tuer ! Reste, tu descendras à la prochaine gare. Hélas ! qui sait quand nous nous reverrons ? » — J'étais heureux de cette circonstance, qui me permettait de passer encore quelques instants avec lui. C'était la dernière fois ! Que ne l'ai-je suivi ! Qui sait ? Le misérable n'aurait peut-être pas eu le courage de commettre son crime, ou peut-être se serait-il trompé en tirant »...

ce jour, 31 août 1890 ». Il y détaillait d'abord ce qu'il devait, le plus gros et presque le seul item de cette partie du compte étant une dette qu'il avait contractée pour Amédée et qu'il prenait à sa charge; puis ce qui lui était dû, soit par l'État, soit par des particuliers. Il énumérait ensuite ce qu'il possédait : environ 40 bœufs ou vaches chez le Bourba des Djoloffs, et un cheval de race à Saldé. « Tout cela, disait-il, serait à vendre pour, le produit, être ajouté à mon avoir et envoyé chez moi ». Ce document se termine ainsi :

Si je tombe quelque part, ce sera en Jeandet; et toi, Jeandet, tu seras le fils de mes chers et pauvres parents.

Fait sain de corps et d'esprit, pour servir et valoir ce que de droit.

F.-A. JEANDET.

Le commandant Jeandet n'eut même pas la consolation de se sentir tomber comme il le souhaitait, en vendant chèrement sa vie. Ce brave fut tué comme un lièvre au gîte par un ignoble assassin (2 sept., 9 h. du matin). Un Toucouleur de la colonne nommé Baydi Katié, lui tira un coup de fusil presque à bout portant. Les trois balles dont l'arme était chargée pénétrèrent sous l'aisselle et ressortirent de l'autre côté de la poitrine. La mort fut instantanée.

L'affreuse nouvelle parvint à Verdun deux jours après. Nous n'essaierons pas de peindre la douleur du père et de la mère, à jamais privés de leur fils, au moment où, après un si long désir et tant d'angoisses, ils se réjouissaient de pouvoir bientôt le serrer dans leurs bras.

L'assassin, son coup fait, avait pu prendre la fuite. Mais des cavaliers se lancèrent promptement à sa poursuite et l'un d'eux ne tarda pas à se saisir de lui. D'un autre côté, aussitôt l'attentat connu à Saint-Louis, le Gouverneur envoya un bateau à vapeur avec l'administrateur Édouard Martin et le capitaine Pinaud pour faire une enquête.

Cet administrateur, grand ami de Jeandet, remplit sa mission avec tout le zèle possible. Nous en trouvons le récit circonstancié dans une longue lettre qu'il écrivit de Saint-Louis aux parents de son pauvre camarade, en date du 16 novembre.

....Comme je vous l'annonçais par ma première lettre, je partais le 4 au matin, avec le capitaine Pinaud, pour procéder à une enquête sur les faits et causes qui avaient amené la mort de mon ami, rechercher les coupables et les punir avec la dernière sévérité, après en avoir conféré télégraphiquement avec le Gouverneur. Le 6 au matin nous arrivions à Podor. M. Riquetty, employé des Postes et Télégraphes, nommé provisoirement administrateur du Cercle de Podor par intérim, nous rendit compte que le corps d'Abel était arrivé le 3 au soir, lendemain de sa mort, dans une pirogue, recouvert de son manteau de voyage et enseveli dans un linceul par les soins de l'employé des postes d'Aéré. M. Riquetty, qui était aussi un bon ami d'Abel, avait tout préparé pour ses funérailles, et l'enterrement a eu lieu à 5 heures du soir, au milieu d'une grande affluence de la population et des traitants de Podor. M. Riquetty lui a rendu les derniers devoirs avec tout le cérémonial qui était à sa disposition.

Nous trouvâmes à Podor l'assassin, qui avait été amené la veille. Il était aux fers, et M. Riquetty avait déjà procédé à un premier interrogatoire, qui était exactement semblable à celui auquel nous procédâmes le jour même. C'est le chef peuhl Ardo Bantou, qui aimait beaucoup Abel, qui a arrêté seul, à 40 kilomètres d'Aéré, le meurtrier, Baydi Katié. Voici la réponse que nous a faite l'assassin :

« Oui, c'est moi qui ai tué Jeandet, mais ce n'est pas une vengeance personnelle que j'ai exercée, attendu qu'il ne m'a jamais fait que du bien, et que l'amende qu'il m'a infligée n'était pas une raison assez forte pour motiver un aussi grand crime ; car je suis un grand criminel d'avoir tué un homme universellement aimé ; il n'y a pas de supplice assez grand pour me punir. Si j'ai tiré sur Jeandet, c'est que j'y

ai été poussé et même contraint par ceux qui sont mes chefs, presque
mes maîtres. C'est l'ancien Lam Toro Sidirk et le prince Mamadou
Yoro, de la famille des Déthié, qui m'ont commandé le crime. Le premier me disait que Jeandet était l'ennemi de leur race, que c'était lui qui
l'avait destitué, lui Sidirk ; qu'il avait laissé régner jusqu'à sa mort le
Lam Amady Notago (famille des Amady N'Gaye), mais qu'à l'avènement de Sidi Abdoul, de la même famille que lui, ne pouvant le destituer, il avait aboli la royauté dans le Toro, leur enlevant, à tous les
princes, l'espoir de jamais régner ; que si Jeandet mourait, tout revien-
drait dans la même situation qu'auparavant, et que lui, Sidirk, ayant
des chances de régner, il me donnerait des terres et me ferait cadeau
de son beau cheval blanc (le cheval du commandant) ; qu'il fallait profiter de l'expédition qui se préparait pour le tuer. Mamadou Yoro me
tint à peu près le même langage. Enfin ils firent tant miroiter à mes yeux
la situation brillante qui me serait faite, que je leur promis ce qu'ils me
demandaient, non sans avoir résisté ; ils sont revenus plusieurs fois à
la charge avant de me décider. Le matin où j'ai tué Jeandet, avant le
crime, je me trouvais en dehors du village avec Sidirk et Mamadou
Yoro, qui m'exhortaient encore à ne pas faiblir, me disant que l'occasion était bonne, puisque j'allais comparaître devant le Commandant
pour répondre d'une accusation portée contre moi par Boubakar
Abdoul, frère du dernier Lam, et que probablement je serais puni, et
par conséquent je m'affranchirais de cette punition en leur rendant
service. Ardo Bantou vint me trouver et me dit, lui aussi, qu'il fallait
tuer Jeandet, et il me donna quatre balles pour ajouter aux trois que
j'avais déjà dans mon fusil [1]. Je me rendis donc à l'appel du commandant qui m'infligea deux bœufs d'amende à payer au retour de l'expédition, et me dit que je devrai faire partie de sa suite pour porter sa
valise, et que je n'étais pas digne de combattre. Je devais lui remettre
mon fusil, que j'avais déposé contre le mur ; et, de dehors, je fis feu
sur le Commandant et m'enfuis. Je sais ce qui m'attend ; je mérite tout
ce que vous pouvez me faire ; mais je déclare que j'ai été poussé et je
n'avais aucune animosité contre Jeandet. Si j'avais dû me venger d'un

1. L'enquête a démontré que l'accusation portée contre Ardo Bantou n'était
qu'une calomnie de l'assassin, qui voulait se venger de celui qui l'avait pris et
livré. (Note de l'administrateur Édouard Martin.)

affront, j'aurais tué le Lam Toro, qui m'avait fait frapper de cent coups de corde en pleine place publique. Je ne l'ai pas fait. Jeandet, au contraire, m'avait fait du bien. Quand Amady Notago est mort, son frère, Boubakar Notago, m'a remis une lettre à porter à leur ami Jeandet à Tivavouane, dans laquelle il lui faisait part du décès du Lam. En me congédiant, Jeandet m'a donné une pièce de toile blanche de 50 mètres, m'a payé mon voyage par chemin de fer jusqu'à Saint-Louis et m'a encore donné de l'argent pour pouvoir rentrer chez moi. Comment voulez-vous que je l'eusse tué, pour deux bœufs d'amende, qu'il ne m'aurait peut-être pas fait payer ; il était si bon pour tout le monde ! Allez ! je suis un grand criminel et je mérite tout ce que vous pourrez me faire ; je ne réclamerai pas. »

Voilà ce que nous a dit l'assassin. Et c'était l'exacte vérité ainsi qu'il appert d'autres dépositions.

Le matin du 7, nous avons convoqué tous les traitants et habitants de Podor pour aller rendre les honneurs à Jeandet sur sa tombe. Le capitaine du remorqueur qui nous avait amenés, entouré de son équipage, nous a accompagnés au cimetière. Sur la tombe quelques paroles ont été prononcées, et nous nous sommes tous inclinés devant l'homme de bien et le vaillant soldat qui dormait sous la terre. Amédée et le brave Buquet, qui nous avaient accompagnés dans notre voyage, étaient suffoqués par les larmes.

Le soir nous partîmes pour Aéré. Nous nous fîmes désigner l'endroit où Abel avait campé et où il avait été tué. Nous revînmes à Podor le 10, et, le soir, après avoir fait exécuter le meurtrier en place publique, devant toute la population et les chefs du Toro convoqués à cet effet, nous repartîmes pour Saint-Louis, emmenant les deux instigateurs du crime, Sidirk et Mamadou Yoro. A 15 milles de Saint-Louis, nous rencontrâmes un vapeur ayant à son bord M. Aubry Lecomte, administrateur, un sous-lieutenant et un détachement de 25 hommes qui embarquèrent sur notre vapeur. M. Pinaud embarqua sur le petit vapeur qui redescendit à Saint-Louis, et je repartis avec M Aubry Lecomte et le détachement. Nous avions ordre de retourner à Podor avec les prisonniers et de les y exécuter en place publique comme l'assassin lui-même[1]. Le 14 au soir nous débarquions : le 15

1. Dans une lettre à son ami Buquet (28 sept.), le même Édouard Martin

au matin, Sidirk et Mamadou furent décapités, suivant les ordres du gouverneur Clément Thomas qui, malheureusement, partit trop tôt, sans quoi les représailles ne se seraient pas arrêtées là.

La mort de notre pauvre ami a porté la désolation dans toute la population du Sénégal, blanche ou noire. On l'aimait autant qu'on l'estimait, ce qui n'était pas peu. Les chefs du Cayor ont eu un instant l'idée d'envahir le Toro, de le mettre à feu et à sang pour venger leur ami ; la peur de déplaire au Gouverneur, qui ne pouvait approuver une guerre entre deux peuples sous notre protectorat, les a seule arrêtés [1].

M. Buquet a fait faire une croix qui est partie hier au soir pour Podor, où elle sera mise en place par l'agent des Postes. Je vais monter dans un mois à Podor et je ferai maçonner la tombe qui n'a pu l'être jusqu'ici parce qu'on n'avait pas trouvé de matériaux sur place...

Cette triple exécution devait avoir son contre-coup à Saint-Louis. Les amis de Jeandet ne cachaient point leur dessein de poursuivre partout les meneurs du parti anti-français, dont ils avaient l'occasion de dévoiler les actes de corruption et les intrigues criminelles. Ceux-ci payèrent d'audace. Le chef de la justice au Sénégal, un mulâtre de Cayenne, nommé Ursleur, proche parent d'un administrateur dont nous avons eu à mentionner la mésaventure aux Affaires indigènes et qui avait remplacé Jeandet au Cayor, émit la prétention de poursuivre au criminel les fonctionnaires qui avaient participé à l'exécution des assassins de notre héros. « Podor était, arguait-il, terre fran-

donne quelques détails sur cette exécution : « Sidirk et Mamadou Yoro, dit-il, sont morts comme des lâches qu'ils étaient ; ils ont presque pleuré sur le lieu du supplice. Leurs têtes ont été exposées pendant 24 heures, et ensuite enterrées pour être conservées à Saint-Louis avec celle de Baydi. Les corps ont été promenés pendant trois jours à Podor et dans les environs, puis ont disparu. »

1. Demba War et les Chefs du Cayor votèrent une somme de cent francs, qu'un d'eux, le chef Tieyacine, fut chargé de porter à la Direction des affaires politiques, à Saint-Louis, afin de faire dire des messes pour le repos de l'âme de leur ami Jeandet.

Abel Jeandet.

11

çaise, faisant partie intégrante de la colonie; ni l'autorité militaire, ni l'administration n'y avaient droit de justice, et surtout
de justice sommaire ; les accusés devaient être jugés régulièrement par le tribunal de Saint-Louis. En conséquence, il y avait
lieu de poursuivre M. Clément Thomas, gouverneur; M. Tautain, directeur des affaires politiques ; MM. Aubry Lecomte
et Édouard Martin, administrateurs ; le capitaine Pinaud ;
M. Riquetty, directeur du télégraphe de Podor, et M. Buquet,
contrôleur des contributions.

La vérité est que le meurtre avait été commis à Aéré, en territoire étranger, et par des étrangers, le Toro étant pays de protectorat, et non province française. Mais nous ne nous attarderons
pas à réfuter une thèse dont l'application, dans toutes les circonstances analogues, aurait pour effet certain l'avilissement de
notre autorité et la multiplication des trahisons et des révoltes.
M. Étienne, qui était alors sous-secrétaire d'État pour les colonies, ne la trouva point de son goût ; il rappela d'urgence en
France le chef du pouvoir judiciaire Ursleur et coupa court aux
poursuites.

Mais les amis de Sidirk ne désarmèrent point. Les mêmes
hommes que nous avons vus cherchant à corrompre Jeandet lorsqu'il avait procédé à la déposition et au remplacement du Lam
Toro devenu, depuis, son assassin, suscitèrent alors la veuve de
cet ex-Lam. — Laquelle des femmes de l'ancien chef avait droit
à ce titre plus qu'une autre ? — Cette veuve, aidée d'un avocat
qui, apparemment, n'avait pas le choix des causes, se portait partie
civile et réclamait 50.000 francs de dommages-intérêts au gouverneur Clément Thomas et à son successeur M. de Lamothe,
ainsi qu'aux autres fonctionnaires responsables de la mort de son
époux ! Battue devant le tribunal de Saint-Louis, cette négresse,
pour laquelle notre procédure n'avait point de secrets, en appela

à la métropole et porta l'affaire devant le tribunal civil de la Seine, lequel se déclara incompétent.

Ce fut la fin de la comédie. La tragédie devait avoir un épilogue.

Le cousin d'Abel, Amédée Jeandet, fut à son tour assassiné dans la nuit du 13 au 14 mars 1891. Il représentait la Compagnie française de l'Afrique occidentale à Piregouraye, sur la ligne du chemin de fer de Dakar à Saint-Louis. Cette nuit-là un noir vint le chercher de la part de M. Regard, le chef de gare, qui, disait le prétendu messager, s'était trouvé subitement très mal et le demandait en toute hâte. Amédée se leva et, à peine vêtu, se dirigea vers la gare. On le trouva, le lendemain matin, la tête fracassée et posée sur un rail. Les assassins avaient transporté là leur victime, pour que le premier train qui passerait, en lui écrasant le crâne, effaçât les traces du crime et fît croire à un suicide. C'est, d'ailleurs, la version qu'adopta tout de suite l'administrateur du Cercle, le parent du juge Ursleur, que nous avons déjà vu jouer un si triste rôle dans plusieurs circonstances : il refusa net de procéder à une enquête, et il fallut en charger tout spécialement un commissaire de police de Saint-Louis. Cette dernière incartade, disons-le en passant, lui valut d'être mis en disponibilité et, un peu plus tard, rayé des cadres.

Les assassins furent arrêtés et punis de leur crime, dont le mobile était le vol. C'est du moins la conclusion à laquelle l'instruction aboutit. L'habile machination du guet-apens, les précautions prises pour donner le change sur la nature de la mort, la conduite extraordinaire d'un administrateur ami et parent des amis et protecteurs de Sidirk et de Mamadou Yoro parurent à beaucoup de fortes raisons pour penser que les meurtriers des deux cousins avaient été des instruments mus par les mêmes haines et les mêmes intérêts. Ajoutons que la Compagnie fran-

çaise de l'Afrique, voulant honorer la mémoire d'un bon serviteur qu'elle avait déjà eu le temps d'apprécier, fit ériger une
tombe à Amédée Jeandet au lieu de sa résidence, Piregouraye.

Dès que la nouvelle de la mort du commandant Abel Jeandet
était parvenue à Saint-Louis, le gouverneur Clément Thomas
avait décidé qu'un service religieux serait célébré à sa mémoire et
qu'un monument lui serait élevé à Podor. Cette décision, rati-
fiée par le ministre de la Marine, avait été officiellement portée à
la connaissance de la famille. En même temps, le sous-secrétaire
d'État aux colonies, M. Étienne, chargeait le gouverneur du
Sénégal de le représenter aux obsèques du commandant Jeandet,
et de prononcer l'éloge du défunt en y joignant l'expression des
regrets que causait à l'administration la fin tragique de ce fonctionnaire; il ajoutait : « Ses obsèques, qui auront lieu en grande
pompe, seront faites aux frais de l'État. »

Le *Journal officiel du Sénégal et dépendances* rendit compte de
la mort du commandant Jeandet dans son numéro du 4 septembre 1890, qui parut encadré de noir.

Le service religieux fut célébré solennellement en l'église de
Saint-Louis, le 12 septembre. L'évêque d'Abder, vicaire et préfet
apostolique à Saint-Louis, officiait. Le gouverneur Clément
Thomas et tous les fonctionnaires des bureaux du gouvernement,
le commandant supérieur colonel Dodds et tout son état-major,
y assistaient. La musique des tirailleurs sénégalais prêtait son
concours. Une grande partie de la population se pressait dans
l'église, devenue trop étroite.

A Podor, la tombe de Jeandet, simple pierre surmontée d'une
croix de bois noir, comme nous l'avons dit, a été pourvue, non
pas d'une grille, mais d'un simple entourage, par les soins d'un
successeur du commandant, l'administrateur Vincent, qui fit
raser la case du meurtre à Grand Aéré, et ériger une croix sur son

emplacement. Cette tombe est dans le cimetière même, terrain clos, qu'ombragent de grands arbres toujours verts, des tamariniers, au dire de l'explorateur Fabert, qui a senti la poésie du lieu. « Des nuées d'oiseaux, écrit-il, s'y reposent au coucher du soleil et des tourterelles y font leurs nids ».

Cependant le conseil général de notre colonie du Sénégal ne s'est point montré oublieux ni ingrat envers Abel Jeandet; il lui a payé noblement sa dette de reconnaissance, en faisant élever, sur la place principale de Podor, un monument à sa mémoire. Nous empruntons au *Journal officiel du Sénégal* (avril 1894) la relation de cette cérémonie.

« Le 11 avril, a eu lieu à Podor l'inauguration du monument
« élevé à la mémoire d'Abel Jeandet, administrateur colonial
« tué à Aéré le 2 septembre 1890. Les événements sont encore
« trop récents pour qu'il y ait lieu d'en rappeler les détails. C'est
« au moment où Jeandet allait, à la tête des contingents du Toro,
« procéder à une démonstration dans le Bosséa qu'il fut assassiné
« par Baïdi Katié, indigène de Guia (canton de Guédé). Les offi-
« ciers de *la Salamandre*, les fonctionnaires qui se trouvaient à
« Podor, les chefs du Toro et les principaux traitants et notables
« de l'escale se sont réunis à dix heures du matin autour du
« monument commémoratif. Le directeur des affaires politiques,
« délégué spécialement par M. le gouverneur du Sénégal, a
« retracé, en quelques mots, la carrière d'Abel Jeandet et fait
« l'éloge des qualités de ce fonctionnaire. Il a terminé son
« allocution par la lecture d'une lettre de M. Clément Thomas,
« actuellement gouverneur de l'Inde, gouverneur du Sénégal
« au moment où fut tué Jeandet. Puis, M. Guillaumet, un
« jeune explorateur qui se rend au Soudan, a lu un sonnet com-
« posé par lui en l'honneur de Jeandet[1] ».

1. Voir l'appendice.

Ce monument, élevé sur la principale place de Podor, se compose d'une pyramide en marbre blanc d'Italie, avec l'inscription suivante gravée en lettres d'or :

A LA MÉMOIRE D'ABEL JEANDET

Administrateur colonial, directeur des Affaires politiques
du Sénégal et dépendances,
assassiné le 2 septembre 1890 à Aéré,
en service commandé,
victime de son devoir et de son patriotisme.

Le Sénégal l'a pleuré et honore sa mémoire.

A cette figure de vaillance, d'honneur et de bonté, telle qu'elle ressort de toutes les pages de ce livre, il manque cependant un trait qu'on peut trouver négligeable, mais sans lequel elle nous apparaîtrait comme moins touchante et en quelque sorte inachevée. Cet homme d'action, ce patriote héroïque, avait l'esprit raffiné d'un intellectuel. Après sa mort, on trouva dans sa case, à Aéré, trois petits volumes qu'il emportait dans son expédition : les *Méditations* de saint Augustin, un recueil d'*Extraits des Traités philosophiques* de Cicéron, et l'exemplaire des *Œuvres de Virgile* que son grand'père, le chirurgien, avait avec lui dans ses campagnes, sous le premier Empire.

Aujourd'hui la saine et généreuse race des Jeandet est éteinte. Mais leur dernier représentant restera longtemps encore dans le souvenir des colons et des noirs du Sénégal. Son nom, parmi eux, deviendra légendaire : pour les uns, ce sera le modèle de l'administrateur et de l'officier français, pour les autres le type du chef blanc puissant et bon.

Notre ambition serait comblée si ce livre contribuait à mettre en honneur dans la mère patrie, comme elle l'est dans l'Afrique occidentale, la mémoire d'Abel Jeandet.

Nous aurions la satisfaction profonde non pas seulement d'avoir rendu à un des plus nobles enfants de la France l'hommage qui lui est dû, mais aussi d'avoir évoqué, aux yeux de générations qui ont trop besoin d'un tel exemple, l'image d'un Français intelligent et fort qui voulut passionnément, dût-il en mourir, servir et glorifier son pays.

APPENDICE

I

NOTE SUR LA PLANTE ADIANA, PAR A. JEANDET

La graine que tu m'as chargé de déterminer, cher père, est portée par un arbuste désigné, en djoloff, sous le nom d'*adiana*. Cet arbuste est vivace, atteint la taille de 1 m. 80 environ, n'est pas encore cultivé, pousse à l'état natif dans tout le Cayor, le N'Diambour et le N'Guick Merina.

Sa graine séchée, concassée et brûlée, remplace pour les noirs du Sénégal, et cela de Lao à Dakar, c'est-à-dire sur une étendue d'environ 2000 kilomètres, le café. Moi-même j'en ai bu souvent. C'est, à mon avis, et associé au bakis, une autre de ces plantes du Sénégal dont les noirs ne dévoilent les propriétés qu'à leurs amis, un fébrifuge très puissant. Les feuilles de l'adiana sont employées pilées comme compresses dans la céphalalgie. Les racines, mêlées aux feuilles du baobab (*lalo*), constituent un remède très énergique contre les coliques, au dire des noirs. Ce qu'il y a de certain, c'est qu'à mon retour des camps peuhls de M'Maffar, atteint de coliques sérieuses, provoquées par l'eau salée que pendant 62 heures j'avais dû boire pour ne pas mourir de soif, je fus sauvé par l'infusion à froid des racines d'adiana associées au lalo.

Différentes maisons de commerce de Saint-Louis commencent à faire acheter l'adiana par leurs traitants noirs. Ils paient environ 6 fr. les 100 kilog. Il est évident qu'au point de vue médical il y a quelque chose à faire.

Mais voilà ! voudra-t-on faire quelque chose ?

II

RAPPORT SUR LES AFFAIRES DU FOUTA TORO,
ADRESSÉ AU GOUVERNEUR DU SÉNÉGAL PAR L'ADMINISTRATEUR JEANDET

Podor, le 5 janvier 1888.

Monsieur le Gouverneur,

J'ai l'honneur de vous rendre compte de la situation politique du Toro au moment de mon installation en qualité d'administrateur du Cercle de Podor, ainsi que des mesures que j'ai cru devoir prendre pour ramener le calme dans le pays et pour tenter d'enrayer le mouvement d'émigration qui pousse vers le Djoloff et le Nioro la population peuhl et toucouleur de cette contrée.

Au lendemain de mon arrivée, je profitai de l'absence des délégués qui vinrent à Saint-Louis présenter leurs doléances à Monsieur le Gouverneur, pour me livrer à une enquête secrète, aussi étendue que possible, en quelque sorte nouvelle, afin de me renseigner sur la valeur des accusations formulées contre le Lam Toro, Sidirk Boubakar, sur le degré de créance qu'on devait leur accorder, ainsi que sur les préférences que les gens du pays pouvaient avoir en faveur de tel ou tel candidat, au cas où les actes irréguliers qui avaient été signalés à Monsieur le Gouverneur rendraient nécessaire la destitution du roi en exercice. De plus j'expédiai des courriers spéciaux au Lam Sidirk et aux dix-neuf chefs qui, d'après l'ancienne coutume du Toro, doivent nommer les rois, avec ordre de se rendre à Podor pour conférer avec moi. Ces divers palabres eurent lieu les 26, 27 et 28 décembre dernier. Les 20 et 21 du même mois, j'interrogeai les traitants de l'escale ainsi que les chefs et les notables des villages de Podor, de Tioffi, de Simou et de Dado. Le 22, 23, 24 et 25, je me transportai dans le même but à N'Diata et à Fundéas.

Si je me suis mis en rapport avec les notables de l'escale et des villages précités, c'est que leurs habitants, bien que n'appartenant pas au Toro (ils sont placés sous notre juridiction directe et paient l'im-

pôt personnel), suivent cependant avec d'autant plus d'attention ce
qui se passe dans cette région que l'état de calme ou d'agitation de la
contrée influe toujours, d'une manière satisfaisante ou fâcheuse, sur
les transactions commerciales dont ils sont les agents les plus actifs.
Je pouvais donc espérer m'entourer, grâce à eux, de renseignements
sérieux basés exclusivement sur l'intérêt général du pays, sans esprit
de parti. Le résultat de ces diverses enquêtes me démontra que Boubakar Sidirk avait, presque dès les premiers temps de son règne, et cela
malgré les ordres de Monsieur le Gouverneur d'alors, remis en vigueur
toutes les vieilles coutumes au moyen desquelles les anciens Almamy
pressuraient le pays et qu'il avait, particulièrement depuis une année,
étrangement abusé du pouvoir qu'il tient de la France pour se livrer
aux actes les plus répréhensibles. Toutefois, avant de vous citer
quelques-uns de ces actes, je dois ajouter que le Lam a été singulièrement aidé dans leur exécution par les divisions et les brigues des
familles qui administrent et peuplent le Toro, dont je prendrai la
liberté de vous exposer en quelques mots la constitution politique.

Deux grandes familles, les Dethié Fall et les Amady N'Gaye, four-
nissent successivement et depuis fort longtemps les candidats à la
royauté. De là une rivalité persistante et, selon que le Lam est choisi
dans l'une ou dans l'autre, des vexations nombreuses et de tout genre
contre les partisans de la famille évincée.

Cette rivalité de deux familles puissantes qui toutes deux possèdent,
même pendant les époques où elles sont le plus effacées et le plus affai-
blies, des partisans et des captifs de case dans presque tous les villages
du Toro, a créé un état politique des plus délicats. Chaque village,
en effet, où se trouvent réunies ou presque confondues, soit par l'intérêt, soit par des mariages, les trois races djoloff, toucouleur et peuhl,
est divisé en deux camps distincts, l'un tenant pour les Dethié, l'autre
pour les Amady ; en outre, dans chaque parti, le chef reconnu rencontre le plus souvent un adversaire personnel dans un membre de
sa propre famille, adversaire qui s'efforce de se faire nommer en son
lieu et place sans autre motif que celui de donner satisfaction aux
esprits inquiets des hommes de la caste à laquelle il appartient, celle
des marabouts ou celle des guerriers. De là deux nouveaux partis et
deux chefs possesseurs de titres différents, selon leur origine de

caste : celui d'Eliman pour les marabouts, celui de Farba pour les guerriers...

Les quatre derniers Lam, Samba Oumané, Ahmadou Abdoul, Ahmet Gaye Siri et Boubakar Sidirk, ayant été choisis dans la famille des Dethié Fall, il en est résulté que cette famille, se croyant appelée à gouverner à jamais le Toro, a perdu toute mesure et traité son propre territoire en pays conquis. Abusant d'un droit ancien, celui de N'Dundy, que Monsieur le gouverneur Canard avait d'abord aboli, puis qu'il avait rétabli, mais amoindri et entouré de mesures restrictives et protectrices, afin de permettre aux Lam de posséder, sans fouler leurs sujets, des forces suffisantes en chevaux, guerriers, armes et munitions pour seconder efficacement l'action de la France à un moment déterminé, — Boubakar Sidirk s'est aliéné par de criants abus la presque totalité de son monde.

Ce droit de N'Dundy, dont l'application et la perception furent régularisées par Monsieur le gouverneur Canard, consistait en ceci : au jour de son élection à la chefferie, chaque élu donnait au roi une certaine quantité de guinée, proportionnée à l'importance numérique du village qu'il était appelé à commander. Mais le chef, une fois nommé, et c'est en cela que consistait la garantie imposée par le Gouvernement français, il ne pouvait être destitué que sur la demande de ses sujets, sur la proposition du Lam, et seulement par l'Administrateur, après que ce fonctionnaire avait exposé, par un rapport au Gouverneur, les faits à la charge du chef incriminé, et qu'il en avait reçu un ordre de cassation. Chaque village, étant appelé à fournir la quantité de guinée destinée à acquitter le droit de N'Dundy, hésitait de ce fait à sacrifier son chef à des questions personnelles ou de peu d'importance, sauvegardait ses intérêts financiers en ne se plaignant que dans les cas réellement graves et maintenait par cela même certaines garanties de stabilité et de concorde dans l'administration indigène du pays.

Boubakar Sidirk, poussé par son *diagodine*, homme rapace et injuste, excité par quelques agents du Nioro, par le nommé Gallo Semba, naturel du Cayor chassé par Demba War, fermant l'oreille aux conseils du vieil Eliman Abdoul Tabara, chef de M'Boio, que Monsieur le Gouverneur avait placé auprès de lui pour le guider et qui eut le tort grave de ne point informer le Gouvernement de son impuissance à empêcher les rapines du roi, et même, assure-t-on, d'accepter sa part dans le produit de ces rapines, Boubakar Sidirk, dis-je, profitant des rivalités des deux castes, religieuse et guerrière, accepta de toutes mains, même de celles d'hommes notoirement tarés, les cadeaux qu'on lui faisait pour obtenir ce titre de chef qui permettait aux quémandeurs de servir leurs rancunes, et à lui-même d'augmenter ses biens au détriment de ceux de ses sujets, accablés sous le poids des amendes et de ce droit de N'Dundy injustement et arbitrairement appliqué. Ainsi, en moins d'une année, il cassa de la chefferie de leurs villages, ou y rappela, de sa propre autorité, sans prévenir l'administrateur, sans invoquer de motifs, uniquement, en un mot, pour toucher les bénéfices du droit de N'Dundy, la majeure partie de ses chefs, tirant, grâce à ce procédé, rien que des sept villages de Diawara, N'Dioum, Douai, Allouward, Edy, Mangai et Diama, la quantité fabuleuse de 1.887 pièces de guinée, dont le prix moyen d'achat sur l'escale est de 10 fr. la pièce.

Le pays se trouvait ruiné, et les Peuhls surtout, qui ne possèdent que peu de guinée, étaient obligés, pour acquitter leur quote-part d'impôts, de se dessaisir à perte de leur bétail par des ventes forcées où l'encombrement du marché faisait baisser les prix; ils préférèrent fuir le Toro plutôt que d'y périr de misère et de se voir arracher lambeau par lambeau ces troupeaux qui sont les seules richesses dont ils fassent réellement cas. D'après tous les renseignements qu'il m'a déjà été donné de recueillir, j'attribue donc l'émigration des Peuhls, non point à l'influence d'une propagande religieuse dont je n'ai trouvé aucun indice, mais bien aux charges trop lourdes qui les écrasaient.

Je ne saurais évaluer, Monsieur le Gouverneur, à combien s'élève le total des chevaux, bœufs, fusils et lougans[1] enlevés à leurs propriétaires. Je me permettrai cependant, pour vous bien démontrer que la destitution du Lam Sidirk s'imposait, de vous citer quatre faits pris entre vingt d'une importance égale.

1º Au commencement de cet hivernage, le chef de Mangai, Ardo Diam, possesseur d'un lougan par droit d'héritage, trouve un homme de Tialo occupé à le préparer. Étonné, il interroge le travailleur et apprend que le Lam Toro lui a vendu ce lougan moyennant quinze pièces de guinée. Ardo Diam se rend auprès du Lam qui, après

---

1. Jardin, terre cultivée.

explications, se fait donner dix pièces de guinée et l'autorise à reprendre son lougan. A son tour, l'homme de Tialao se transporte à Guédé, parle au Lam, lui redonne vingt pièces et en reçoit l'assurance que le lougan lui restera. Au retour à Mangai, discussion entre le propriétaire de droit et le propriétaire de fait. Tous deux vont retrouver le Lam; celui-ci met le lougan aux enchères et l'adjuge enfin, moyennant cinquante nouvelles pièces de guinée, à l'habitant de Tialao. Total : 95 pièces de guinée extorquées par Boubakar Sidirk pour un lougan qui ne lui appartenait pas.

2° Le nommé N'Yokohr, cousin germain de David, le chef de Leybar, avait acheté d'une femme peuhl une captive qu'il épousa légitimement et qui, après sept années de mariage, mourut en lui laissant trois enfants. L'année dernière, l'ancienne maîtresse de sa femme étant partie pour le Nioro, Boubakar Sidirk fit prendre et vendre les trois enfants de N'Yokohr, homme libre, sous prétexte que, l'ancienne maîtresse de sa femme décédée ayant émigré, les enfants devaient être considérés comme fils d'esclave et lui appartenir.

3° La nommée Dada Ba et sa petite fille Dibor Sène, libérées à Saint-Louis le 7 août 1885, revinrent, il y a quatre mois environ, à N'Dioum, leur village natal. Informé de leur arrivée, le Lam, sous couleur de voir les actes de libération, manda la mère qui se rendit à son appel, accompagnée de sa fille. A peine arrivées, l'une et l'autre furent prises par Sidirk. Un frère, étonné de l'absence prolongée de sa sœur et de sa nièce, pousse à Guédé et les trouve réduites de nouveau à l'état d'esclaves. Il proteste et annonce qu'il va se plaindre au Commandant. Boubakar Sidirk le fait amarrer et ne le relâche que contre le don de vingt-cinq pièces de guinée, auxquelles la famille de Dada Ba dut ajouter quarante pièces pour racheter la liberté de cette malheureuse déjà libérée par la France.

4° Enfin, le nommé Samba Dipéri, Peuhl d'Edy, fut mandé, il y a quinze mois par Boubakar Sidirk, qui lui dit être certain que lui, Samba Dipéri, allait émigrer. Protestations du Peuhl, qui est encore avec toute sa famille sur notre territoire, mais auquel le Lam a pris quatre-vingt-six bœufs.

Une telle conduite, des violences chaque jour répétées et s'exerçant même contre les membres de sa famille, devaient soulever l'animosité des notables et des chefs et conduire à une émigration forcée les

familles peuhls qui, plus nombreuses, mais plus timides et moins
condensées que les Djoloffs et les Toucouleurs, offraient moins de
résistance et étaient d'autant plus éprouvées.   .

Le 28 décembre, veille du jour qu'en vertu des pouvoirs que
Monsieur le Gouverneur avait bien voulu me conférer, j'avais fixé pour
l'élection d'un Lam, j'étais donc certain que la destitution de Boubakar Sidirk, loin de provoquer des conflits, serait accueillie avec joie
par le Toro... Je n'avais que deux partis à prendre. Ou bien destituer
Boubakar Sidirk, sauf approbation de Monsieur le Gouverneur, et sou-
mettre à son choix les noms des hommes qui me paraissaient les plus
dignes, sous notre contrôle, de gouverner le Toro. Ou bien laisser
aux dix-neuf chefs supérieurs le soin de l'élection d'un Lam, après
m'être enquis du nom des candidats, de leurs aptitudes, de leurs
alliances, de leur passé, afin d'être à même, si cela était nécessaire,
de diriger et d'éclairer quelque peu les votes des chefs appelés à nommer un nouveau roi.

C'est à ce second parti que je m'arrêtai. D'abord parce que, dès ce
moment, j'étais aussi assuré qu'on peut l'être que les suffrages des
chefs se porteraient en grande partie sur le candidat que j'aurais moi-
même prié Monsieur le Gouverneur d'agréer ; 2º parce que j'ai pensé
que le Lam, nommé à la presque unanimité des voix, possèderait dès
le début de son règne une force morale et matérielle qui lui permettrait
de seconder efficacement l'administrateur dans l'œuvre de réparation et
d'apaisement à laquelle il doit se livrer ; 3º parce que le rejet de Boubakar Sidirk par la majorité des représentants de son peuple m'assu-
rait de la tranquillité du pays après l'élection ; enfin parce que ce
droit d'élection rendu aux anciens des grandes familles, déterminant
entre eux une presque unanimité de sentiments et d'avis qui n'existait
plus depuis longtemps, aiderait à les rapprocher, à affaiblir leurs
vieilles animosités, et nous attacherait ces familles par cela même
qu'elles s'estimeraient libres sous notre direction toute protectrice et
toute pacifique.

Plus de 600 hommes, venus de tous les points du Toro, étaient
alors rassemblés à Tioffi, à Simou et à Podor, attendant la décision
que j'allais prendre. J'appris en outre, grâce à l'activité et à l'habileté
de l'interprète Ahmet Fall — dont je me plais à signaler à Monsieur le
Gouverneur la prudence et la conduite au cours de ces longues et dif-

ficiles négociations — que quelques Peuhls, envoyés aux informations par leurs parents en préparatif de départ, leur avaient fait dire, sur la seule espérance de la destitution de Sidirk, d'attendre les événements.

Parmi les candidats qui briguaient la royauté, deux seuls, après de longs conciliabules entre les notables et les chefs, demeurèrent en présence. Bien que j'eusse exprimé le désir de voir le Lam Toro incriminé maintenu de droit sur la liste des candidats, afin de compter ses amis et de m'instruire sur le nombre des sympathies qui l'entouraient encore, ce fut un autre personnage de la famille des Dethié, Sidi Abdoul, frère de l'ancien Lam Mamadou Abdoul, mort de maladie à Toulon, qui fut désigné. Le second candidat, Amady Notago, appartenait à la famille des Amady N'Gaye.

Le premier, âgé d'une trentaine d'années, personnellement aimé, mais, à ce qu'il m'a semblé, sans grande intelligence, quelque peu faible et timide d'allure, aurait rallié peut-être le tiers des votants à sa candidature, s'il n'eût appartenu à la case des Dethié. Mais cette seule alliance avec une famille dont le Toro est fatigué lui fit bientôt perdre toute chance de succès.

Le second, Amady Notago, a environ 45 ans. C'est un homme de moyenne taille, à l'attitude franche et qui, dans ses entretiens avec moi, en dehors des protestations de dévouement dont les noirs sont toujours assez prodigues, a témoigné d'une certaine liberté d'esprit et d'un sens droit. Chef de la famille des Amady N'Gaye, il jouit dans le Toro, peut-être par suite des violences de la famille adverse et à cause des espérances qu'on fonde sur lui, d'une réelle popularité…

J'estimai donc que si ce chef était désigné par le suffrage de ses pairs, je devrais le proposer à l'acceptation de Monsieur le Gouverneur.

Sur les dix-neuf chefs mandés pour procéder à l'élection d'un nouveau Lam, dix-huit répondirent à mon appel. Un seul, N'Diom Samba, chef de Silbé, ne put venir pour cause de maladie. Le 29 décembre, tous ces chefs étant assemblés chez moi, chacun à tour de rôle passant dans une pièce séparée, traça ou fit écrire sur un bulletin préparé à cet effet le nom du candidat de son choix. Seize voix se portèrent sur Amady Notago, deux sur Sidi Abdoul, pas une sur le nom de Boubakar Sidirk.

Ce résultat connu, j'en fis aviser Notago et je le prévins que je priais Monsieur le Gouverneur de ratifier son élection.

Notago, entouré de la masse entière des Torodos, dont l'importance s'était encore accrue dans cette journée du 29, se présenta au poste. Là, en présence des chefs qui venaient de procéder à son élection et qui, l'un après l'autre, y compris les deux dissidents, l'assurèrent de leur concours, le nouveau Lam me pria de transmettre à Monsieur le Gouverneur l'assurance de ses sentiments de fidélité à la France. Je lui donnai ensuite congé, et lui assignai un rendez-vous pour le lendemain.

Je ne vous énumèrerai pas, Monsieur le Gouverneur, tout ce qui se dit au cours des longs palabres qui occupèrent les deux derniers jours de l'année et les trois premiers de ce mois, palabres auxquels prirent part plus de cent chefs ou notables. Il vous suffira que je vous signale les principaux points du *modus vivendi* qu'accepte la totalité des hommes présents.

1° L'ancien Lam Boubakar Sidirk, ses hommes de famille et de case, seront respectés dans leur vie, leur liberté et leurs biens. Il opérera dans le délai de deux mois les restitutions exigées par l'Administrateur.

2° Le droit de N'Dundy sera maintenu, mais révisé. Dans chaque village, le nouveau Lam, le chef et les notables établiront ce droit après discussion publique et entente commune. Quelle que soit la population du village, ce droit ne pourra pas excéder trente-cinq pièces.

3° Aucun chef ne sera destitué directement par le Lam. Le Gouverneur aura seul le droit de destitution.

4° La nomination des chefs des trois villages de Diawara, N'Dioum, et Edy, sera laissée aux notables de ces villages; mais le Gouverneur se réserve de rejeter ou d'agréer les choix qui seront faits.

5° Après les travaux des lougans, Amady Notago et ses principaux chefs iront, si Monsieur le Gouverneur en exprime le désir, l'assurer à Saint-Louis de leur fidélité à la France et prendre ses ordres; ils accepteront telles modifications qu'il lui plaira d'introduire dans le traité d'annexion et de protection passé, le 1er septembre 1883, entre les délégués de Monsieur le Gouverneur Faidherbe et les chefs du Toro.

Tel est, Monsieur le Gouverneur, le résumé de ce que j'ai fait depuis mon arrivée à Podor. Je serais heureux qu'il vous plût de vouloir bien me faire connaître si j'ai fidèlement suivi vos instructions et interprété votre pensée.

Veuillez agréer, Monsieur le Gouverneur, l'assurance de ma plus haute considération et de mes sentiments les plus dévoués.

L'Administrateur-Commandant,

F.-A. JEANDET.

III

LETTRES REÇUES OU ÉCRITES PAR ABEL JEANDET PENDANT SON SÉJOUR
A VERDUN.

1. — *Lettre du Lam Toro Amady Notago*
(datée de Podor, 15 nov. 1888).

Ceci est le salut le plus complet, le respect le plus profond, l'amitié la plus grande du Lam Toro, Amady Notago, à l'intelligent, l'honorable, le bienfaisant, l'honnête, l'incritiquable fils de deux respectables père et mère, Monsieur Jeandet, que Dieu allonge ses jours !

Le but de cette lettre est de te faire savoir que moi et tous les notables du Toro, sans exception, nous te saluons et te remercions de ta bonté, de ton intelligence, de ton amabilité, de ce que tu as su arranger et mettre l'accord entre les hommes, et de ce que tu as su faire prospérer notre pays. Nous avons appris que tu es parti pour France ; cela nous a beaucoup contrariés et peinés, car c'est par ton intelligence, tes idées pacifiques, ton énergie et ta justice que tu as concilié notre pays. Nous n'aurons plus un Commandant comme toi. Tu as fait tant de bien pour le Toro ! Tout le monde t'admirait. Aussi nous t'avons tous pleuré. Je te prie de vouloir bien montrer notre lettre au Ministre de la Marine, de lui donner le bonjour de notre part ainsi que nos respectueuses salutations. Dis-lui que nous le prions de te faire revenir ici, car depuis ton arrivée jusqu'à ton départ parmi nous tu n'as cessé de faire du bien, et que nous lui demandons qu'il te laisse quelque temps avec nous pour que tu puisses terminer tout ce que tu as entrepris pour le bien de notre pays, et enfin que nous comptons sur sa bonté pour te renvoyer au milieu de nous. C'est ton ami, l'interprète Abdoula Kane, qui nous a dit que tu étais parti pour France. Nous avons beaucoup pleuré de la séparation. La personne à qui nous avons confié la tâche d'écrire cette lettre est Ahmadou Kane, que tu as nommé Cadi à Podor. Il te salue et te remercie beaucoup des services que tu lui as rendus. Il prie Dieu pour que tu reviennes, car nous sommes certains qu'il serait difficile de trouver un Commandant comme toi.

Donne le bonjour de notre part à ton honorable famille et à tes amis, et surtout demande bien au Ministre de la Marine qu'il te renvoie parmi nous. Salut.

2. — *Réponse d'Abel Jeandet à Amady Notago.*

A Amady Notago, Lam Toro.

De la part de son intime ami Jeandet, Commandant de Podor, Salut le plus complet.

Il a plu à Dieu, qui veut que les hommes de bien vivent toujours ensemble par la pensée et le cœur, de permettre que ta lettre m'arrive. Cette lettre, je l'ai lue dans ma maison, qui est bâtie dans cette partie de la grande France qui te protège qui s'appelle Bourgogne. Quand j'ai lu ta lettre, Dieu a permis que j'eusse près de moi mon père et ma mère, que toi, Lam, et tes chefs vous saluez, et qui donnent aussi à toi et à tes chefs leur salut, qui est le salut de ceux qui, avec l'aide de Dieu, ont engendré l'homme que tu aimes. J'ai lu et compris ce que contenait ta lettre. Je sais que tout ce qu'elle renferme est vérité, car toi, Lam Toro, ainsi que les chefs, qui étaient près de toi pour la dicter, vous êtes des hommes sages, et celui qui l'a écrite et qui se nomme Ahmadou Kane est mon ami et le frère de mes amis. Je vois que toi, tes chefs, tes cadis, ton peuple, tes guerriers, vous désirez que je retourne avec vous ; moi aussi, je le désire, car j'ai trouvé chez ton peuple une maison aussi sûre que la maison qui est à moi, dans ce pays de France. Je reviens de la ville qui est la capitale de mon pays et qui se nomme Paris. Si tu vois Kaïroum, le Ministre du Roi Omar Saloum, qui commande aux Maures Trazzas, fais-lui mes amitiés et demande-lui de te dire comme cette ville de Paris est grande, puissante et belle. Dans ce Paris, j'ai vu beaucoup d'hommes qui ont les premières places et j'ai vu aussi le Ministre, celui qui représente pour le Sénégal le Sultan des Français. A tous ces hommes qui sont puissants, j'ai parlé de toi, Lam Toro, Amady Notago, de ton pays, de tes chefs et de ton peuple.

Des calomniateurs s'étaient placés entre toi et le Ministre ; mais j'ai parlé ; aujourd'hui on connaît la vérité. Les calomniateurs seront confondus.

Que les vieillards comme les jeunes hommes de ta nation sachent ce que je dis ici, pour que personne n'ignore qu'avec l'aide de Dieu, tu demeureras roi du Toro.

Et maintenant, Lam, je te salue et je souhaite que Dieu l'unique couvre de biens ta maison et ton peuple. Donne-moi de tes nouvelles et de celles de tout ton monde et de tes chefs. Que Dieu té garde et te fasse connaître que mon amitié pour toi et les tiens est vraie.

Salut de ton ami.

F.-A. Jeandet.

3. — *Lettre de Mamadou Syh Fall, Ministre du roi des Maures Bracknas.*

A mon très cher Monsieur, mon cher Commandant.

En réponse à votre honorée lettre que j'ai reçue le 4 de ce mois-ci (janvier ?), qui me fait le plus grand plaisir, et je vous remercie infiniment de cette lettre, mon cher bien aimé. Dites-moi si Monsieur le Ministre de la Marine et des Colonies vous dit quelque chose sur la lettre que je lui écris pour vous, parce que moi et mon roi Sidi Ely et les autres princes des Bracknas, nous sont très contents de vous voir à Podor et de même les gens de Podor y sont contents. Pour vous, venez à Podor, cher chéri ami. J'ai l'honneur de vous prier de vouloir bien m'aider toujours au Ministère. Tous les services que j'ai rendus aux Français, vous l'avez vu à Podor, devant vous, depuis le jour que je suis nommé jusqu'au jour que je vous ai quitté. Fais-moi un certificat... Je suis du côté des Maures; mais j'aime que les Français et leurs gens. Je les respecte et je dois les recevoir comme des frères.

Bien le bonjour à votre mère et tous vos parents. Mon roi et sés fils et les autres princes des camps vous saluent. J'ai l'honneur de vous saluer avec une considération distinguée et avec le plus profond respect.

Votre dévoué ami,

MAMADOU SYH FALL, ministre.

IV

IMPRESSIONS DE Mme JEANDET
LORS DU SECOND DÉPART DE SON FILS, EN 1889.
(Récit de Mme Jeandet.)

Le 2 mars était le jour fatal du départ. La veille, Abel et son père étaient restés une partie de la nuit à causer ensemble au coin du feu, qui clairait, vif et brillant, dans la grande cheminée du salon. J'avais été obligée de les laisser à onze heures, car j'étais atteinte d'une grande fièvre et d'un horrible mal de tête, résultat, sans doute, de mes insomnies et du chagrin de la séparation..... J'embrassai ce pauvre ami et j'allai me reposer pour être forte et courageuse le lendemain. Mais mes forces me trahirent. J'eus toutes les peines du monde à dissimuler ma souffrance. J'assistai au déjeuner ; je fis contre mauvaise fortune bon cœur, pour ne pas trop attrister mon cher enfant.

Ah ! combien je me reproche aujourd'hui mes généreux efforts ! Combien j'ai pleuré depuis sur mon courage ! Si mon Abel m'avait vue si souffrante, certes il ne m'eût pas quittée ; il eût demandé un sursis, qu'en raison de ses excellents services on ne lui eût pas refusé ; et comme je fis une maladie très grave et très longue, certains événements auraient pu se produire qui l'auraient empêché de retourner dans ce Sénégal d'où il ne devait pas revenir.

Mais pourquoi exhaler des regrets superflus ? Je ne pus accompagner mon enfant à la gare du chemin de fer, tant j'étais dévorée par la fièvre. Je l'embrassai à pleines lèvres, le serrai contre mon cœur ; il ne pouvait échapper à mon étreinte. Enfin il me quitte ; il est sur la galerie, dans la cour ; le voilà dans le jardin. Je le suis des yeux ; puis je l'appelle : — « Abel ! Abel ! mon enfant, mon chéri, mon amour !

Viens, je t'en prie, viens encore m'embrasser! » — Il remonte à la
hâte, m'enlace, m'embrasse; je sens une larme sur mon front. Cette
larme, il me semble parfois la sentir encore. — « Allons, allons! dit-
il. Du courage! Tu sais que tu es une femme courageuse. Ne faiblis-
sons pas, et à bientôt, avec la grâce de Dieu! » — Il s'échappa, courut
pour regagner le temps perdu. Je les vis s'éloigner, bras dessus bras
dessous, lui et son père. Puis le train arriva! De la fenêtre d'une mansarde, où j'étais montée pour l'apercevoir jusqu'à la dernière minute,
j'agitai mon mouchoir en signe d'adieu, bien persuadée que son dernier
regard se reposerait sur sa vieille maison, où était restée sa mère.
Et en effet, son mouchoir aussi s'agita; son adieu répondit à mon
adieu... C'était le dernier. Je ne devais plus revoir mon enfant.

Je descendis de mon observatoire et me rendis dans la chambre de
mon Abel. Je m'agenouillai devant son lit et j'adressai à Dieu ma
plus fervente prière pour le cher exilé. Je vis sur sa table de nuit la
moitié de sa petite cigarette, celle qu'il avait fumée la veille, avant
de s'endormir. Je la pris et la serrai religieusement; je la possède
encore. Puis j'aperçus sur son oreiller une enveloppe avec cette inscription : *Aux miens en me séparant d'eux*. Le père rentrait en ce
moment; il se rendait à la chambre de son fils comme à un pèlerinage.
Ce n'est pas sans une vive émotion que nous lûmes ces vers :

> Adieu, Verdun, mon doux pays !
> Adieu, maison hospitalière
> Dont les vieux murs, par mon aïeul bâtis,
> Ont abrité mon enfance première.
>
> Loin des arbres que j'ai plantés,
> De ceux dont ma jeunesse a cherché l'ombre amie,
> Je vais, jouet des flots par le vent agités,
> Porter en d'autres lieux mon orageuse vie.
>
> Demain, du sacrifice accomplissant la loi,
> Je vais quitter ceux que j'aime.
> Les champs de la Bourgogne auront fui loin de moi,
> J'aurai perdu la moitié de moi-même.

Adieu, d'un bonheur vrai trop rapides instants !
Adieu, mon vieil ami, mon père !
Adieu, mère chérie ! adieu, mes chers parents !
Vous revoir est le bien le plus doux que j'espère.

F.-A. J.

Verdun-sur-le-Doubs, le 1er mars 1889.

V

VOYAGE DE Mme JEANDET A PARIS ET AU HAVRE
RÉCIT FAIT PAR ELLE-MÊME

Pendant que mon bien aimé fils était dans le Djoloff, faisant, au nom de la France, traité d'alliance avec le plus puissant roi du Sénégal, je m'étais décidée à faire le voyage de Paris, bien moins pour visiter l'Exposition que pour voir les Sénégalais et entendre parler de mon Abel. Je n'oubliais pas non plus que ce fils adoré était chaque jour en danger et qu'on ne lui ménageait pas les missions périlleuses que, dans son patriotisme, il acceptait toujours et dont, avec son courage, son intelligence et la grâce de Dieu, il revenait toujours vainqueur. Aussi je ne m'attardai pas aux plaisirs et aux distractions qui s'offraient en foule. Je partis en pèlerinage dans des lieux plus particulièrement vénérés, pour demander la santé, la vie et le prompt retour de mon enfant. Je me rendis d'abord à Sainte-Adresse, à Notre-Dame-des-Flots, pour que la bonne Vierge lui donne une mer calme et belle, et guide le vaisseau qui devait nous le ramener. Puis je partis pour Honfleur, à Notre-Dame-de-Grâce. J'eus l'heureuse chance d'y arriver un jour de première communion et de me présenter à la Sainte Table avec tous ces petits anges, vêtus de blanc, couronnés de fleurs. Je regardai cela comme un bon présage. Je rentrai tard au Havre. La mer était légèrement agitée ; le soleil se couchait dans les flots ; de loin on apercevait le phare de la Hève. Je me sentais au cœur une grande douceur, une vive espérance, une foi ardente en l'avenir ; et en contemplant l'admirable tableau que j'avais sous les yeux, je formais le projet de revenir avec mes deux amis, mes deux Abel, refaire le même voyage, en signe de reconnaissance et pour remercier la protection divine de nous avoir encore une fois réunis. Dieu ne l'a pas voulu !... Ses desseins sont impénétrables, et bien des fois, depuis la mort de mon cher fils, je me suis écriée, comme Mme de Chantal après la mort du sien : — « Mon Dieu, pourquoi avez-vous fait cela ? »

Je pris le train de nuit, afin d'être à Paris aux premières heures du jour. Je me rendis tout de suite à Notre-Dame-des-Victoires. Les portes n'étaient point encore ouvertes. Je m'assis sur les marches et récitai pieusement mon chapelet, en attendant le moment de la première messe.

Là encore je fis mes dévotions ; je brûlai un cierge à l'autel privilégié et fis vœu d'offrir la croix d'honneur que mon fils espérait et méritait si bien, aussitôt qu'elle lui aurait été accordée, et de la suspendre près de la Vierge, à côté de celle de tous ces braves qui ont été heureux de lui en faire hommage.

Après un léger repas, je me dirigeai vers l'Exposition. J'arrivai le jour où l'on attendait les princes de la colonie, et avant l'heure de l'ouverture du village sénégalais, je demandai le commandant Noirot. Il n'était pas encore arrivé. Je déclinai mon nom. M. Noirot, prévenu, avait donné des ordres me concernant à l'ami qui le suppléait en son absence, et qui me dit gracieusement : — « Madame, vous pouvez entrer. Vous êtes ici chez vous. » — La barrière s'ouvrit devant moi pour se refermer aussitôt devant les curieux mécontents. Je ne puis dire quelle émotion me saisit à la vue de cette image du Sénégal où mon cher fils vivait. Tout m'intéressait. Il me semblait à chaque instant que j'allais le voir sortir d'une de ces paillottes, où moi-même j'aurais voulu entrer. J'interrogeai ces bons noirs. Quelques-uns l'avaient connu. Pour un peu je les aurais embrassés. — « Jeandet, bon, bon, bon ! disaient-ils. Moi connaître, bien connaître. » — Je les remerciais, leur pressais les mains. Ne me donnaient-ils pas un grand, un véritable bonheur en me parlant de mon Abel ?

Sur ces entrefaites le cortège royal arriva, M. Noirot donnant le bras à la reine. Je n'osais m'approcher. Je vis des petits princes, et, m'adressant à un Sénégalais, je lui dis : — « Peux-tu me montrer le petit Birahim ? » Cet enfant était le fils du chef du N'Guick Merina Diop, dont mon fils était commandant. Abel s'était attaché à Birahim ainsi qu'au fils du roi du N'Diambour ; il les avait fait entrer à l'école des Otages, à Saint-Louis, les recevait chez lui les jours de sortie et les avait même emmenés à Podor passer les vacances pendant qu'il était commandant de ce poste. Birahim, qui était proche, avait entendu ma question. Il s'avança et me dit : — « Est-ce que tu le connais, Birahim ? » — « Non, répondis-je ; mais le commandant Jeandet m'en a parlé ; il le connaît beaucoup. » — L'enfant me regarde avec attention et tout à coup s'écria : — « Est-ce que tu serais sa mère ? » — « Oui ! » — A ce mot le jeune prince s'approche, me prend les mains et m'embrasse avec effusion. Il appelle l'enfant du Bour N'Diambour, qui arrive en toute hâte et me comble de témoignages d'affection. Un grand nombre de chefs sénégalais le suivent, m'entourent, m'assurent de leur profond respect et de leur amitié pour le commandant Jeandet. Ici, c'est un chef noir qui, plaçant sa main sur sa bouche et sur son cœur, répète plusieurs fois : — « Moi, ami, ami, ami... intime de Jeandet. » — Là, c'est un brave lieutenant aux tirailleurs sénégalais nommé Yoro Comba, qui m'offre sa carte en souvenir de cette rencontre qui le rend heureux. Je ne pouvais plus répondre ; les larmes m'étouffaient. C'est certes une des plus grandes joies qu'il m'ait été donné d'éprouver sur cette terre où j'ai tant souffert, que de juger par moi-même de la grande popularité dont jouissait mon cher enfant dans cette Afrique qu'on dit si inhospitalière...

En rentrant à Verdun j'y trouvai une petite lettre de mon Abel ainsi conçue et datée de Yang Yang :

« Amis bien aimés, voici ma campagne terminée et je me dispose à rentrer à Saint-Louis. Je profite d'une carte postale, égarée dans la gibecière dont ma chère mère m'a fait cadeau, pour répondre à votre bonne lettre. La précédente s'est perdue, ce qui m'a plongé dans des inquiétudes que je ne puis vous décrire... Par les souffrances que j'éprouvais, j'ai compris les vôtres. Aussi ai-je juré de ne demander à Dieu que votre conservation, le laissant arbitre souverain pour tout le reste... Heureux de votre vie intime et retirée, dans notre chère maison des aïeux, avec la pousse des feuilles, la floraison comme décor, et le rossignol pour orchestre, il suffit qu'elle vous plaise pour que j'en jouisse. Si je ferme les yeux j'en deviens l'hôte et mon oreille perçoit les trilles sonores du doux berceur... Oui, vous serez tous les deux présents à mon retour ! Dieu dans sa bonté nous accor-

dera ce bonheur, crois-le bien, maman chérie et toi aussi ma mi papa !
Ce que c'est que la puissance du sentiment ! j'ai pris la plume pour
répondre en style télégraphique à votre dernière lettre, et je me suis
laissé aller aux entraînements du cœur ! C'est que je vous aime par-
dessus tout et suis et resterai quand même votre petit Abel ! »

VI

LETTRE D'ABEL DATÉE DE SAINT-LOUIS, 7 MAI 1889

Chers bons parents aimés,

Avant-hier je suis revenu du pays des Trarzas et des Bracknas. J'y
suis tombé au milieu des coups de fusil, j'ai tout pacifié. Le gouve·-
neur est si content qu'il me demande un rapport pour le ministre,
afin de me faire avoir une lettre officielle de satisfaction. Ce rapport,
je vais le commencer. De là cette carte au lieu d'une lettre. Vous ne
m'en voudrez pas ; je suis tué par la besogne, mais je demeure un
mort bien vivant pour vous adorer et pour servir mon pays. Il serait
vraiment bien juste que je sois administrateur principal. Je viens d'apprendre la nomination, comme principaux, de deux administrateurs
que je connais de réputation, mais qui sont loin d'être à la hauteur
de leurs fonctions. Pour moi, vous le savez, je ne veux rien devoir à
la faveur, je tiens à *mériter ce que j'obtiendrai* et laissez faire, vous vivrez
assez pour voir le beau manteau que je saurai me tailler !... Votre
enfant, votre ABEL.

« Hélas ! » ajoute la pauvre mère ; « ce n'est pas un manteau qu'il
s'est taillé, c'est un cercueil. »

VII

LETTRES DU GOUVERNEUR DU SÉNÉGAL APRÈS LA GUERRE DU DJOLOFF

La mort de Jeandet ne passa pas inaperçue. Ses parents reçurent
de supérieurs, de collègues, d'amis et même d'inconnus, des lettres
émues et touchantes ; des poètes, comme François Fertiault, comme

Achille Millien, chantèrent le jeune héros ; les journaux louèrent sa conduite au Sénégal et racontèrent, en la déplorant, sa fin tragique. Nous avons recueilli ici quelques-uns de ces témoignages.

I. — *Le Gouverneur du Sénégal et dépendances, Clément Thomas,
à M. Jeandet, administrateur du Cayor.*

Saint-Louis, le 19 juin 1890.

Monsieur l'Administrateur,

M. le Commandant supérieur des troupes m'a fait connaître votre belle conduite pendant l'expédition qui vient d'avoir lieu dans le Djoloff. Il m'a fait un complet éloge de votre sang-froid, de votre activité, de votre courage et de la manière dont vous avez dirigé les alliés placés sous votre commandement.

Je n'ai pas été surpris de l'appréciation de M. le Colonel Dodds à votre égard. Je sais que vous êtes de ces serviteurs sur l'intelligence et le dévouement desquels un chef peut entièrement compter, et je vous classe depuis longtemps parmi les meilleurs. Je suis heureux néanmoins de cette nouvelle occasion qui s'offre à moi de rappeler au sous-secrétaire d'État tous vos titres à la haute récompense pour laquelle je vous ai proposé par lettre en date du 9 mai dernier (n° 900).

Vous voudrez bien adresser aux chefs du Cayor mes félicitations les plus vives pour l'attachement qu'ils ont montré à notre cause, ainsi que pour l'obéissance, le bel esprit de discipline et de désintéressement dont ils ont fait preuve. La transformation si heureuse du Cayor depuis que vous l'administrez a été pour M. le Colonel Dodds un objet de surprise fort agréable. Il compte actuellement les guerriers de ce pays au nombre de nos alliés les plus sûrs et les plus vaillants.

Je propose Demba War à M. le Sous-Secrétaire d'État pour une médaille d'or, en sus de celle d'argent qu'il a déjà reçue à l'occasion des affaires du Baol.

Recevez, Monsieur l'Administrateur, l'assurance de ma considération distinguée.

Clément THOMAS.

2. — *Le Gouverneur du Sénégal et dépendances à Demba War,*
Président de l'Assemblée des chefs du Cayor ; aux chefs
de la province du Cayor, à ceux du N'Diambour et aux guerriers.

Saint-Louis, 20 juin 1890.

Salut le plus complet !

Le but de cette lettre est de vous faire parvenir mes remerciements pour le concours que vous m'avez prêté pour chasser notre ennemi, Ali Boury N'Diaye, de son territoire et délivrer ses sujets de sa tyrannie.

Le Colonel et votre Commandant Jeandet m'ont rendu compte de la belle discipline que vous avez su garder et des qualités guerrières que vous avez montrées. Sachez que maintenant je vous considère comme mes spahis, et que je compte sur vous comme un père compte sur ses fils. Vous m'avez prouvé encore une fois de plus que vous étiez mes fidèles alliés. Honneur à ceux qui combattent pour assurer la justice et la paix !

Mon but unique, en renversant les mauvais chefs, est de délivrer leurs sujets de leur tyrannie et de les faire échapper à leur rapacité et à leur cruauté. Ce n'est pas par la terreur qu'un chef doit régner sur son peuple, mais par la justice et la bonté. Sachez que je soutiendrai toujours les chefs qui marcheront dans le chemin droit et que je terrasserai leurs ennemis, car les chefs justes ont pour ennemis ceux qui désirent le trouble du pays, afin d'en profiter. Ceux-ci je les briserai comme du verre.

Mes yeux sont sans cesse tournés vers votre pays ; votre prospérité et vos malheurs sont ma propre prospérité et mes propres malheurs. Je vous regarde comme mes enfants, et suis prêt à vous défendre contre qui que ce soit.

Continuez, comme vous le faites, à suivre les bons conseils de votre Commandant Jeandet. Celui-là ne doit vous conduire que dans la voie de la justice, car c'est lui-même un homme juste, que j'estime et que j'aime beaucoup.

Je vous souhaite toutes les prospérités que vous pouvez désirer et vous envoie mes cordiales salutations.

Clément THOMAS.

3. — *Lettre de M. le Gouverneur Clément Thomas
à Mme Jeandet, 16 juin 1890.*

Madame,

J'ai l'honneur de vous accuser réception de votre lettre en date du
2 juin. Vous pouvez bannir toute inquiétude au sujet de votre fils
Abel Jeandet qui est rentré à Tivavouane, sa résidence habituelle, où
il a repris ses fonctions d'administrateur du Cayor. Abel Jeandet est
un de mes meilleurs collaborateurs. A la suite des brillants services
qu'il a rendus dans le Baol, j'ai été très heureux d'avoir l'occasion de
le proposer pour la croix de la Légion d'honneur.

Il vient de se distinguer encore dans l'expédition du Djoloff. Je ne
manquerai pas de signaler au département cette nouvelle preuve de
dévouement, qui me permettra de renouveler au moment des notes
annuelles, c'est-à-dire au mois de septembre prochain, la proposition
spéciale dont votre fils a été l'objet pour le ruban rouge.

En ce qui concerne la rentrée en France en congé de convalescence
de votre fils, cela n'offre aucune difficulté. M. Abel Jeandet n'a qu'à
m'adresser une demande à l'effet d'être autorisé à passer devant le
conseil de santé, et, cette formalité remplie, je lui délivrerai un congé
de convalescence de trois mois.

Veuillez agréer, Madame, l'hommage de mon respect.

Signé Clément THOMAS,
Gouverneur du Sénégal.

VIII

LETTRE DE L'AMIRAL VALLON, DÉPUTÉ DU SÉNÉGAL, A Mme JEANDET

Paris, le 12 mars 1891.

Madame,

...M. Abel Jeandet, que j'ai vu à Saint-Louis il y a un an, était
un remarquable serviteur, très aimé de ses camarades et de ses chefs et
digne de la confiance qu'on avait en lui. Votre fils, Madame, est
tombé noblement victime de l'accomplissement d'une mission diffi-

cile et dangereuse, et le souvenir qu'il laisse est synonyme d'*intelligence, bravoure, patriotisme et dévouement*. Tout le monde a pour votre
cher enfant les regrets qu'il mérite de la colonie et de la France.

J'ai bien reçu la notice biographique que vous m'avez adressée et
je vous remercie d'avoir pensé à moi, car tout ce qui me rappelle ce
brave serviteur du Sénégal et de la France ne peut que m'intéresser
très vivement.

Vous me demandez, Madame, de rappeler, à l'occasion du Dahomey,
la bravoure dévouée de votre fils infortuné. Hélas ! Madame, tous les
administrateurs coloniaux *ne sont pas des Jeandet* ! et à l'occasion du
Dahomey, si j'interviens dans la triste discussion dont elle peut devenir l'objet à la tribune, il me sera bien difficile d'amener le contraste
écrasant de la conduite de votre fils, avec celle... de gens qui vivent
encore !

Depuis le jour fatal où Jeandet a succombé, l'Administration de la
colonie a cumulé les fautes, et le désordre soulevé n'est pas près de
finir. Il faut, dans ces conflits, un *esprit mesuré, dont votre fils avait
fait preuve à la tête des affaires politiques.....*

Veuillez croire, Madame, pour vous et M. Jeandet, à mes sentiments d'affectueux respect et de vive sympathie.

Signé : Contre-amiral VALLON.

IX

PIÈCES ET TÉMOIGNAGES
RELATIFS A LA MORT ET A LA MÉMOIRE D'ABEL JEANDET

1. — *Lettre du gouverneur Clément Thomas à M. Jeandet père.*

Saint-Louis, le 6 septembre 1890.

La foudroyante nouvelle de la mort tragique d'Abel Jeandet, après
avoir jeté la consternation dans tout le Sénégal, est allé brisé le cœur
d'un père et d'une mère.

Devant l'immensité de la douleur où vous plonge la perte trop
cruelle d'un fils unique, je ne puis que vous prier de me permettre de
présenter à Mme Jeandet et à vous l'expression de ma profonde sympathie.

La raison se révolte à la pensée que tant de loyauté, de bravoure, de noblesse de cœur ait pu être anéanti par l'acte stupide d'une brute sauvage.

Eh quoi ! c'est à lui, Abel Jeandet, qu'un tel sort était réservé !

Lui qui avait risqué vingt fois sa vie dans tant de missions périlleuses si brillamment accomplies ; lui qui naguère, dans le Baol et le Djoloff, faisait l'admiration des officiers par sa bravoure allant jusqu'à la témérité !...

Je ne tenterai pas de vous apporter de vaines consolations. Laissez-moi vous dire cependant, cher monsieur, que toute la colonie a ressenti le coup qui vous frappe si cruellement. Votre noble fils ne comptait ici que des amis. Il suffisait de l'approcher pour l'apprécier et l'aimer [1].

J'ai vu couler bien des larmes lorsque la fatale nouvelle s'est répandue si inopinément.

Puissent ces larmes d'amis sincères, en se mêlant à celles du père et de la mère d'Abel Jeandet, tempérer un peu la violence de leur douleur...

2. — *Lettre de M. Noirot, administrateur du Sine Saloum.*

Cher Docteur, honorée Madame,

Croyez que je prends une part bien vive au malheur qui vous frappe dans votre affection la plus chère...

La dernière fois que nous nous sommes vus, c'était fin de mai dernier. En me rendant au poste que j'occupe actuellement, je passai à Tivavouane avec mon fidèle compagnon, Boubou, que vous avez vu à Paris, chère madame. Pendant l'arrêt du train, — dix minutes —, nous prîmes du café froid ensemble, et en nous quittant, — j'ai toujours sa phrase présente, — il me dit : — « Embrassons-nous, mon ami ! Dans ce pays, quand on se quitte, on ne sait jamais si on se

---

1. Mme Buquet, la femme du contrôleur des contributions à Saint-Louis, dit : « Il a été bien aimé, mais aussi il avait beaucoup de jaloux. » (Lettre à Mme Jeandet, 8 septembre 1890). Les femmes ont la vue plus fine.

reverra. » — Ces paroles me frappèrent. Pauvre ami ! Était-ce un pressentiment ?...

3. — *Lettre de M. Édouard Martin, administrateur colonial.*

Saint-Louis, 4 septembre 1890.

Cher Monsieur, chère Madame,

...Oui, vous avez perdu un fils sans égal. Un fils comme Abel ! Vous devez être fiers de l'avoir engendré ; et moi, qui ne connais que le fils, je dis : tel fils, tels parents.

La mort du pauvre Abel a jeté la consternation et la douleur dans tous les cœurs, car il n'avait pas d'ennemis ; il était universellement aimé. Ses supérieurs le cotaient très haut, et je puis vous dire une parole que le gouverneur prononçait hier, dans son cabinet, devant des officiers et en ma présence : — « C'était mon meilleur administrateur. »

Ses collègues l'aimaient et l'estimaient, ses subordonnés le chérissaient. Et comment en eût-il été autrement ? Esprit droit et chevaleresque, Jeandet était respectueux sans faiblesse vis-à-vis de ses supérieurs. Avec nous il était cordial, franc, loyal, serviable ; avec ses subordonnés, il était bon, conciliant, énergique.

Oui, votre douleur est immense, mais si la nôtre peut en atténuer l'immensité, soyez persuadés qu'Abel ne laisse ici que des regrets.

4. — *Lettre de M. Édouard Martin à M. Buquet.*

Podor, 28 septembre 1890.

Mon cher Buquet,

Nous venons de mettre à jour la comptabilité financière de notre cher Abel. Sa caisse est juste, comme on devait s'y attendre. Heureusement nous avons pu la reconstituer avec des notes qu'il avait mises dans son registre, et qui, comme par un coup de la Providence, n'ont pas été égarées. Ainsi, le pauvre ami ! on ne pourra rien dire de lui,

pas plus après sa mort que pendant sa vie. Il aura toujours été l'honnêteté incarnée.

...Envoyez-nous aussitôt que vous pourrez une croix de bois avec
inscription pour la tombe de notre ami. Aussitôt qu'il y aura moyen
(dans peu, je l'espère), je lui ferai faire une tombe en maçonnerie. En
attendant, nous y avons fait mettre des épines pour la préserver des
profanations des animaux...

5. — *Lettre du Rév. Père Audren, missionnaire apostolique, supérieur
de la mission de Thiès.*

Thiès, le 16 août 1891.

Monsieur Jeandet,   •

J'ai bien reçu votre honorée lettre du 31 juillet dernier. Merci d'avoir
pensé à moi et d'avoir cru que j'étais disposé à unir mes prières aux
vôtres en faveur de votre bien digne et bien regretté fils ; car j'ai connu et
apprécié Monsieur Abel Jeandet.... Avec quel charme nous causions
ensemble ! Dans nos entretiens intimes, j'admirais dans votre fils la
noblesse du cœur, la générosité. Je touchais du doigt, pour ainsi dire,
l'habile politique, le brave guerrier, l'ardent patriote ; mais assez souvent, planant au-dessus des choses périssables, j'aimais à constater en
lui le grand chrétien, l'enfant de Dieu. Avec quel empressement il rendit aux missionnaires tous les services qui dépendaient de lui ! Ainsi
la mission de Thiès le compte parmi ses premiers bienfaiteurs. Peiné
de n'avoir point de messe, le dimanche, il avait fait toutes les démarches nécessaires pour fonder une mission à Tivavouane, capitale du
royaume du Cayor. Il devait, sous ce rapport, m'aider de toute façon,
et il brûlait d'envie de voir de ses yeux la bénédiction solennelle
de cette chapelle de Tivavouane. Il m'avait bien promis d'y assister
en grande tenue et à la tête de cinq mille guerriers sénégalais. Il lui
eût été facile de tenir sa promesse, car, sachant prendre le noir, lui
témoignant de l'estime et de la confiance, il en était aimé profondément. Il n'avait qu'à manifester sa volonté et tous les contingents
militaires des royaumes placés sous son commandement sé seraient
hâtés d'accourir...

Croyez, cher monsieur, que j'ai déjà pris une large part à votre douleur. Après avoir appris la triste nouvelle, je me suis hâté de dire une messe pour le repos de l'âme de mon ami, et pour le jour anniversaire du 2 septembre prochain, je vous promets de chanter un service aussi solennel que le comporte la pauvreté du missionnaire. A ce service, je vous promets d'inviter tous les Français de Thiès et de Tivavouane. Ce service, je le considère comme un devoir de reconnaissance envers un bienfaiteur de la mission, par conséquent vous ne me devez rien.

 Veuillez agréer, etc.

AUDREN.

Le service promis eut lieu dans la chapelle de la mission à Thiès, où s'élevait un catafalque improvisé, étincelant de lumières. L'assistance était nombreuse. Tous les blancs de Thiès et ceux qui avaient pu venir de Tivavouane s'y trouvaient, avec une grande foule d'indigènes. A l'issue de la cérémonie, on signa en masse l'adresse suivante :

« Nous, habitants de Thiès, réunis pour le service anniversaire du bien regretté commandant feu Abel Jeandet, nous voulons, avant de nous séparer, envoyer une parole sympathique aux parents désolés de la noble victime.

« Madame Jeandet, mère d'un brave, nous partageons votre douleur, et vous, honorable Monsieur Jeandet, nous savons que la plaie cruelle, faite à votre cœur, saigne encore.

« Dieu seul peut la cicatriser. Nous l'en prions. Il le fera.

 « Fait à Thiès, le 2 septembre 1891. »

6. — *Lettre de l'évêque titulaire d'Abder, vicaire et préfet*
apostolique de la Sénégambie.

Vicariat apostolique de la Sénégambie.
Dakar, le 24 septembre 1891.

A M. Jeandet, à Verdun-sur-le-Doubs.

Cher Monsieur,

...Permettez-moi de venir joindre mon témoignage de douloureux regret à ceux que vous avez reçus des nombreux amis que votre fils s'était créés au Sénégal. Les excellentes relations que votre fils avait toujours eues avec nos missionnaires de Thiès pendant qu'il était à Tivavouane, administrateur du Cayor, m'avaient fait concevoir pour lui une haute estime avant de le connaître personnellement. Quelques jours avant d'être envoyé à Podor, il vint me faire visite à Saint-Louis. Je constatai bien vite que tout ce qu'on m'avait dit en sa faveur était encore au-dessous de la vérité. Je remarquai qu'en lui s'alliait à une haute intelligence un noble cœur et je voulus m'en faire un ami personnel. Je l'invitai donc à dîner avec moi à la préfecture apostolique, pour avoir l'occasion de causer plus à l'aise et plus intimement avec lui. Il vint, en effet, l'avant-veille de son départ pour Podor, partager notre dîner de communauté, et émerveilla tous nos pères par la justesse de ses vues sur les personnes et les choses du Sénégal. C'est dans cet entretien qu'il me dit que, si nous avions un gouvernement chrétien qui voulût suivre une politique franchement chrétienne, avant cinquante ans tout le Sénégal serait catholique et français. Malheureusement nous sommes bien loin d'en être là.

...Je me trouvais avec le gouverneur, M. Clément Thomas, lorsqu'il reçut le télégramme qui lui transmettait cette douloureuse nouvelle. Je n'exagère pas en vous affirmant que si c'eût été son propre frère qui eût été victime de ce lâche assassinat, M. Clément Thomas n'en aurait pas été plus douloureusement affecté... Il comprenait toute l'étendue de la perte que le Sénégal venait de faire, maintenant surtout que les hommes de principes et de cœur deviennent de plus en plus rares.

Recevez, avec l'expression de la haute estime que j'avais pour votre cher fils, celle de mes bien sincères et affectueux regrets, et croyez-moi, Monsieur, votre bien dévoué et respectueux serviteur en N.S.J.C.

M. Bartet,
Évêque titulaire d'Abder, vicaire et préfet apostolique.

7. — *Lettre de Demba War à M. Jeandet.*

Skah, le 6 mars 1892.

Mon cher Monsieur Jeandet,

J'ai l'honneur de t'adresser cette lettre pour vous passer visite et t'annoncer que j'étais ignoré votre demeure, seul effet m'empê-

chant de t'écrire. Ce n'est qu'aujourd'hui que M. Buquet m'a donné
des renseignements en me faisant inscrire votre adresse. Je l'ai très
bien remercié. Or, je ne veux pas que mon considération sur votre
fils ne soit pas toujours existé sur sa famille. Je ne peux guère
vous inscrire tout le concours que ton fils a fait pour nous, et comment il a été aimable de tous les pays protéger et surtout nous, habitants du Cayor. Il a été au milieu de nous comme des frères. Depuis
que nous l'avons perdu, tout le monde le connaissant ont la tête trou-
blée de peine et sont comme des esclaves ne connaissant plus rien des
affaires. Je me suis obligé vivement de t'inscrire afin que nous ayons
toujours relation et toute action d'amitié ; car les siens de ce pauvre
Jeandet sont les miens. Je serai toujours utile à tous les besoins
qu'un noir peut offrir à son ami. Voici mon adresse : Demba War,
Président de l'Assemblée des notables du Cayor, à Skah, Gaye
Meké.

Recevez, Monsieur et Madame, les assurances de ma considération
la plus distinguée.

Demba War.

8. — *Lettre du Ministère du Commerce, de l'Industrie et des Colonies.*

Cabinet du Sous-Secrétaire d'État des Colonies.

Paris, 8 septembre 1890.

Madame,

En l'absence de M. le Sous-secrétaire d'État, je reçois la lettre que
vous lui avez adressée au sujet de votre fils, M. Abel Jeandet, qui
vient de mourir au champ d'honneur, au Sénégal.

Vous demandez s'il ne serait pas possible de donner suite aux propositions dont il a été l'objet pour la décoration, en antidatant le
décret de sa nomination. Monsieur Étienne aurait été heureux, croyez-
le bien, de vous accorder cette suprême consolation, si malheureusement la demande que vous formulez n'était pas complètement incom-
patible avec le règlement de la Grande Chancellerie.

Il est impossible de donner la décoration à une personne décédée ;
impossible aussi d'antidater le décret.

Croyez, Madame, aux sentiments de vive et sincère sympathie qu'éprouvent pour votre grand malheur, tous ceux qui, de près ou de loin, ont pu apprécier la valeur de votre regretté fils, et permettez-moi d'être, dans ces tristes circonstances, le respectueux interprète de ces sentiments.

Signé : HAUSSMAN,
Chef de cabinet.

9 et 10. — *Allocution prononcée par M. Merlin,*
directeur des Affaires politiques,
devant le monument élevé à la mémoire d'Abel Jeandel,
et lettre de M. Clément Thomas.

« Messieurs,

« C'est avec un sentiment de profonde reconnaissance que je vous remercie d'être venus au pied de ce modeste monument, rendre hommage à la mémoire d'Abel Jeandet. Par les qualités d'intelligence et de cœur qu'il a montrées pendant les trop courtes années qu'il a servi au Sénégal, il mérite l'honneur que vous lui faites. Après avoir débuté dans l'administration préfectorale, Jeandet vint au Sénégal, poussé par cet esprit d'aventure, ce goût d'une vie active et large qui, de plus en plus, entraîne la jeunesse de France vers les contrées nouvelles, qui nous a nous-même amenés ici. Il arriva à une époque où le pays était loin de jouir de la même tranquillité qu'aujourd'hui. Il prit une large part à la colonne dirigée par l'éminent général, alors colonel Dodds, contre Ali Boury, et s'y signala si bien qu'il fut l'objet d'une proposition pour la Légion d'honneur. Appelé ensuite à la tête de ce cercle, il fut chargé d'organiser le Toro. C'est au cours de cette délicate mission qu'il fut tué à Aéré le 2 septembre 1890. Toutes les personnes qui ont connu Jeandet ont été à même d'apprécier ses qualités d'intelligence et de cœur, ses amis et ses chefs surtout. M. Clément Thomas, gouverneur des Indes, ancien gouverneur du Sénégal, a tenu à le rappeler à l'occasion de cette inauguration et à montrer en quelle estime il tenait ce fonctionnaire qu'il avait vu à l'œuvre. M. Clément Thomas a adressé à M. de Lamothe, gouverneur du

Sénégal, la belle lettre suivante, qui est, on peut le dire, le résumé exact d'un caractère et d'une vie :

« Paris, 3 janvier 1894.

« Monsieur le Gouverneur et cher collègue,

« J'apprends à l'instant que l'inauguration du monument d'Abel
« Jeandet doit avoir lieu très prochainement. L'administrateur Abel
« Jeandet a été assassiné au cours d'une importante et périlleuse
« mission que je lui avais confiée en 1890, alors que j'étais gouver-
« neur du Sénégal. Groupés autour du monument qui va être élevé
« à sa mémoire, tous ceux qui ont connu Abel Jeandet sentiront leur
« cœur battre d'émotion au souvenir du brillant fonctionnaire mort
« victime de sa chevaleresque ardeur, de celui dont on peut dire jus-
« tement :
« Il joignait à un courage héroïque le cœur le plus noble et le plus
« généreux. »
« Je tiens à m'associer de loin aux regrets et aux sympathies de
« tous et je vous serais très reconnaissant, Monsieur le Gouverneur et
« cher collègue, si vous vouliez bien charger un de vos délégués de
« lire ces quelques mots au pied du monument du brave Abel Jeandet
« le jour de son inauguration. »

11. — *Article de M. Gaston Donnet dans la « Revue Bleue »
du 3 août 1895.*

DU SÉNÉGAL AU TIRIS — EN SAHARA

. . . .

. . . . Podor est comme tous les postes situés sur les bords du Sénégal. Des maisons le long d'un quai, comme à Dagana et, paral-lèle à ces maisons, une belle rangée de caïlcédrats, à qui le fleuve vient malheureusement rogner, tous les ans, pendant la crue, cin-quante centimètres de terre végétale.

J'allais oublier une grande place, au milieu de laquelle, près d'un baobab, s'élève une simple colonne de marbre.

Sur cette colonne on peut lire :

A la mémoire
D'ABEL JEANDET
Administrateur colonial
Assassiné le 2 septembre 1890 en service commandé,
Victime de son patriotisme.
Le Sénégal l'a pleuré et honore sa mémoire.

Et cette courte inscription rappelle toute une vie de courage et de
sacrifices.

— Il est là, nous dit M. Leclerc, en passant près du cimetière dont
les murs s'effritent au soleil. Nous entrons. Pas même une grille pour
enclore sa place ; une petite pierre ; sur cette petite pierre une couronne
d'immortelles séchées et une croix de bois noir.

Mais en faut-il davantage ? Et ce bon Jeandet n'est-il point heureux, quand les chansons des grillons le viennent bercer dans les nuits
chaudes et que les grands vols des marabouts et des cigognes mettent
un voile d'ombre entre sa tombe et le soleil ?

. . . .

12. — *Feuilleton du « Précurseur d'Anvers » du 16 mars 1891,
Paris actuel, par « Fortunio ».*

Pendant que Paris continue sa lutte pour la vie, etc., en s'amusant ou en travaillant ferme, d'autres se contentent de tourner simplement la page du « grand livre » de l'existence qui n'a jamais de
seconde édition. Ceux-là s'en vont voir dans un autre Élysée que
celui de M. Carnot

... Si la fin de ce monde
Vaut un peu mieux que le commencement ?

C'est ainsi que ce brave Abel Jeandet, lauréat de la Société des
écrivains français de l'Académie de Vaucluse, vient de trouver la
mort au champ d'honneur ! Il a été tué en mission diplomatique et
militaire au Sénégal qui « le pleure et honore sa mémoire ». Ce brave
et honnête garçon, qui a été un chroniqueur distingué, avait de qui
tenir, car il était fils unique de l'excellent Dr Abel Jeandet, lauréat de

l'Institut de France et auteur de nombreux et importants ouvrages estimés. Puissent, du moins, les regrets de tous ceux qui l'ont connu et apprécié adoucir la douleur de son pauvre père et de sa digne mère.

La dernière édition elzévirienne que vient de publier la librairie Dalou, et qui débute par *La maison déserte*, pourrait s'appliquer au deuil que cause la mort d'Abel Jeandet.

> Je cueillis un brin de bruyère
> Et je montai sur le coteau.
> Le manoir semblait un tombeau,
> Le parc semblait un cimetière.
>
> Pourtant c'était bien la maison,
> La blanche maison dans la plaine,
> Hier encore joyeuse et pleine
> De son rire et de sa chanson.....
>
> Je ne vis, hélas, apparaître
> Personne à l'appel de ma voix.
> L'écho seul vibrait dans le bois ;
> La maison n'avait plus *de maître* !

13. — *Sonnet de l'explorateur* GUILLAUMET, *lu par l'auteur à l'inauguration du monument Jeandet.*

> Jeandet, humble héros que tout le pays pleure,
> C'est le cœur triste et fier que nous venons ici
> Évoquer ta mémoire et te dire merci,
> A toi dont l'âpre mort fit trop tôt sonner l'heure.
>
> Mais l'immortalité qui dans ce jour t'effleure
> Saura nous consoler de notre amer souci,
> Car, faisant ton devoir, tu nous appris ceci :
> « Vivre droit, bien mourir ! — le reste n'est qu'un leurre. »
>
> S'il est un autre monde où vivent les élus,
> Tu veilleras sur nous et nous ne craindrons plus
> De blessure nouvelle à la France meurtrie !

Renais donc! pour garder un dévouement si beau,
C'est toute l'âme en deuil de la mère patrie
Que nous laissons, fidèle, au seuil de ton tombeau !

14. — *Trois sonnets, par* FRANÇOIS FERTIAULT, *de Verdun,*
doyen de la Société des gens de Lettres.

FRANÇOIS-ABEL JEANDET
Tué au Sénégal le 2 septembre 1890.

A LA MÈRE ET AU PÈRE INCONSOLÉS

I

L'ATTENTE

Il allait revenir. La maison, tout en joie,
Rêvait pour ce moment son plus radieux jour ;
Pleins d'espoir, dans l'ivresse où la crainte se noie,
Les cœurs se préparaient à fêter son retour :

— « Arrive, ô fils vaillant ! Montre-toi ! qu'on te voie !
» De ton brûlant pays débarque, c'est ton tour.
» La feuille verte encore à l'arbre se déploie...
» Aimé, viens te blottir en l'amical séjour. »

Et, pendant cet appel, on ornait les murailles ;
On habillait de neuf et sa chambre et son lit,
Doux nid pour le repos, après le dur conflit.

La mère en tressaillait au fond de ses entrailles :
Enfin, l'interminable absence allait finir ;
Tout bruyait d'allégresse.... Il allait revenir ! ! !

———

II

LA NOUVELLE

Comme une lourde nue où pèse la tourmente,
Un lamentable deuil s'abat sur la cité.

Le bruit terrible court, et rien qui le démente...
Nul, du cher attendu, ne sera visité ! —

Là-bas, alerte ! au loin la révolte fermente...
En pacificateur, il s'est précipité.
A chacun de ses pas, notre prestige augmente...
Le coup d'un assassin, las ! a tout limité !

Il savait sa valeur, il savait son courage,
Le bandit dont la balle a guetté son sommeil...
— « Dors, généreux enfant ! dors sous ton chaud soleil !

» Et Vous, nos désolés, tenez bon sous l'orage !
» Nous pleurons avec vous. Il ne reviendra plus.
» Mais quel brave ! ... — O Patrie, il est de tes élus ! »

———

III

LARMES ET RENOMMÉE

A Mme Abel JEANDET.

Vous le pleurez toujours, inconsolable mère ;
Toujours vous répétez : « Enfant, tu n'es plus là ! »
— C'est vrai : votre chagrin n'est point une chimère ;
Votre valeureux fils a franchi l'au-delà.

Et cette horrible mort vous tue. Oh ! l'heure amère !
Mais songez à son but alors qu'il s'exila ;
Songez au nom qu'il laisse. En sa lutte sommaire
Du souffle du devoir son grand cœur se gonfla.

Aimez-le dans sa tâche, aimez-le dans sa gloire.
Éclairez de rayons la catastrophe noire ;
Posez-lui l'auréole en gardant le cœur gros.

Vivez, vivez en lui si beau dans sa carrière.
Pleurez ; mais en pleurant, haut le front ! Soyez fière...
On n'est pas sans douleur la mère d'un héros.

———

15. — *A la mémoire d'Abel Jeandel,*
  par ACHILLE MILLIEN.

Il est mort ! — il était de la race marquée
Pour donner au pays ses héros, ses martyrs,
De ceux-là qui vont droit à la tâche indiquée.
Se livrant tout entier, sans lâches repentirs.

Traçons pieusement son nom dans nos annales !
Sous le ciel africain son corps gît loin de nous ;
Mais vous le garderez, gloires nationales,
Toujours ici présent, lui si fort et si doux !

Si fort ! Car sous les plis du drapeau de la France,
Dans son patriotisme ardent et dans sa foi,
Il ne comptait pour rien les périls, la souffrance,
Et forçait la révolte à rentrer dans la loi.

Si doux ! Lui dont le cœur tendre unissait sans trêve
L'amour de la famille à l'amour du pays,
Et qui, j'en suis certain, donna son dernier rêve
A son foyer natal, à ses parents chéris.

ÉPILOGUE

Le Dr Abel Jeandet, le père de l'administrateur, est décédé à Verdun, en janvier 1899, dans sa 83e année, laissant sa veuve héritière de ses biens et notamment de sa maison patrimoniale.

En 1909, en souvenir de son fils, Mme Jeandet a fait donation à l'Académie de Mâcon de la nue propriété des maison, jardin, verger et dépendances qu'elle possède à Verdun-sur-le-Doubs, à charge pour l'Académie de publier la notice biographique de son fils et de décerner, après la mort de la donatrice, sous le titre de « *Prix Abel Jeandet* », un prix quinquennal d'encouragement aux œuvres d'exploration ou de colonisation (autant que possible relatives au Sénégal).

TABLE DES MATIÈRES

MACON, PROTAT FRÈRES, IMPRIMEURS.

DAHLGREN (M. E. W.). **Voyages français à destination de la mer du Sud,** avant Bougainville (1695-1749), 1907, in-8.................................. **4 fr.** »

— **Les relations commerciales et maritimes entre la France et les côtes de l'Océan Pacifique** (commencement du XVIIIe siècle). — Tome I. Le commerce de la mer du Sud jusqu'à la paix d'Utrecht. Gr. in-8, XVI-740 p........ **20 fr.** »

Cet ouvrage excellent renouvelle, on peut le dire, certaines pages de l'histoire du commerce, sans parler du jour qu'il projette sur la politique espagnole de Louis XIV et sur la guerre de succession d'Espagne.

Revue historique, p. 110-111.

PRIX GOBERT à l'Académie des Inscriptions.

LACOUR-GAYET (G.), *professeur à l'École supérieure de Marine, membre de l'Institut.* **La Marine militaire de la France sous le règne de Louis XV.** 1910, 2e édition revue et augmentée. In-8, X-578 p......................... **15 fr.** »

Couronné par l'Académie des Sciences morales et politiques.

— **La Marine militaire de la France sous le règne de Louis XVI.** 1905. in-8.. **15 fr.** »

Couronné par l'Académie des Sciences morales et politiques.

— **La Marine militaire de la France sous les règnes de Louis XIII et de Louis XIV.** Tome Ier. Richelieu, Mazarin, 1624-1661. 1911, in-8... **7 fr. 50** Le tome II et dernier est sous presse.

LAGUERENNE (H. de), *Un Saint-Amandois célèbre,* **Godin des Odonais, explorateur,** 1713-1792, in-12... **3 fr. 50**

NAZELLE (Marquis de). **Dupleix et la défense de Pondichéry** (1748), d'après des documents inédits et les archives de la famille de Dupleix. 1909, fort volume in-8, 449 pages et planches.................................... **8 fr.** »

Société de l'histoire des colonies françaises. Cotisation annuelle donnant droit à la *Revue* et aux publications de la Société........................ **25 fr.** »

1° **Revue de l'histoire des colonies françaises.** — Première année, 1913 Premier trimestre. In-8° de 128 pages............................ **3 fr. 50**

SOMMAIRE : Alfred MARTINEAU. La Société de l'Histoire des colonies françaises. — Henri FROIDEVAUX. Les études d'histoire coloniale en France et dans les pays de colonisation française. — Ch. DE LA RONCIÈRE. Les précurseurs de la Compagnie des Indes Orientales. — La politique coloniale des Malouins. — A. CAPATON. L'Espagne en Indo-Chine à la fin du XVIe siècle. — Comptes rendus et notes bibliographiques. — Bulletin historique.

2° MÉMOIRES ET DOCUMENTS. — LA COURBE.

Premier voyage du sieur de la Courbe, fait à la coste d'Afrique en 1685, publié pour la première fois avec une introduction, par M. CULTRU, chargé de cours à la Faculté des Lettres de Paris, in-8................................ **15 fr.** »

MACON, PROTAT FRÈRES, IMPRIMEURS.